国家出版基金项目
NATIONAL PUBLICATION FOUNDATION

"十三五"国家重点图书出版规划项目

东北振兴研究丛书
DONG BEI ZHEN XING YAN JIU
CONG SHU

东北振兴中的产业结构调整

李 凯 赵 球 高宏伟 著

辽宁人民出版社

©李 凯 等 2020

图书在版编目（CIP）数据

东北振兴中的产业结构调整/李凯等著. —沈阳：辽宁人民出版社，2020.12
（东北振兴研究丛书）
ISBN 978-7-205-10056-8

Ⅰ.①东… Ⅱ.①李… Ⅲ.①区域产业结构—产业结构调整—研究—东北地区 Ⅳ.①F269.273

中国版本图书馆CIP数据核字（2020）第252847号

出版发行：	辽宁人民出版社
地　址：	沈阳市和平区十一纬路25号　邮编：110003
电　话：	024-23284321（邮　购）　024-23284324（发行部）
传　真：	024-23284191（发行部）　024-23284304（办公室）
	http://www.lnpph.com.cn
印　　　刷：	辽宁新华印务有限公司
幅面尺寸：	170mm×240mm
印　　张：	16.75
字　　数：	249千字
出版时间：	2020年12月第1版
印刷时间：	2020年12月第1次印刷
责任编辑：	郭　健
助理编辑：	何雪晴
封面设计：	丁末末
版式设计：	留白文化
责任校对：	吴艳杰
书　　号：	ISBN 978-7-205-10056-8
定　　价：	86.00元

《东北振兴研究丛书》 中国（海南）改革发展研究院　策划指导
中国东北振兴研究院

编委会

顾问

夏德仁　宋晓梧

主任

赵　继　迟福林

委员

赵　继　迟福林　刘世锦　范恒山

周建平　赵晋平　张占斌　常修泽

曹远征　李　凯　孙德兰　许　欣

杨　睿　刘海军

总　序

东北是我国最早建立的以能源原材料和重工业为特色的老工业基地，拥有一批关系国民经济命脉和国家安全的战略性产业和骨干企业，在 70 多年发展历程中，为新中国工业体系的建立打下了基础，为我国改革开放和现代化建设做出了历史性贡献。

新中国成立初期，鉴于当时的国际环境，中国经济发展投资集中在内地，沿海地区不多。当时苏联援助中国 156 个项目，其中三分之一落在东北，东北的工业体系初见雏形，也产生了很多大家熟悉的工业企业："一汽""一重""鞍钢""沈飞""大船"等。在中国实行"三线建设"时期，东北为中国工业化发展做出了很大贡献，很多东北企业支援全国，如湖北十堰二汽就是在长春一汽的援助下建立起来的，各地许多钢铁企业是鞍钢援建的。

改革开放初期，经济发展从侧重内地转向开放沿海地区，东南沿海地区通过政策倾斜，在吸引外资、引进人才等方面获益，并由此大大推动了市场化改革的步伐，从而获得飞速发展。东北地区则因地理区位的局限，资源开采枯竭，尤其是计划经济"遗产丰厚"，如国有企业负担重等体制机制制约，转型和改革步履维艰，发展相对迟缓，到 20 世纪 90 年代中后期，与东南沿海地区的差距已经拉大。在这样的背景下，国家先是提出西部大开发战略，后来又提出了振兴东北、中部崛起等战略，希望通过一系列的措施促进全国四大板块（东部、西部、中部、东北）协调均衡发展。

"九五"计划中就提出，积极支持和促进东北等地的老工业基地改造和结构调整。2003年，中共中央、国务院正式印发《关于实施东北地区等老工业基地振兴战略的若干意见》。从2003年到2012年，东北地区的国内生产总值保持较高增速，连续多年领先全国，被媒体称为东北经济的"黄金十年"。现在回顾这10年，东北取得的成绩在一定程度上得益于体制机制的改革。比如，这个时期国企改革确实取得了一些进展。从东北三省国有企业对国内生产总值贡献占比看，2003年左右这一数据高达百分之八九十，甚至在大庆等部分城市基本是国有企业一统天下。经过10年的改革发展，这一数据平均下降20%，辽宁的有些地区下降了30%—40%，民营企业获得了一定的发展。此外，在资源型城市可持续发展、对外对内开放和社会保障体系建设等方面也都取得了显著进展，有的改革探索还对全国的改革起了推动或先导作用。

但从深层次探究，东北"黄金十年"正好赶上了中国工业化高速增长时期，这一阶段重化工业快速发展，需要大量的能源、原材料、装备制造业，这与东北的产业结构正好相契合，东北经济从而获得了较快的增长。同时更应当认识到，因为这一阶段过度看重国内生产总值增速，在相当程度上掩盖了东北地区许多重大改革不到位、不深入的问题。如东北地区政府与市场的关系远未理顺，各级政府急于上项目争投资，资源配置的市场化程度在全国相对更低，从而导致重复建设严重，民营经济滞后，民生改善迟缓。

随着中国经济总体跨过重化工业发展阶段，从追求高速度转向注重高质量，东北地区发展遇到了新的困难和挑战，经济下行压力增大，经济增长新动力不足和旧动力减弱的结构性矛盾突出，体制性机制性痼疾凸显，解决问题的难度也有所增大，出现了一些媒体所渲染的"断崖式下跌"现象。深入实施新一轮东北地区等老工业基地振兴战略，对于东北经济社会持续健康发展和全国区域协调发展，既十分重要又十分紧迫。

中共十八大以来，以习近平同志为核心的党中央高瞻远瞩、审时度势，指导实施新一轮东北振兴战略。中共十九大提出，深化改革加快东北等老工业基地振兴。新一轮振兴，对东北地区的发展有了新的定位，不再强调地区生产总值或人均地区生产总值增长指标，而是突出东北地区作为重要的能源原材料基地、军事工业基地和商品粮生产基地，对于维护国家国防安全、粮食安全、生态安全、能源安全、产业安全的战略地位具有重要作用。

如何理解和贯彻中共中央、国务院对振兴东北的新定位？在中国（海南）改革发展研究院、中国东北振兴研究院的大力支持下，在专家学者的共同努力下，经过三年多的时间，《东北振兴研究丛书》即将出版。这是一套系统地研究东北老工业基地振兴发展的丛书，丛书汇集专家学者智慧，内容涉及东北振兴战略相关政策、东北振兴与混合所有制改革及产业结构调整以及对外开放、东北振兴新动力等各方面的问题，是一套有高度、有深度的东北振兴研究领域的指导性用书，对东北地区广大干部群众和从事东北振兴的相关行政工作人员、研究人员，学习领会和贯彻执行中共中央、国务院新一轮振兴东北的发展理念、发展战略、发展方式，具有重要参考价值。

中共十九届五中全会展望了2035年远景目标，明确提出"十四五"发展的指导方针、主要目标和重点任务，特别是提出推动东北振兴取得新突破，为东北地区科学谋划"十四五"时期发展指明了方向。新时代东北振兴，是全面振兴、全方位振兴。各领域按照中共中央、国务院振兴东北地区的决策部署，充分利用各种有利条件，深化改革，破解矛盾，扬长避短，发挥优势，从统筹推进"五位一体"总体布局、协调推进"四个全面"战略布局的角度去把握,要进一步理顺政府与市场的关系,发挥市场配置资源的决定性作用,更好地发挥政府在宏观调控、公共服务、市场监管方面的作用。同时,积极推进要素的市场化配置机制体制改革,让劳动力、资本、土地、技术、数据以及管理等要素更加活跃起来,让一切创造财富的源泉充分涌流。东北地区有条件、有机会重塑环境、重振雄风,实现新的突破,为中华民族的伟大复兴做出应有的贡献。

原国务院振兴东北地区等老工业基地领导小组办公室副主任

中国东北振兴研究院顾问 宋晓梧

2020 年 12 月

前　言

2018年9月，习近平总书记在东北三省考察，并主持召开深入推进东北振兴座谈会，明确提出新时代东北振兴是全面振兴、全方位振兴。习近平总书记指出，东北地区是我国重要的工业和农业基地，维护国家国防安全、粮食安全、生态安全、能源安全、产业安全的战略地位十分重要，关乎国家发展大局。全面振兴东北地区等老工业基地是国家既定战略，要总结经验、完善政策，深入实施创新驱动发展战略，增强工业核心竞争力，形成战略性新兴产业和传统制造业并驾齐驱、现代服务业和传统服务业相互促进、信息化和工业化深度融合的产业发展新格局，为全面振兴老工业基地增添原动力。

产业振兴是东北振兴的关键。东北地区产业发展呈现出传统和资源型产业过剩，新兴产业和大规模消费品工业发展滞后，高新技术产业对工业尚未形成有效支撑的现状，这样的产业结构难以支撑东北经济高质量发展。本书基于东北地区产业结构的整体情况，做了以下四个方面的分析工作：

一是分析了东北地区产业结构的特征及存在问题。通过介绍东北地区特点、东北振兴问题的由来等，认识到东北老工业基地振兴的长期性和复杂性。从资本属性、新旧产业、轻重产业、三次产业和工业内部结构视角对东北地区的产业结构进行分析，发现东北地区的支柱产业集中于原字号、老字号、重字号行业，比较优势产业市场规模相对较小，与沿海地区先进省份相比是一种非平衡的产业结构，工业内部结构的偏离会加剧这种不平衡的结构。

二是系统梳理了东北地区产业结构调整的指导性理论，并形成经济转轨背景下东北地区产业结构调整的理论框架。介绍了比较优势学说、创新驱动学说、转轨经济学等学派的理论要点和对东北问题的解释，以及这些学派学术观点的争论。利用经济制度转轨的视角，结合新结构经济学、转轨经济学等理论，综合考虑东北地区的地理条件、区域特征、资源禀赋等因素，提出关于东北地区产业结构调整的理论思考。

三是总结了国外老工业基地产业结构调整的先进经验。介绍了美国"锈带"地区、德国鲁尔区、英国中部老工业基地和日本九州地区在改造中采取的主要措施及成效。从这些老工业基地改造的成功案例中总结出有益经验供东北地区调整产业结构参考，深化对东北振兴发展内在规律的认识。

四是提出了东北老工业基地产业结构调整的总体思路和16个主要产业的重点调整方向。根据从理论层面、国外老工业基地转型的经验和东北地区产业结构偏离分析中得到的启示，提出东北地区产业结构调整的总体思路。选择石油化工、冶金、汽车等五个传统产业，航空航天、智能制造、新材料等七个新兴产业，旅游业、金融业等四个服务业进行研究，在详细介绍产业发展现状的基础上，结合产业发展趋势及规划导向，分析这些产业发展的优势和不足，提出这些产业未来发展的重点领域和主攻方向。

在本书的撰写过程中，得到了中国东北振兴研究院特约高级研究员李洪彪和刘伟奇两位同志的帮助，在此表示感谢。限于笔者的研究水平和研究领域，本书难免存在缺点和错误，还请广大读者和专家学者批评指正。

2020年12月

目 录

总　序　宋晓梧

前　言　1

第一章　概述　1
　　第一节　东北地区的特点 / 2
　　第二节　东北振兴问题的由来 / 6
　　第三节　2013年以来的东北经济 / 14
　　第四节　东北地区的产业结构问题 / 21

第二章　东北地区产业结构的特征　27
　　第一节　从资本属性角度对东北地区产业结构的分析 / 28
　　第二节　从新旧产业角度对东北地区产业结构的分析 / 32
　　第三节　从轻重产业角度对东北地区产业结构的分析 / 39
　　第四节　从三次产业角度对东北地区产业结构的分析 / 43

第三章　东北地区产业结构偏离现象　49
　　第一节　东北地区产业结构偏离的研究思路 / 50
　　第二节　东北地区产业结构与全国的比较情况 / 52

第三节 东北地区的产业结构偏离的直接影响 / 64

第四节 东北地区产业结构偏离的深远影响 / 72

第五节 东北地区产业结构偏离的原因 / 75

第四章 经济转轨背景下的东北地区产业结构调整思考 79

第一节 比较优势学说与新结构经济学 / 80

第二节 创新驱动学说、雁行模式理论和地理经济学 / 82

第三节 转轨经济学与政府干预学说 / 85

第四节 东北地区产业结构调整的理论思考 / 86

第五章 老工业基地产业结构调整的国际经验 91

第一节 国外老工业基地产业结构调整概述 / 92

第二节 美国"锈带"地区 / 94

第三节 德国鲁尔地区 / 99

第四节 英国中部老工业基地 / 106

第五节 日本九州地区 / 111

第六章 东北地区产业结构调整的总体思路 117

第一节 东北地区产业结构调整的重要性 / 118

第二节 经济理论对东北地区产业结构调整的启示 / 120

第三节 国外经验对东北地区产业结构调整的启示 / 122

第四节 东北地区产业结构偏离现象对产业结构调整的启示 / 124

第五节 转轨背景下东北地区产业结构调整问题 / 125

第七章 东北地区传统产业结构调整的重点行业和重点领域选择 129

第一节 东北地区传统产业结构调整的总体思路 / 130

第二节 石油化工 / 131

第三节　冶金产业 / 137

　　第四节　汽车产业 / 143

　　第五节　轨道交通 / 151

　　第六节　船舶海工 / 158

第八章　东北地区新兴产业结构调整的重点行业和重点领域选择　165

　　第一节　东北地区新兴产业结构调整的总体思路 / 166

　　第二节　航空航天 / 167

　　第三节　高端数控机床 / 173

　　第四节　智能制造 / 179

　　第五节　新一代信息技术 / 184

　　第六节　新材料 / 190

　　第七节　生物医药健康 / 197

　　第八节　新能源产业 / 203

第九章　东北地区服务业发展的重点行业和重点领域　209

　　第一节　东北地区服务业发展的总体思路 / 211

　　第二节　东北地区旅游产业发展的重点领域和主攻方向 / 212

　　第三节　东北地区生产性服务业发展的重点领域和主攻方向 / 215

　　第四节　东北地区金融产业发展的重点领域和主攻方向 / 220

　　第五节　东北地区大健康产业发展的重点领域和主攻方向 / 222

第十章　东北地区产业结构调整的保障措施　225

　　第一节　以改革作为东北产业结构调整内生动力 / 226

　　第二节　以扩大开放促进东北地区产业结构调整 / 227

　　第三节　以优化营商环境助推东北地区产业结构调整 / 229

　　第四节　以科技创新作为东北地区产业结构调整的驱动力 / 230

第五节　以教育作为东北地区产业结构调整的支撑 / 231

第六节　以人才结构优化支撑东北地区产业结构调整 / 233

第七节　以创新政策体系为产业结构调整创造有利的宏观环境 / 235

参考文献　237

后　记　253

第一章

东北振兴中的产业结构调整

概 述

第一节　东北地区的特点

狭义上的东北地区通常指辽宁省、吉林省和黑龙江省三省,即"东三省";广义上指辽宁、吉林、黑龙江三省以及内蒙古自治区的东部五市盟(呼伦贝尔市、兴安盟、通辽市、赤峰市、锡林郭勒盟),区域总面积145万平方公里(占全国15.1%),总人口1.2亿(占全国8.8%),经济总量约占全国的8%(2015年,2019年为5.1%)。东北在国家发展全局中具有极其重要的战略地位。

长期以来,东北是新中国工业的摇篮和我国重要的工业与农业基地,拥有一批关系国民经济命脉和国家安全的战略性产业,资源、产业、科教、人才、基础设施等支撑能力较强,被誉为中国经济的顶梁柱。改革开放后,长期处于计划经济体制下的东北面临着国有企业众多、产业结构单一等挑战,改革难度较大。2003年,中央首次把"振兴东北地区等老工业基地"纳入国家重大战略,东北地区在推进国企改革、经济结构调整、区域协调发展、打造新经济支撑带等方面取得了重大成果。但从2014年开始,东北经济出现了"断崖式"的下跌,下行压力不断加大。

党中央、国务院高度重视东北面临的严峻形势,先后制定出台各种重大支持政策,及时对新一轮东北振兴做出全面部署。仅2016年就出台了三份国家级文件,标志着新一轮东北振兴战略的开启。2018年9月28日,习近平总书记专程到东北考察并主持召开深入推进东北振兴座谈会并发表重要讲话,在讲话中强调以新气象新担当新作为推进东北振兴,明确提出新时代的东北振兴是全面振兴、全方位振兴。

习近平总书记"9·28"讲话从国家发展大局角度,从国防安全、粮食安全、生态安全、能源安全、产业安全的战略高度，深刻阐述了东北区域经济发展和东北振兴的性质与意义。习近平总书记的重要论述，奠定了认识新时代东北振兴潜力和振兴规律的基础，是未来实现东北全面振兴、全方位振兴的信心来源。

实际上，党中央一直以来都非常重视东北地区经济发展潜力，认为东北具有较好的工业和农业基础，拥有重要的战略性产业，区位条件优越，沿边沿海优势明显，发展空间和潜力巨大。从区域比较来看，东北具有比中部和西部更好的经济发展基础与地理条件，东北是一个有发展潜力的区域，这一点几乎是从中央到地方、全国从上到下的共同认识。这些共识，构成中央支持东北振兴举措的思想基础。

1. 区位优势显著，是我国向北开放的战略枢纽

东北三省地处东北亚的地理中枢，东、北、西三面与朝鲜、俄罗斯、蒙古相邻，自古以来就是东亚、北亚各大政治势力的必争之地，东北地区是和韩国、日本进行贸易最便捷、时间最短、贸易方式最灵活的区域。东北地区有丹东、集安、图们、珲春、绥芬河、抚远等17个边境口岸，辽、吉两省和朝鲜有1400多公里边境线。大连等辽宁沿海经济带作为东北东部地区的沿海区域，不仅与吉林、黑龙江两省，内蒙古东部地区，京津塘地区联系密切，而且与日本、俄罗斯、韩国、朝鲜发展贸易潜力巨大，腹地支撑广阔。目前，南北朝鲜和平发展的进程是国际格局的一个新变化，朝鲜半岛局势好转，东北地区发展的国际环境得以明显改善，这为重塑东北地区对外开放格局带来难得机遇。

近期开通的北极东北航道，提升了东北地区的战略要地价值。据测算，经此航道从大连到荷兰鹿特丹的海上航程将比马六甲航道缩短2700公里，时间缩短9天。随着北极加速变暖和造船技术的进步，会有越来越多中国去欧洲的船走北极东北航道，这势必会对东北地区的对外开放提供有利条件。

2. 拥有雄厚的工业基础，装备制造业水平先进

东北被誉为新中国的"工业摇篮"，布局了包括钢铁、能源、化工、重型机械、汽车、造船、军工等重大项目，奠定了新中国的工业基础。改革开放后，虽然东北地区在全国工业格局中的地位大不如前，工业总产值占全国比重从1985年的15.5%，下降到2001年的7.6%，再到2017年的6.1%，但东北地区已建立起涵盖钢铁有色、石油化工、航空航天、重型机械等门类齐全的工业体系。时至今日，东北老工业基地在全国工业体系中仍然占据举足轻重的地位。

例如，在石油化工领域，2017年，东北原油产量占全国的1/4，原油加工量和乙烯产量占全国近1/5，已形成大连、抚顺、吉林、大庆等具有国际先进水平的大型石化产业基地。2017年，东北地区石油和天然气开采业主营业务收入1335亿元，全国占比17.7%；石油加工、炼焦及核燃料加工业产值4972亿元，全国占比12.3%。在汽车制造产业，东北地区2017年汽车制造业产值10420亿元，全国占比12.3%。产业集群和关联产业相对发达且空间分布比较集中，产业基础和配套体系比较完善，业已形成一汽、华晨宝马等汽车产业集群，造就了一汽大众、华晨宝马等一批全国驰名汽车品牌。此外，在大型装备制造业，包括冶金工业设备、电力工业设备制造，高档数控机床、轨道机车，海洋工程、桥梁隧道等大型工程配件的生产领域，东北地区在全国都占绝对主导地位。

3. 丰富的教育资源，教育服务国家战略优势明显

东北地区教育普及率居于全国中上水平。2017年，辽宁、吉林、黑龙江三省高中阶段教育毛入学率分别为99%、93.6%、92.46%，处于全国领先水平。高等教育普及率也处于全国前列，2017年，黑龙江省高等教育毛入学率53.05%，吉林省58.5%，显著高于全国平均水平。东北教育的普及发展为东北地区高端装备制造、轨道交通、钢铁冶金、现代服务业、现代农业等产业发展提供了大批高素质人才。

高等教育和职业教育特色鲜明。东北三省共有高等学校258所，全日制在校生超过330万人。经过几十年的建设，在重工业、农业、医学、水利、矿产、石油、化工、建筑、交通等方面都形成了比较好的基础。职业教育方面，东北三省共有职业院校897所，中高职在校生111万人，拥有

71所国家示范性中职学校和10所国家示范性高职院校，沈阳市是国家装备制造业职业教育试验区，吉林省为全国唯一的省部共建国家现代农业职业教育试验区，在装备制造、农业职业教育改革发展等方面成为全国示范。

教育服务国家战略优势明显。近年来，东北地区贯彻落实党中央国务院振兴东北的战略部署，不断深化教育领域综合改革，着力提升教育服务经济社会的能力水平。如大连理工大学突破了高端压缩气体设备、百万千瓦级核电站配套设备、大型起重机等重大装备的关键核心技术。东北大学在2017—2018年共签订40余项科技成果转化项目，直接转化金额3.2亿元。吉林大学积极开展与俄罗斯的科技合作，在若干军工项目中发挥了重要作用。哈尔滨工业大学与圣彼得堡国立大学成立了中俄等离子体物理应用技术联合研究中心，在国际科技合作方面取得了一系列成果。

4. 农业经济发达，是中国粮食安全的有力保障

东北地处世界三大黑土带之一，地域辽阔、土地肥沃，为农林牧渔业的发展提供了得天独厚的条件，是维护国家粮食安全的"压舱石"。2018年，东北三省粮食播种面积23298.2千公顷，占全国的19.91%，粮食产量达到2666亿斤，约占全国粮食总产量20.3%，肉类总产量878.2万吨，占全国的10.18%。东北三省作为国家重要的产粮基地，承担着粮食储备及特殊调剂任务，为支援国家建设和保持社会稳定做出了重要贡献。

5. 北方特色生态资源优势明显

东北三省属于大陆性季风气候，四季分明、雨热同期。地形以山地、平原、河流为主。分布的长白山、大小兴安岭是东北生态系统的重要天然屏障；三江平原、松嫩平原、辽河平原，土壤肥沃，土层深厚；松花江、东辽河、西辽河、鸭绿江等主要河流从这里发源，具有巨大的经济价值和生态价值。

习近平总书记考察东北地区时指出，"绿水青山就是金山银山，冰天雪地也是金山银山"。东北地区冬季降雪期超过100天，拥有得天独厚的冰雪资源条件，培育了浓厚的冰雪文化氛围。2017年东北三省共计54个冰场，占全国冰场数量的20%。据《2018中国冰雪产业发展研究报告》数据，

2017—2018跨雪季统计年度，我国滑雪人次达到1930万，华北、东北地区接纳滑雪人次达到1139万，占比达到59.0%，东北地区为484万，占全国比重为25.1%，东北仍是我国冰雪消费的主战场。

东北地区的主要滑雪场，如吉林北山四季越野滑雪场、亚布力体育训练基地、齐齐哈尔碾子山奥悦国际滑雪场、齐齐哈尔市冬季运动项目中心、哈尔滨"冰雪+"产业园等长期作为我国高水平运动员的主要训练场地，培育了大量高水平冰雪运动员。2000—2016年，仅黑龙江省冬季项目运动员获得世界冠军480个，在冬奥会上获得的12枚金牌中9枚由黑龙江籍运动员夺得。大量退役运动员充实到本地运动场馆中，对普及冰雪运动，提高业余和中小学生技术水平起到关键作用。

第二节　东北振兴问题的由来

东北振兴问题是伴随着"东北现象"而产生的。由于长期实行计划经济，受旧结构、旧体制和旧观念的影响，东北地区思想比较保守，开放意识、竞争意识、商业意识不强，导致东北老工业基地在改革开放大潮的冲击下，在现代市场经济的竞争中处于不利地位，由此产生的现象被形象地称为"东北现象"。"东北现象"既与东北地区长期受计划经济体制的束缚、市场化改革相对滞后的特征有关，也与国内国外各种复杂因素的综合叠加效应有关，历次"东北现象"都是发展中的问题，前进中的问题，转型调整中的问题。

改革开放四十多年来，一共出现了三轮"东北现象"。第一次是20世纪90年代初出现的"东北现象"，第二次是21世纪初出现的"新东北现象"，第三次是2015年出现的"新常态下'新东北现象'"。

一、"东北现象"的演化过程

计划经济时代,东北经济以资源型经济为主导、以国有经济为主体。改革开放前,通过发挥资源优势和计划经济优势,装备制造业和资源型产业规模得以迅速增长,形成了哈尔滨、长春、沈阳、大连四大经济中心,地区经济进入快速增长阶段。优先发展重工业的战略将东北地区建设成了我国工业化程度最高的地区,较早地建立起了完整的工业体系,形成了以装备制造业为主导的制造业产业集群、全国最大的钢铁工业基地、石油工业基地和机械工业基地。

20世纪80年代中后期,因不适应计划经济向市场经济的转轨,东北地区原有的诸多发展优势逐渐丧失,旧体制遗留下来的种种弊端日益显现,发展模式受到能源、资源、环境、技术和资金瓶颈的制约。出现工业经济效益下滑、大量企业停产半停产、大批工人下岗、技术人才流失、在全国经济地位下降等状况,东北经济处于相对衰退状态。1981—1988年,辽宁、吉林、黑龙江三省社会总产值增长速度分别为10.3%、11.0%和6.8%,而同期全国社会总产值平均增长率为14.2%。1990年,东北三省工业总产值仅比上年增长0.6%,与全国平均增长7%的水平相差甚远。由于不能及时适应市场经济发展环境,经济发展速度与全国相比有所下降,1991年3月20日新华社刊发题为《东北现象引起各方关注》的报道最早提出"东北现象"。

二、"新东北现象"和第一轮东北振兴成果

经过一系列的改革调整,东北经济得到了一定的恢复,人民生活水平提高,基础设施建设得以改善。从1991年到2001年,全国GDP年均增长9.92%,同期辽宁、吉林、黑龙江三省的GDP年均增长率为10.34%、13.4%和9.4%,2001年全国人均GDP为7500元,辽宁、吉林、黑龙江三省的人均GDP分别为12000元、7550元和9344元。此期间东北经济呈现出较好的发展态势,这说明东北老工业基地的问题是发展中的问题。

然而,面对入世,东北农业在产品结构、农产品质量、社会化服务体

系和支持保护等方面明显准备不足，东北玉米、大豆等农产品大量积压，农民增产不增收，从行销全国到难进山海关，逐步丢掉了市场份额。面对国际市场一体化和国外农产品的激烈竞争，被称为"粮食市场稳压器"的东北农业遭遇了与当年工业几乎一样的问题，农产品生产成本高、市场竞争力差、农民增收缓慢等问题逐渐暴露，出现了大量粮食积压问题。2002年1月13日，新华社刊登了题为《"铁杆庄稼"积压严重 "新东北现象"引人关注》的文章，被国内许多媒体在显著位置引用，一些报刊还在头版发表连续报道，解读"新东北现象"。"新东北现象"是相对于"东北现象"来说的，都与长期以来相对封闭的思想观念有直接关系，说明体制性、机制性和结构性等深层次问题依然存在。

2003年，中央做出实施东北地区等老工业基地振兴战略的重大决策，在东北老工业基地试行了增值税转型、农业税减免、养老保险并轨、资源枯竭城市转型、棚户区改造、采煤沉陷区治理等一系列重大政策举措。在中央支持和各方面共同努力下，东北地区的经济发展驶入快车道。2003年至2013年，辽宁、吉林、黑龙江三省经济年均增速分别为12.5%、13.3%和11.3%，均高于同期全国平均10.3%的增速。东北地区经济总量迈上新台阶，国有企业竞争力增强，装备制造等优势产业发展势头向好，粮食综合生产能力显著提高，社保体系建设、资源枯竭城市转型、棚户区改造等有效推进，社会民生明显改善，东北老工业基地振兴取得重要阶段性成果（见表1.1）。

表1.1 2003年和2015年东北地区国民经济主要指标对比

指标	2003年			2015年		
	全国总计	东北	占全国比例	全国总计	东北	占全国比例
年末总人口（万人）	128373	10729	8.4%	136247	10976	8.1%
国内（地区）生产总值（亿元）	135539	12955	9.6%	684349	58101	8.5%
第一产业（亿元）	17176	1604	9.3%	58336	6421	11.0%

续表

指标	2003年			2015年		
	全国总计	东北	占全国比例	全国总计	东北	占全国比例
第二产业（亿元）	66416	6575	9.9%	320513	27216	8.5%
第三产业（亿元）	51947	4777	9.2%	305501	23832	7.8%
人均国内（地区）生产总值（元）	10558	12075	—	50229	52933	—
全社会固定资产投资总额（亿元）	54604	4212	7.7%	505752	40033	7.9%
地方财政收入（亿元）	9850	8499	8.6%	75877	4522	6.0%
地方财政支出（亿元）	17230	1759	10.2%	129215	9428	7.3%
进出口总额（亿美元）	8510	380	4.5%	43015	1793	4.2%
实际利用外商直接投资（亿美元）	529	33	6.3%	37977	2559	6.7%

资料来源：《中国统计年鉴》。

一是经济发展迅速，经济总量不断扩大。2015年，辽宁、吉林和黑龙江三省的GDP分别为28743.39、14274.11和15083.67亿元，而2003年三省的GDP分别为6002.54、2662.08和4057.4亿元，分别是2003年的4.79、5.36和3.72倍。虽然东北经济占比有所下降，但自身发展仍取得了显著的成绩。

二是国企改革和经济结构调整效果显著。国有企业改革，非公有制经济比重逐年提高；产业结构不断优化，第二产业占比减小，第三产业占比增大；农产品加工业迅猛发展，成为新的重要支柱产业。

三是新的开放格局正在形成。辽宁沿海经济带、沈阳经济区、长吉图开发开放先导区等战略的实施，为东北地区的对外开放及融入"一带一路"战略提供了便利条件。

四是自主创新能力不断提高。一重集团、一汽集团、鞍钢集团、哈电集团、北方重工、大连船舶、葫芦岛造船厂、长春轨道交通、沈阳机床、新松机器人、东软集团、瓦轴集团、沈鼓集团、沈飞集团、特变电工沈变公司等大型装备制造企业突破了产业发展的瓶颈制约，在重大技术装备领域取得了大批自主化成果。

五是资源型城市转型步伐加快。辽宁的阜新、抚顺、盘锦,吉林的辽源、白山、敦化,黑龙江的伊春、鹤岗、双鸭山等地的城市转型取得阶段性成果,历史遗留问题得以初步解决,可持续发展能力有所增强。

六是民生得到进一步改善。居民生活水平普遍提高,2015 年,辽吉黑三省城镇居民人均可支配收入达 31125.7 元、24900.9 元和 24202.6 元,农村居民人均可支配收入达到 12056.9 元、11326.2 元和 11095.2 元,比 2003 年均增长 3 倍以上;社会保障体系进一步完善,城乡居民养老保险、城镇职工和居民医保、新农合实现全覆盖,城乡低保实现应保尽保;棚户区改造工作取得重大成绩,资源型城市的转型取得显著成果。

三、新常态下"新东北现象"和新一轮东北振兴成果

2013 年以后,在内外部因素共同作用下,东北暴露出经济增长乏力、后劲不足等问题,出现了经济增长落后(图 1.1)、投资断崖式下降(图 1.2)、财政收入急剧减少(图 1.3)等急症,加上人才外流、营商环境恶化等社会反映强烈的问题,一时之间东北面临极大的压力。特别是 2015 年 2

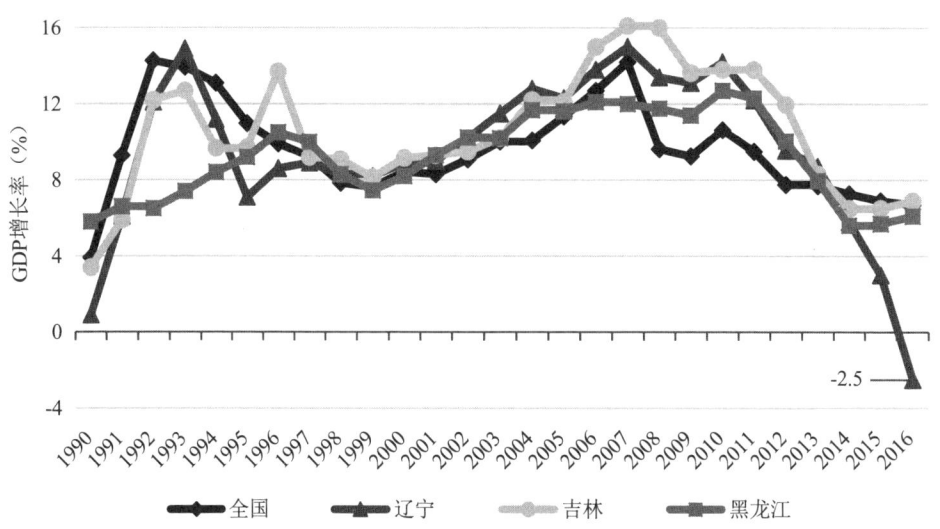

注:GDP 增长率为同比增长率,数据来自国家统计局网站,经整理计算。

图 1.1　1990—2016 年全国和东北三省 GDP 增长率

第一章 概 述

月 15 日新华社刊发《事关全局的决胜之战——新常态下"新东北现象"调查》的报告后,东北地区经济增长情况成为全国上下热议的话题。与此同时,东北经济"暴跌论""断崖论""崩溃论"等舆论一直在媒体上发酵。

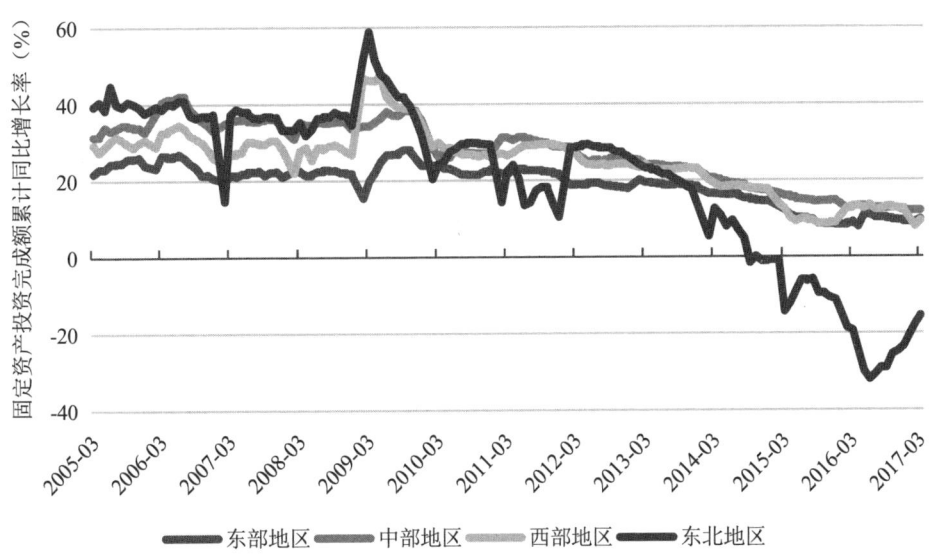

注:各地区固定资产投资完成额累计增长率(%)根据地区内省市固定资产投资完成额加总后进行核算。
资料来源:国家统计局各省市固定资产投资情况月度数据(每年不包含1月),经整理计算。

图 1.2 各地区固定资产投资完成额同比增长率(%)

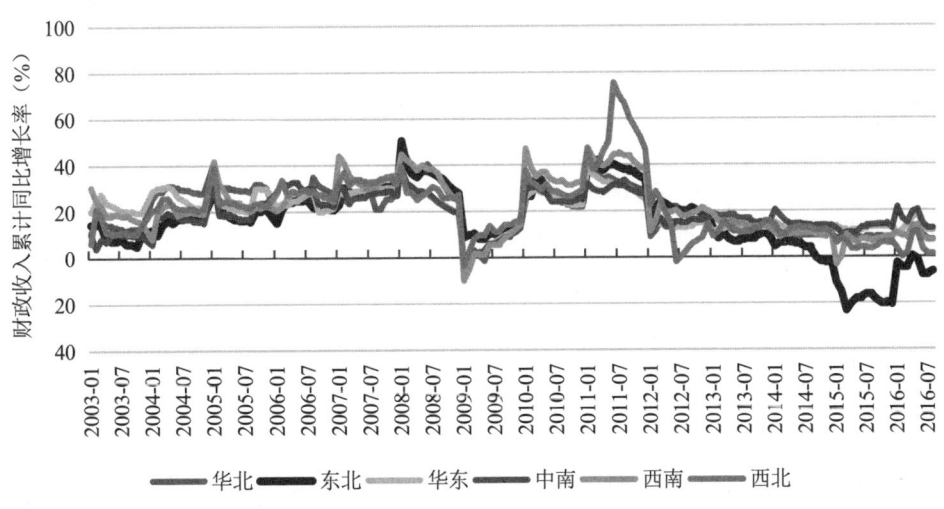

资料来源:国家统计局网站,经整理计算。

图 1.3 各地区财政收入增长情况

· 11 ·

所谓新常态下"新东北现象",就是在世界经济尚未走出金融危机的阴影、我国进入经济新常态发展阶段背景下,东北老工业基地受"三期"叠加因素的影响,长期遗留下来的结构性和体制机制性深层次矛盾进一步凸显,东北地区整体经济增长速度明显放缓,东北发展再次失速的现象。2014—2016年,东北三省的GDP增长速度明显低于全国平均水平,2015年全国GDP增长率平均水平为6.9%,辽宁、吉林和黑龙江分别为3%、6.5%和5.7%,2016年,占东北地区经济总量一半的辽宁甚至出现GDP增长率为−2.5%的极端情况。固定资产投资和财政收入也出现类似的下滑现象。

相比较短期经济形势,东北长期发展中存在的问题更值得人们关注。如图1.4所示,根据国家统计局"按照地区常规分类方法",这里将中国31个省市自治区(不包括港澳台)划分为华北、东北、华东、中南、西南和西北6个区域[1],分别计算各区域板块在全国经济中所占份额。东北地

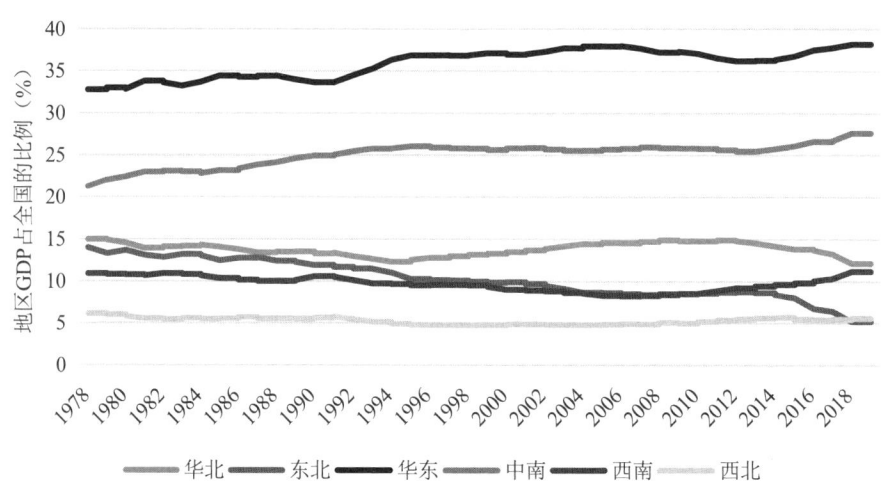

注：由于采取分级核算，各地区国内生产总值相加不等于全国总计，二者有出入。
资料来源：国家统计局。

图1.4　1978—2019年各地区在全国经济中的地位

---

1. 华北：北京、天津、河北、山西、内蒙古；东北：辽宁、吉林、黑龙江；华东：江苏、浙江、上海、安徽、福建、江西、山东；中南：河南、湖北、湖南、广东、广西、海南；西南：重庆、四川、贵州、云南、西藏；西北：陕西、甘肃、青海、宁夏、新疆。

区 GDP 占全国比重从改革开放开始，一直在缓慢地下滑，而且 2013 年以后下滑趋势和下滑速度均十分明显。这个现象是一个长期现象，非常值得深思，现象背后一定有更深刻的原因。找到这些原因并解决这些问题，是东北全面振兴的根源所在。即使短期内东北经济有所恢复，东北全面振兴的改革也一定要深入下去，不能因为短期出现缓解就忽略了长期问题。

2016 年，中央发布《中共中央　国务院关于全面振兴东北地区等老工业基地的若干意见》（中发〔2016〕7 号），标志着新一轮东北振兴全面开启。此时的东北振兴，是在以前改革阵痛期、经济恢复期基础上的再一次经济动员行为，是在原有基础上针对新问题做出的战略决策。2016 年以后的东北地区经济形势，总体上可以用"恢复性增长"来概括。2019 年，辽宁、吉林、黑龙江的经济增速分别是 5.5%、3%、4.2%，虽然位列全国最后 5 名，是经济增长速度最慢的经济板块，但是相比 2016 年，东北经济已经走出发展最困难时期，开始步入恢复发展轨道，呈现出企稳回升、总体向好的新局面。

但目前东北振兴仍然基础不稳，体制机制问题尚待进一步解决，未来一段时间，仍将是东北积蓄力量探索方向的时期，这是东北辽宁老工业基地振兴的长期性和复杂性所决定的。与全国平均水平相比，东北还处于"相对落后状态"，东北地区的经济发展尚低于全国平均水平，与国务院确定的对口合作省份水平还存在较大差距。

第三节 2013年以来的东北经济

2013年以来，东北地区经济下行压力持续加大，2014—2019年间，除了2016年吉林省GDP增长率比全国平均水平高0.1个百分点外，东北三省经济增速全部低于全国平均水平，成为经济增长速度最慢的经济板块。特别是2016年，占东北经济总量一半的辽宁经济在历史上首次出现负增长，引发的"新东北现象"受到全国各方的高度关注。"十三五"以来，特别是中央新一轮老工业基地振兴战略实施以来，东北地区通过不断深化供给侧结构性改革，经济结构不断优化，进一步优化营商环境，建设开放平台载体，企业自主创新能力和国际化水平显著提升，全面振兴的新格局正在初步形成。中央各项支持东北振兴的政策力度不断加大，红利不断释放，有利因素不断积聚，振兴效果正在凸显，经济状况呈现出稳中向好的显著态势，主要表现为：

1. 经济形势趋稳

2019年，辽宁、吉林、黑龙江的经济增速分别为5.5%、3%、4.2%，虽然位列全国最后5名，是经济增长速度最慢的经济板块，但在2017—2019年全国经济增速普遍放缓的形势下，东北经济明显回暖，与全国平均水平的差距持续收窄（见图1.5）。相较于2016年辽宁经济出现负增长，说明东北经济已经走出发展最困难时期，开始步入恢复发展轨道，呈现出总体向好的局面。

2019年，辽宁、吉林和黑龙江三省的GDP分别为24909.5、11726.8和13612.7亿元，东北地区经济总量突破5万亿元，而2000年东北地区GDP总量仅为9743亿元，2019年是2000年的5.16倍，完成了十六大报告中提出的 GDP 总量翻两番的任务目标；2000 年，辽宁、吉林、黑龙江人均 GDP 分别为 11177、7351、8294 元，2019 年增长为 57191、43475、36183 元，三省分别实现了 5.12、5.91 和 4.36 倍的增长，提前完成了十七大报告中提出的到 2020 年底人均 GDP 翻两番的目标。

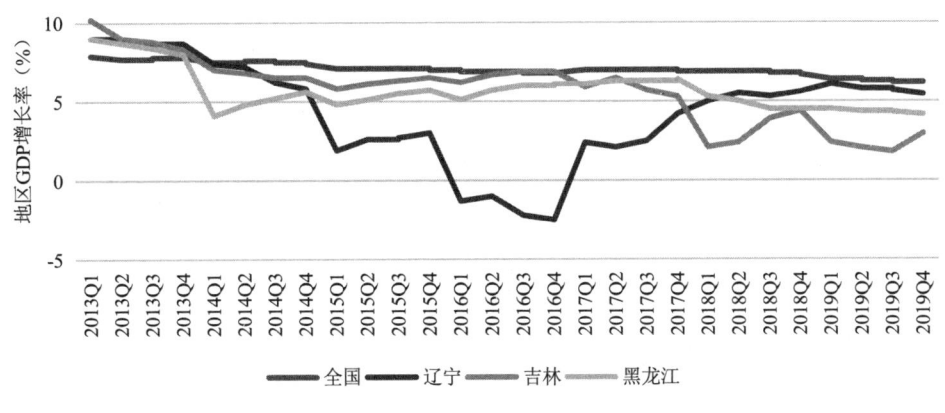

图 1.5　2013—2019 年东北三省和全国 GDP 增长率

2. 营商环境初步改善，受到市场认可

历史上东北地区曾经多次出现过外商投资被"关门打狗"的事件，导致东北营商环境的国际负面舆论迅速铺开，也极大影响了外商在东北的投资热情。近几年来，东北三省陆续出台优化营商环境条例，均对提高市场主体获得感提出了具体要求。东北地区的营商环境得到了初步改善，并受到市场的认可，国内外许多大公司纷纷到东北进行投资，打破了"投资不过山海关"的社会舆论。例如：

（1）2018 年 10 月 11 日，宝马集团和华晨汽车集团联合宣布股东双方将延长华晨宝马的合资协议至 2040 年（从 2018 年至 2040 年），同时对华晨宝马的投资将增加 30 亿欧元；

（2）2018 年 12 月 26 日，恒力 2000 万吨 / 年炼化一体化项目在大连长兴岛正式投料开车，全部投产后，预计实现年产值 3000 亿元；

（3）2019 年 5 月 15 日，万达与沈阳签订战略合作协议，宣布在沈阳再投资 800 亿元，建设包括大型文化旅游项目、国际医院和 5 个万达广场；

（4）2019年6月12日，腾讯与沈阳市政府签订合作框架协议，将助力沈阳打造"城市超级大脑"；

（5）2019年3月23日，石油巨头沙特阿美石油公司与中国北方工业集团、盘锦鑫诚集团公司在辽宁盘锦联合成立华锦阿美石油化工有限公司，投资额超过百亿美元，共同打造集约化、高端化、差异化的世界级石化产业基地；

（6）2019年6月15日，沈阳市政府与恒大集团签约，恒大投资1200亿元在沈阳建设新能源汽车三大基地，整车研发生产基地落户浑南，轮毂电机研发生产基地及动力电池超级工厂落户铁西；

（7）2019年6月29日，红星美凯龙控股集团计划在沈兴建沈北"爱琴海购物公园"项目、浑南世博园"梦沈阳"项目、浑南高端酒店及居家生活商场项目和浑南"爱琴海购物公园"项目；

（8）2019年7月16日，沈阳市人民政府与华润（集团）有限公司签署战略合作框架协议，华润集团将进一步把沈阳市作为重要投资发展城市；

（9）2019年7月16日，阿里巴巴集团与黑龙江省政府签署战略合作协议，依托黑龙江省区位优势、产业发展和政策环境等方面的优势，在数字经济、数字政府、社会治理、惠民服务以及深化开放合作等领域开展合作，建设"数字龙江"。

3. 振兴东北战略初步成型

随着新一轮东北振兴战略的实施，国家对东北地区给予了强大的政策支持和建设项目倾斜，东北各地也纷纷酝酿"十四五"期间发展战略，并已初步成型。例如辽宁省谋划"沈阳建设国家中心城市战略"和"大连建设国际化开放城市战略"，黑龙江省和吉林省也纷纷谋划哈尔滨和长春建设中心城市战略。辽宁正在加快构建"辽满欧""辽蒙欧""辽海欧"三条综合交通运输大通道。这些战略的提出和实施对未来东北全面振兴具有重要意义。

但总体来看，长期积累的深层次问题仍然未有效破解，经济体量小、缺少大规模产业和对外工作发展缓慢等问题仍然存在，未来一段时间，仍将是东北积蓄力量探索方向的时期。具体来说，东北地区经济发展仍存在以下问题：

1. 经济体量小，在全国经济中的地位持续下降

如图1.4所示，东北地区GDP占全国经济的比重一直在缓慢地下滑，由1978年的13.98%下滑到2019年的5.1%，为40余年来最低水平。从各地区经济分量所占全国比重的演化趋势来看，只有东北出现了明显的下滑，这一长期现象值得深思。从横向角度进行比较，河南省2019年GDP为54259亿元，而东北三省2019年的GDP为50248亿元，不及河南一个省的经济规模。没有量就没有高质量发展，东北经济终归要集中精力解决经济总量过小的问题，在此基础上谋求高质量发展。

2. 对外开放工作发展缓慢，对外贸易依存度较低

对外贸易依存度的计算方法是进出口贸易总额占GDP的比重，是反映一国或地区对外开放程度的重要指标，同时也能够反映对外开放对经济增长的贡献程度。通过比较东北地区对外贸易依存度和全国平均水平（图1.6），可以发现在2001—2019年间，东北地区的对外贸易依存度始终与全国平均水平存在较大差距。

此外，东北地区进出口贸易总额占全国的比例也长期低于东北地区的经济地位（见图1.7），虽然改革开放以来东北地区的经济地位持续下滑，但东北地区的开放程度仍与东北在全国的经济地位不匹配，说明东北地区的开放工作存在严重不足。从20世纪80年代开始，东北地区进出口贸易总额占全国进出口总额的比例持续下降，2019年东北三省进出口总额为1512.8亿美元，占全国贸易总额的3.31%，与东北地区5.1%的经济分量相比仍有差距，从一定程度上说明东北还存在很大的对外开放空间。

资料来源：国家统计局，经整理计算。

图1.6　2001—2019年全国和东北地区对外贸易依存度

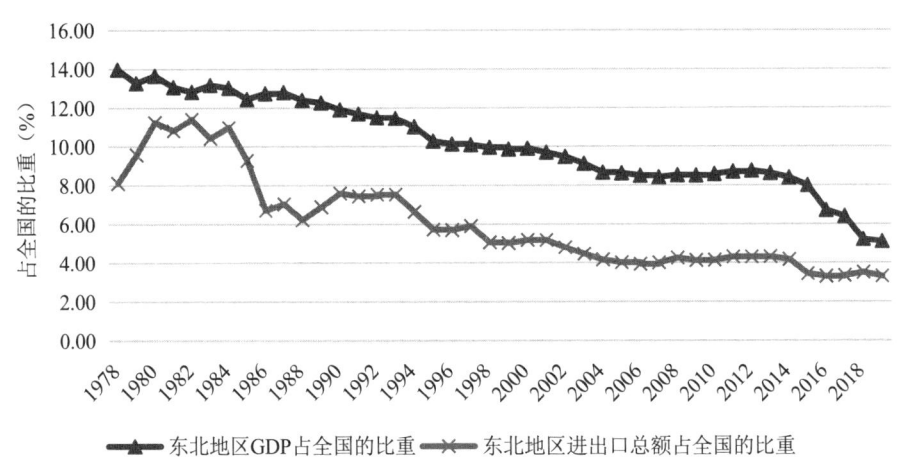

资料来源：国家统计局，经整理计算。

图1.7　东北地区进出口贸易占全国的比例

3. 人口红利逐渐丧失

人口外流。2014—2019年以来，东北三省常住人口均出现不同程度的减少。其中，黑龙江人口减少最多，2014年常住人口数为3833万人，2019年为3751.3万人，常住人口数减少接近82万人；吉林2014年常住人口数为2752.4万人，2019年为2690.7万人，常住人口数减少近63万人。相比之下，辽宁人口情况较好，常住人口从2014年到2019年5年间减少40万人。

新增人口乏力明显。2001—2019年的20年间，全国人口出生率虽呈下降趋势，但人口出生率均大于10‰，而东北三省出生率均低于10‰，且呈逐年下降趋势，2015年后东北三省人口出生率均为6‰左右，仅为全国平均水平的1/2。其中，黑龙江出生率最低，2019年为5.73‰。

人口老龄化形势严峻。按照国际通行标准，当一个国家或地区65岁以上老年人口占人口总数的7%，即意味着这个国家或地区已经进入老龄化社会。2017年全国65周岁及以上人口15831万人，占比11.4%，远超国际标准。东北三省更高于全国均值，2017年区域65周岁及以上人口占比超12%，其中辽宁老龄化最为严重，60周岁以上人口约占总人口的1/4，65周岁以上人口约占总人口的1/6。吉林、黑龙江65周岁以上人口分别占总人口的12.38%、12%。

大城市人口集中出现分化。2017年沈阳、大连、长春和哈尔滨常住人口分别为832.2万人、703万人、753.8万人和1076.3万人，占所在省份比重分别为19.1%、16.2%、28.0%和28.7%，2014—2019年期间，分别增长了0.16%、0.14%、0.03%和-1.02%，其中沈阳、长春和大连仍旧保持正向增长态势，哈尔滨人口则呈现负增长态势。

高层次人才外流严重。据教育服务东北全面振兴课题组提供调研数据，2017年，黑龙江全省81所高校专任教师共流出省外240人，2018年上半年，省属高校人才流出163人。从毕业生就业去向看，东北高等教育的人才培养存在明显的"贸易逆差"，培养的人才大部分流动到省外，而在省外高校就读的东北籍学生返乡就业的人数也在逐年减少，如2017年吉林省籍毕业生回省就业比例仅为25%，长此以往，将会极大削弱东北地区人才、科技和经济竞争力。

4. 创新创造水平不高

从研发投入看，虽然东北三省R&D支出占GDP比重不断增加，由1978年的0.35%提高到2018年的1.21%，但未达到全国平均水平（1978年为1.46%，2018年为2.19%），特别是与东部相比差距不断扩大，与同期苏浙粤三省（2.74%）对比差距更大。

从研发产出角度看，1978年东北三省万人拥有发明专利为0.06件，高于苏浙粤三省的0.04件；但2003年开始，苏浙粤三省万人拥有发明专利数大幅提升，2016年平均达17.97件，而东北三省仅为4.02件，相差4倍多。1987年东北三省新产品销售收入占工业营收比重为1.25%，东部为3.28%；2016年东北该数值为11.47%，而东部则达到18.02%，差距越来越大。

5. 市场化水平不高

作为计划经济体制最早实行、最晚退出、执行最彻底的地区，东北地区市场化程度相对较低，体制比较僵化。2018年《中国分省份市场化指数报告》显示，东北地区与东部地区、中部地区间市场化程度的差距进一步扩大，在内地31个省份中辽宁省排名第16位，吉林省排名第17位，黑龙江省排名第21位。而在政府与市场关系的市场化指数方面，辽宁省排第15位，吉林省排第20位，黑龙江省排第27位。制度的缺陷和短板是最大的风险和挑战，现在全球最大的竞争是制度竞争，制度优势是一个国家最大的优势。面对纷纭复杂的国内外形势，特别是面临经济下行压力增大的时候，需要进一步深化改革特别是市场化改革，推动经济高质量发展。

综合以上分析可知，虽然东北地区的营商环境在一定程度上得以改善，但从经济学的角度来解读，东北目前形成了低水平的经济均衡。要想实现振兴发展，必须以深化开放作为发展动力，通过实行可靠的产业政策壮大经济总量，打破这个低水平均衡，才能实现经济的彻底振兴。

第四节 东北地区的产业结构问题

中央7号文件明确指出，东北地区的矛盾和问题归根结底是体制机制问题，是产业结构、经济结构问题，解决这些问题归根结底要靠全面深化改革。如何理解东北地区的产业结构和经济结构问题？

东北地区自改革开放以来特别是自2003年东北振兴政策实施以来，取得了不容忽视的成绩。然而，回顾这段历史会发现，东北地区在经济发展中有几个结构性问题一直没有得到很好解决，目前的危机暴露了东北经济社会发展中存在的这些问题。包括：（1）靠投资拉动的增长方式向消费、投资、出口均衡增长方式转变问题；（2）以重化工业为主的产业结构向轻、重工业和服务业均衡结构调整问题；（3）以国有企业为主的市场主体向国有、民营均衡市场主体转变问题；（4）对外开放程度低，与产业发展和民营经济发展结合不力的问题。

这些结构性问题是根源性问题，是东北经济形势差的根本原因，是导致东北地区与东南沿海地区之间差距的重要因素。这些问题单独或交织在一起，阻碍了东北经济社会发展，成为构成新常态下"新东北现象"的基本矛盾。

1. 靠投资拉动的增长方式转变问题

2003年，东北地区的资本形成率为37.51%，到2013年上升为65.13%，提高了将近30个百分点，而同期全国的资本形成率由40.37%增长到47.25%，仅上升7个百分点（见图1.8）；东北地区的最终资本形成贡献率从2003年的55%增长为2013的80%左右，上升了25个百分点，而同期全国平均水平由70%降到48%，降低了22个百分点（见图1.9），构成了全国平均水平与东北地区资本贡献率的显著对比。从 2010 年开始，全国消费的贡献率明显大于资本的贡献率，而东北资本形成了贡献率明显大于消费的贡献率。

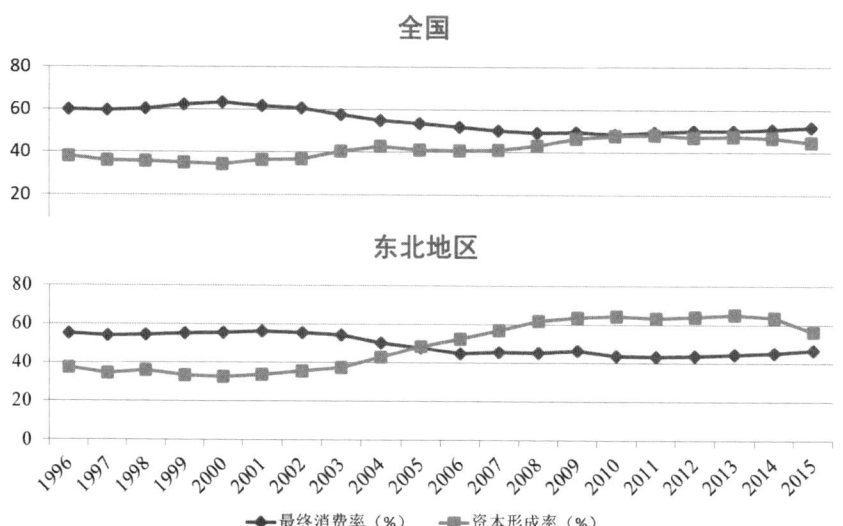

注：东北地区最终消费率和资本形成率根据辽宁、吉林、黑龙江三省支出法 GDP 各组成部分计算。
资料来源：《中国统计年鉴 2016》和三省统计年鉴。

图 1.8　东北地区与全国最终消费率和资本形成率比较

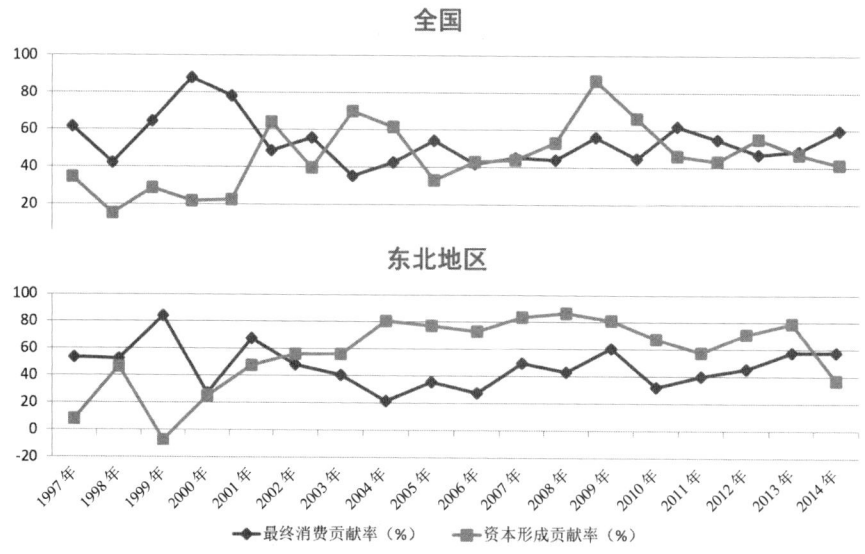

注：东北地区最终消费贡献率和资本形成贡献率根据辽宁、吉林、黑龙江三省支出法 GDP 各组成部分计算。由于东北地区 2015 年 GDP 增长较少，且投资断崖式下滑，数据异常，图中剔除了 2015 年数据。

图 1.9　东北地区与全国最终消费贡献率和资本形成贡献率比较

2. 以重化工业为主的产业结构调整问题

东北地区的产业结构尤其是工业结构背离了全国产业结构的变化，没有跟上40多年来国内产业演化的趋势，产业结构仍然以传统产业为主、以重工业和工业品生产为主，区域经济发展缺少大规模新产业尤其是消费品工业的支撑，这是东北经济增长乏力的重要原因之一。以全国体量最大的消费型产业"计算机、通信和其他电子设备制造业"为例，2018年实现主营业务收入10.6万亿元，而东北三省这一产业仅实现665.5亿元的营业收入，占全国的比例为0.63%，与东北地区在全国的经济地位严重不符。从横向来看，河南、重庆等地抓住了珠三角、长三角产业转移的机会，2018年河南省这一产业占全国的比例为3.81%，重庆占4.25%，广东占36.57%；从这一产业营业收入占GDP的比重来看，2018年河南、重庆分别占到8.08%和20.83%，广东更是占到38.78%。虽然河南和重庆在这一全国最大的产业"蛋糕"里只分到了很小的一块，但对当地经济发展起到了巨大的拉动作用。

3. 新市场主体培育问题

东北地区是计划经济体制最早实行、最晚退出、执行最彻底的地区，国有经济比重过大，市场化程度相对较低，体制比较僵化。从某种意义上看，东北可以说是"成也国企，败也国企"。2019年，黑龙江国有企业资产占规模以上工业企业总资产比重为62%，吉林为58%，辽宁为47%，都远高于全国39%左右的平均水平。然而东北国有工业企业的整体效益和效率水平低于全国同类指标的平均水平；东北的国有企业资产负债率比全国平均水平高4.9%，资产应收率高15%，但是资产利润率只有全国的78.6%，营收利润率只有68.2%，资本利润率只有73.5%，都低于全国平均水平。

4. 对外开放程度低的问题

首先，东北地区进出口贸易总额与东北在全国的经济地位不匹配。2014年东北地区贸易总额1792.38亿美元，占全国贸易总额的4.17%，与东北GDP占全国比重的9.03%相差悬殊。同期广东省实现进出口贸易总额为10767.34亿美元，占全国贸易总额的比重为25.02%，而广东GDP占全国比重为10.66%。

其次,对外贸易增长率下滑严重,净出口由正转负。东北地区进出口总额从2003年的379.9亿美元增长为2014年的1792.8亿美元,但从2011年开始,贸易规模增长率开始出现放缓,2015年和2016年,由于受"挤水分"和东北营商环境的影响,东北贸易规模甚至出现负增长。净出口从2003年的12.8亿美元增长至2008年的184亿美元,之后连续下降,2011年东北地区净出口开始由正转负,2018年净出口额达到-453.5亿美元(图1.10)。

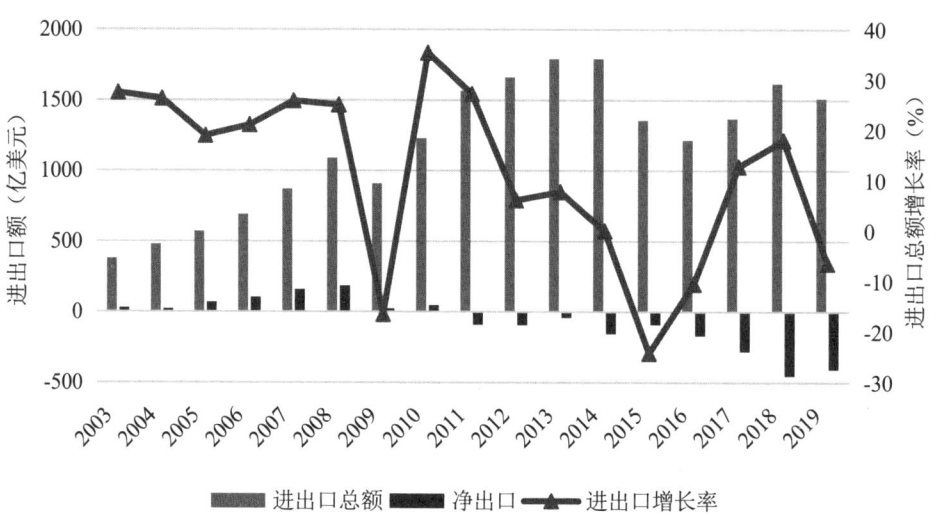

资料来源:国家统计局。

图1.10 2003—2019年东北地区对外贸易变化情况

最后,对外贸易依存度低,贸易对GDP贡献不大。东北地区引进外商投资起步较早,从1979年辽宁引进113万美元起,东北地区引进的外资不断扩大。加入WTO以来,特别是2003年东北振兴战略实施以来,东北地区实际使用外资数量取得了较快增长。2013年,东北三省实际利用外资额达到峰值,为355亿美元,占全国引进外资的比例高达30.19%(见图1.11)。说明东北振兴战略促进了东北地区利用外资的增长,外商投资不断地向东北老工业基地倾斜,产业结构得到了一定程度的调整和优化。

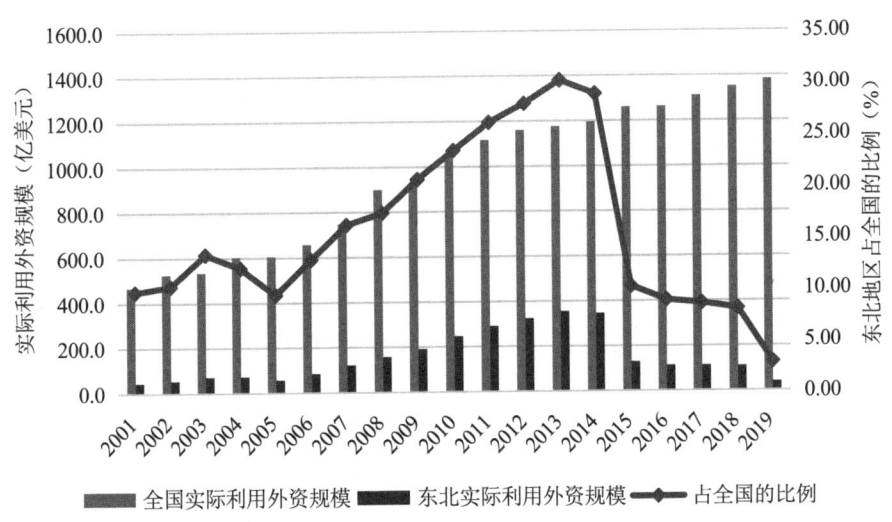

资料来源：国家统计局，《辽宁统计年鉴（2001—2019）》，《吉林统计年鉴（2001—2017）》，《黑龙江统计年鉴（2001—2019）》，《2019年辽宁省统计公报》，《2019年黑龙江省统计公报》，由于吉林省2017年开始不公布实际利用外商直接投资数据，故图中2017—2019年不包括吉林省。

图1.11 东北地区实际利用外资额占全国的比例

自2015年开始，由于国际性经济下行压力和国内适度宽松的货币政策，全国使用外商直接投资增速放缓，而东北地区却出现了"断崖式"下跌，2015年实际利用外资增长率为 –62.78%（见图1.12），东北地区使用外资额占全国的比例也一路下滑，跌至2019年的2.8%。分省来看，东北三省实际利用外资规模差距明显，其中辽宁省约占70%的份额，而且东北三省利用外资规模的波动主要取决于辽宁吸引外资的情况，其他两省吸引外资的能力相对较弱。

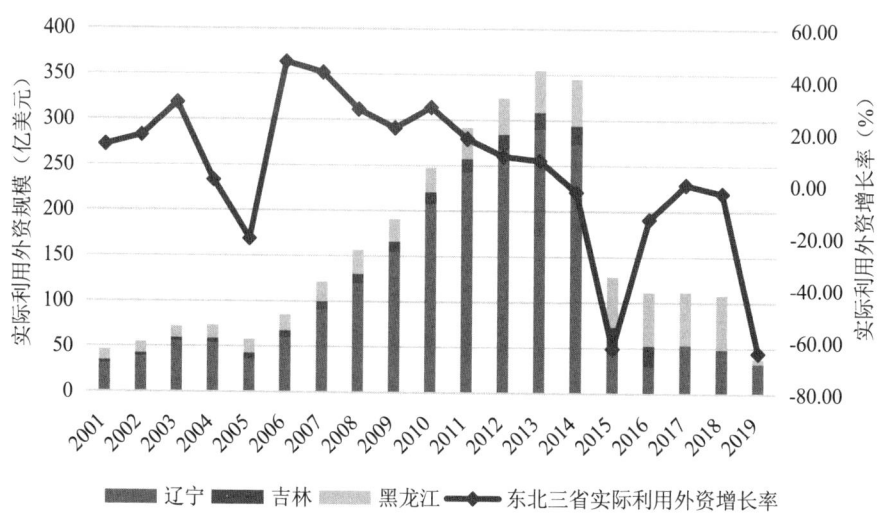

资料来源：《辽宁统计年鉴（2001—2019）》，《吉林统计年鉴（2001—2017）》，《黑龙江统计年鉴（2001—2019）》，《2019年辽宁省统计公报》、《2019年黑龙江省统计公报》，由于吉林省2017年开始不公布实际利用外商直接投资数据，故图中2017—2019年不包括吉林省。

图1.12 2001—2019年东北地区实际利用外资规模及增长率

第二章

东北振兴中的产业结构调整

东北地区产业结构的特征

为了解东北地区产业结构的整体情况及其特征，本章将使用经济学分析常用的产业分类方法，从资本属性、新旧产业、轻重产业和三次产业视角对东北地区的产业结构进行深度剖析。

第一节　从资本属性角度对东北地区产业结构的分析

东北地区是最早进入计划经济、最晚退出计划经济的地区。东北人有着浓厚的"国企情结"，人们择业时，大多是首选国有企业、党政机关和事业单位。一家祖孙三代人都是国企职工的家庭比比皆是，"活着是国企的人，死了是国企的鬼"成了许多职工的口头禅。由于长期受计划经济、国有集体经济占主导地位的影响，许多人对发展民营经济认识不足，仍然保留着僵化的思想，使得民营经济发展氛围不够浓厚。近年来，虽然各级地方政府实施了一系列政策，对非国有经济的发展产生了一定的促进作用，但始终没有在国有经济改革上取得突破性进展。

与我国其他地区相比，东北老工业基地的产业结构具有特殊性。从新中国成立后苏联援建项目到2003年第一次东北振兴，国家在东北地区国企的战略布局对东北地区经济增长、民营经济、产业结构以及社会民生都产生深远影响。东北地区以传统的资源型产业为主，随着煤炭、黑色金属、石油等资源储量减少，开采成本上升，使得建立在这些资源基础上的原材料工业日益丧失优势。

国企在东北经济中所占比重较大，然而整体效益和效率水平低于全国同类指标的平均水平。东北地区国有资产比重超过50%，而全国平均水平仅为39%（见图2.1）。其中，2019年黑龙江省国有企业资产占规模以上工业企业总资产比重为62%，吉林为58%，辽宁省为47%，都远高于全国39%左右的平均水平；东北的国有企业资产负债率比全国国有企业平均水平高 4.9%，资产应收率高 15%，但整体资产利润率只有全国平均水平的 78.6%，营收利润率只有 68.2%。全国国企的平均资产利润率为 3.42%，只有总资产最少的吉林超过这一水平，辽宁和黑龙江均远未达到此水平（见图 2.2）。此外，国企的低效和高亏损率在东北地区尤为严重。近几年，东北地区的国企亏损率达 32.4%，其他地区国企的亏损率为 26.2%。

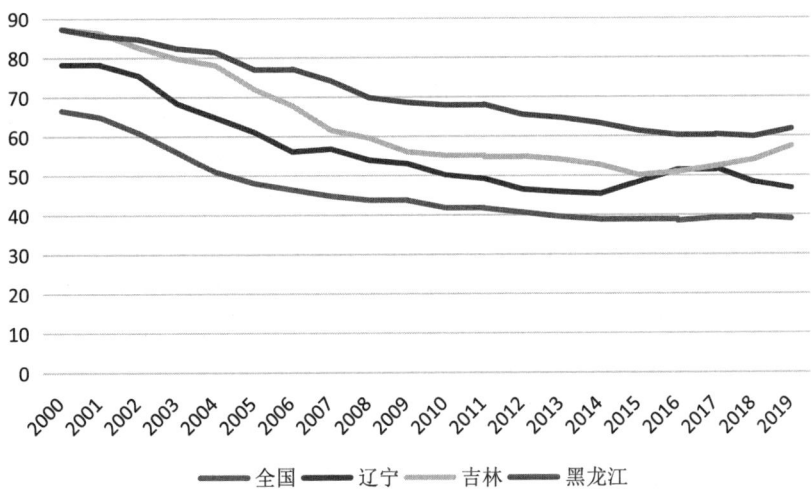

图 2.1　2000—2019 年国有资产占规模以上工业企业总资产的比例

资料来源：国家统计局。

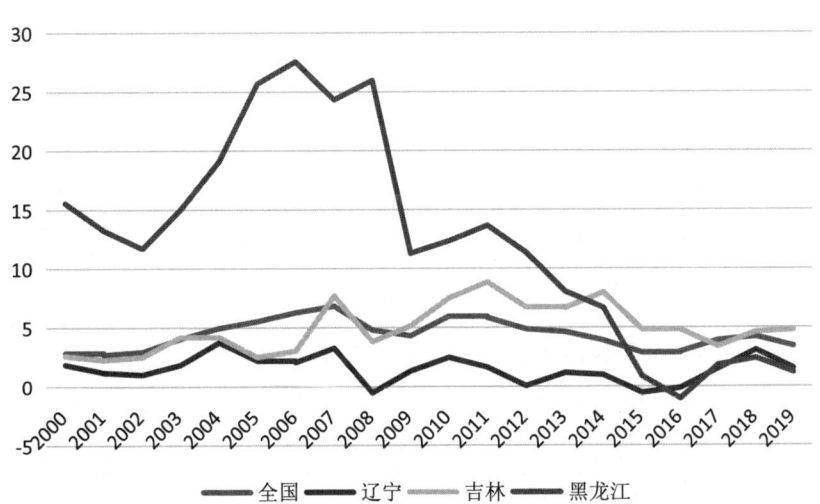

图 2.2　2000—2019 年东北三省和全国国有资产利润率

资料来源：国家统计局。

在混合所有制改革尚未有实质性突破的情况下，东北国企仍面临着活力不足、风险较高、现代法人治理结构、市场化经营机制、激励约束机制尚不完善等突出挑战。东北国有经济大而不强、全而不优、行业比较分散、战线过长等问题比较突出。2012—2019年，东北国有及国有控股企业从1450家增加到1503家，增幅3.7%；国有及国有控股企业资产由3.2万亿元增长到3.9万亿元，增幅26.9%。此外，由于过于强调"保值增值"和增加企业利润，导致调整中进多退少，国有经济在竞争性领域布局分散的格局没有改变，相当一部分国有资本配置偏离"关系国民经济命脉的重要行业和关键领域"的功能定位，国有经济广泛分布在市场化程度比较高、竞争比较激烈的加工工业和一般竞争性服务行业。

从产业组织结构上看，"一柱擎天"的国有大型企业多，出身草根的民营中小企业少，没有形成产业集群发展态势和大中小企业配套融合发展的局面。比如，东北有丰富的林业资源，却没有发展出大型的木材和山货交易市场；黑龙江粮食产量全国第一，却没有形成粮食期货市场。再以汽车产业为例，上海一辆整车的2000多个零部件，江浙一带的民营企业可提供90%的配套设备，而东北的长春、沈阳、哈尔滨虽然都有整车生产能力，但由于区域内没有形成以民营企业为主的产业集群，汽车零部件的配套能力弱，吉林为长春一汽集团的配套只有10%，整个东北地区也只有30%左右。

从创新力看，江苏80%的国企集中在科技、基础设施、能源、媒体、新兴产业、金融、投资等领域；上海60%的国企集中在新兴产业、先进制造业，以及功能性、保障性的重点领域；而辽宁近70%的国有资产集中在钢铁、煤炭、装备制造等传统产业领域，医药制造、仪器仪表、计算机及电子通信设备制造等新兴产业领域布局相对较少。

从竞争力看，国有经济发展质量不高。例如，辽宁省95%以上国企的产业集中度与产品附加值不高，缺乏核心竞争力。2018年，在世界钢铁产能50强中，鞍钢和本钢分别排名第7位和第19位，东北地区至今没有超过5000万吨级产能的特大钢铁企业。

从控制力来看，国有经济在国计民生领域的企业规模相对较小、产业集中度不高。例如，吉林省国资委监管企业中50%的企业资产规模在100亿元以下；国有企业在吉林国民经济行业大类中均有分布，其中只有不到8%的资产分布在工业，农林牧渔、建筑、服务业等其他16个行业的资产占地方国有企业90%以上。

从抗风险能力看，经营风险仍然较高。例如，2019年东北国企资产负债率为61.4%，高于全国平均水平3.5个百分点，个别企业甚至达到90%，内生风险仍然较高；东北国企利润率3.2%，低于全国平均水平2.4个百分点。2020年1—7月，辽宁省纳入统计的159户地方国有企业中，有112户企业亏损，亏损面达70%。其中，17户省属企业有9户企业亏损，亏损面为53%。

目前，东北省属国有企业混合所有制改革覆盖面约为60%左右，与发达地区80%以上的水平有一定差距。辽宁近70%的国有资产集中在钢铁、煤炭、装备制造等传统产业领域，战略性新兴产业发展滞后。一方面，在国家战略行业与垄断性行业内，出于对国有资产流失的担心而对非公有制资本持股上限的限制，使得社会资本等"不敢混"；一方面，国有经济行业结构重型化和产品结构老化问题突出，部分企业因产业结构不合理、资产质量较差，使得社会资本"不愿混"。2019年东北国企资产负债率为61.4%，高于全国平均水平3.5个百分点，个别企业甚至达到90%，内生风险仍然较高；2020年1—7月，辽宁省159户地方国有企业中，有112户企业亏损，亏损面达70%；吉林省国企整体资产负债率64.14%，其中个别困难企业达到86%以上。即便企业引入非公有制的战略投资者实现混合所有制改革，但由于国有企业主业不突出等问题，使得双方并未在产业融合方面实现重要突破，混合所有制的改革红利远未释放。

总体看来，东北三省的国企规模大、地位重，为国家工业化做出了突出贡献，但国企历史负担重，活力不足，现代企业的运行制度、健全完善的治理结构尚未全面建成，激励约束方面存在的老问题尚未根本消除。东北经济的逐步回落根本上是长期积累的体制性矛盾和结构性问题所致，使东北还没有真正形成完善的市场经济体制。具体表现在三个方面：一是上一轮东北振兴时，国家投入了大量资金，输血较多，而造血功能发育不足；二是上一轮东北振兴时，一些国有企业经营状况较好，缺乏危机感，缺乏改革的意识和决心；三是民营经济力量薄弱，国有企业的比重过大，民营经济难以与国有企业、国有经济进行有效的合作和竞争。

第二节　从新旧产业角度对东北地区产业结构的分析

本小节使用国家统计局网站工业产品产量数据，从传统产业和新兴产业的视角比较分析东北地区与东南沿海地区先进省份的差距。在研究中，将市场规模增长较快的产业定义为新产业，以2004-2015年产品产量增长率进行划分，产品产量增长率大于200%的为新产业，如汽车、轿车、家用电冰箱、房间空气调节器、家用洗衣机、移动通信手持机、微型计算机设备、集成电路、彩色电视机等，其余产业为传统产业。

工业产品种类共88种，但各省的统计没有那么细（如特厚板产量、厚钢板产量、有色金属产量等均未统计），最终保留各省统计均有的36种工业产品进行比较。首先，利用全国数据，计算36种产品从2004年到2015年的增长率（见表2.1）。然后，利用各省的产品产量数据，计算出各省各产品在2004—2015年间的增长率和该产品产量在2015年占全国该产品产量的比例。由于部分省份未统计某些产品数据，在下文的计算中，只考虑能够收集到数据的产品（结果见表2.2、表2.3）。

表2.1 2004、2015年全国产品产量和增长率

产　品	2004年	2015年	增长率（%）
原油产量（万吨）	17587.33	21455.58	22.0
天然气产量（亿立方米）	414.6	1346.1	224.7
原盐产量（万吨）	4043.44	6665.54	64.8
成品糖产量（万吨）	1033.7	1474.11	42.6
啤酒产量（万千升、万吨）	2948.59	4715.6	59.9
卷烟产量（亿支、万箱）	18736.35	25890.7	38.2
纱产量（万吨）	1291.34	3538	174.0
布产量（亿米）	482.1	892.58	85.1
机制纸及纸板产量（万吨）	5413.27	11742.77	116.9
焦炭产量（万吨）	20619	44822.54	117.4
硫酸（折100%）产量（万吨）	3928.89	8975.7	128.5
烧碱（折100%）产量（万吨）	1041.12	3020.66	190.1
纯碱（碳酸钠）产量（万吨）	1334.7	2591.8	94.2
乙烯产量（万吨）	629.85	1714.6	172.2
农用氮、磷、钾化肥产量（万吨）	4804.82	7431.99	54.7
化学农药原药产量（万吨）	82.08	374	355.7
初级形态的塑料产量（万吨）	2366.5	7807.66	229.9
化学纤维产量（万吨）	1699.8	4831.71	184.3
水泥产量（万吨）	96681.99	235918.8	144.0
平板玻璃产量（万重量箱）	37026.17	78651.63	112.4
生铁产量（万吨）	26830.99	69141.3	157.7
粗钢产量（万吨）	28291.09	80382.5	184.1
钢材产量（万吨）	31975.72	112349.6	251.4
金属切削机床产量（万台）	48.72	75.5	55.0
大中型拖拉机产量（万台）	11.38	68.82	504.7
汽车产量（万辆）	509.11	2450.35	381.3

续表

产品	2004年	2015年	增长率（%）
轿车产量（万辆）	227.63	1162.97	410.9
家用电冰箱产量（万台）	3007.59	7992.75	165.8
房间空气调节器产量（万台）	6390.33	14200.35	122.2
家用洗衣机产量（万台）	2533.41	7274.5	187.1
移动通信手持机产量（万台）	23751.58	181261.4	663.2
微型计算机设备产量（万台）	5974.9	31418.7	425.8
集成电路产量（万块）	2355100	10872000	361.6
彩色电视机产量（万台）	7431.83	14475.73	94.8
发电量（亿千瓦小时）	22033.09	58145.73	163.9
水电发电量（亿千瓦小时）	3535.44	11302.7	219.7

资料来源：历年《中国工业统计年鉴》。

表2.2 东北三省产品增长率和占全国比例

产品	辽宁		吉林		黑龙江	
	增长率（%）	占比（%）	增长率（%）	占比（%）	增长率（%）	占比（%）
原油产量（万吨）	−19.2	4.83	38.3	3.1	−17.7	17.89
天然气产量（亿立方米）	−36	0.49	490.4	1.51	76.1	2.66
原盐产量（万吨）	−10.9	2.68	−	−	−	−
成品糖产量（万吨）	86.7	0.09	−	−	−72.8	0.29
啤酒产量（万千升、万吨）	52.9	5.14	57.6	2.94	46.2	4.41
卷烟产量（亿支、万箱）	26.8	1.12	140.8	2.26	20.8	1.65
纱产量（万吨）	−40.3	0.29	17	0.19	13.3	0.2
布产量（亿米）	−18.3	0.39	−69.7	0.04	−93.2	0.01
机制纸及纸板产量（万吨）	−40.6	0.31	83.1	0.65	−21.9	0.44
焦炭产量（万吨）	107	4.68	65.7	0.83	65.7	1.53
硫酸（折100%）产量（万吨）	21.1	1.64	1106	0.79	−81.3	0.02

续表

产品	辽宁		吉林		黑龙江	
	增长率（%）	占比（%）	增长率（%）	占比（%）	增长率（%）	占比（%）
烧碱（折100%）产量（万吨）	34.4	2.14	0.5	0.28	60.6	0.52
纯碱（碳酸钠）产量（万吨）	−31.8	2.12	−	−	−	−
乙烯产量（万吨）	232.8	9.36	14.9	3.89	84.2	4.9
农用氮、磷、钾化肥产量（万吨）	−26.6	0.87	210.8	0.77	8.5	0.66
化学农药原药产量（万吨）	−52.9	0.35	310.7	0.61	−28.6	0.03
初级形态的塑料产量（万吨）	148.3	4.12	64.2	1.34	96.8	2.06
化学纤维产量（万吨）	−6.2	0.59	77.0	0.63	−61.8	0.17
水泥产量（万吨）	83	1.94	151.4	1.41	168.3	1.32
平板玻璃产量（万重量箱）	−33.5	1.51	35	0.47	−19.7	0.49
生铁产量（万吨）	137.8	8.76	194.3	1.41	182.3	0.59
粗钢产量（万吨）	132.4	7.55	161.7	1.33	78.9	0.52
钢材产量（万吨）	137.8	5.63	164.3	1.03	100.5	0.36
金属切削机床产量（万台）	5.3	13.11	30	0.17	−83.3	0.13
大中型拖拉机产量（万台）	−	−	14.3	0.23	47	1.41
汽车产量（万辆）	663.3	4.45	287.6	8.49	−66.1	0.33
轿车产量（万辆）	1480	5.08	384	14.02	178.7	0.69
家用电冰箱产量（万台）	26.4	1.84	−	−	−	−
房间空调器产量（万台）	−21.2	0.65	−	−	−	−
家用洗衣机产量（万台）	−	−	−	−	−	−
移动通信手持机产量（万台）	2636	0.89	−	−	−	−
微型电子计算机产量（万台）	−99.9	0.01	−	−	−57.5	0.01
集成电路产量（万块）	153.2	0.01	−	−	278.5	0.25
彩色电视机产量（万台）	−16.8	1.99	−	−	−	−
发电量（亿千瓦小时）	90.3	2.86	89.4	1.26	74.1	1.5
水电发电量（亿千瓦小时）	−16.4	0.29	3.7	0.52	20.8	0.15

资料来源：历年《中国工业统计年鉴》。

表 2.3 江苏、浙江和广东三省产品增长率和占全国比例

产品	江苏		浙江		广东	
	增长率（%）	占比（%）	增长率（%）	占比（%）	增长率（%）	占比（%）
原油产量（万吨）	12.8	0.89	–	–	6.1	7.33
天然气产量（亿立方米）	−30.2	0.03	–	–	125.5	7.17
原盐产量（万吨）	112.5	12.88	−80.8	0.1	−77	0.16
成品糖产量（万吨）	−78.1	0.05	65.2	0.01	21.8	8.9
啤酒产量（万千升、万吨）	20.3	3.91	11.3	5.3	69.8	9
卷烟产量（亿支、万箱）	24.4	4.04	48.3	3.7	37.8	5.42
纱产量（万吨）	60.6	13.67	165	6.8	48.2	1.23
布产量（亿米）	58.4	15.74	144.9	26.8	23.2	3.8
机制纸及纸板产量（万吨）	153	11.71	125.9	14.8	236.9	17.7
焦炭产量（万吨）	396	5.43	408.5	0.7	169.3	0.54
硫酸（折100%）产量（万吨）	9	4.14	80.2	1.8	73.2	3.12
烧碱（折100%）产量（万吨）	230.8	11.94	181.2	5.1	41.9	1.03
纯碱（碳酸钠）产量（万吨）	43.8	10.8	111.1	1.1	98.4	2.43
乙烯产量（万吨）	88.7	9	706.6	7.9	250.6	12.55
农用氮、磷、钾化肥产量（万吨）	−4.2	2.76	−40.1	0.5	169.8	0.97
化学农药原药产量（万吨）	329	28.21	121	7.5	144.3	1.15
初级形态的塑料产量（万吨）	193.2	16.33	318	10.6	136.4	7.49
化学纤维产量（万吨）	202.3	29.58	244	44.7	18.8	1.21
水泥产量（万吨）	105.1	7.65	29.2	4.8	89.1	6.16
平板玻璃产量（万重量箱）	13.5	5.88	140.3	6.8	268.9	10.3
生铁产量（万吨）	285.7	10.19	467.5	1.6	159.7	1.66
粗钢产量（万吨）	328.1	13.68	296.8	2.0	138.8	2.19
钢材产量（万吨）	222.8	12.07	359.1	3.6	169.4	2.91

续表

产品	江苏		浙江		广东	
	增长率（%）	占比（%）	增长率（%）	占比（%）	增长率（%）	占比（%）
金属切削机床产量（万台）	2.2	12.32	114.5	17.6	-25.9	2.65
大中型拖拉机产量（万台）	154.5	12.02	284	5.2	—	—
汽车产量（万辆）	348.8	4.73	302.2	1.7	773.4	9.77
轿车产量（万辆）	665.6	5.81	294.5	2.8	500.4	12.91
家用电冰箱产量（万台）	190.3	10.57	285.8	8.9	61.7	19.06
房间空调器产量（万台）	-21.8	2.85	38.5	4.4	114.8	39.5
家用洗衣机产量（万台）	278	22.71	88.2	21	307.3	10.27
移动通信手持机产量（万台）	2281	2.59	96.9	2.2	1018	46.23
微型电子计算机产量（万台）	215.4	18.82	25.3	0.5	116.3	10.32
集成电路产量（万块）	365.8	33.99	280.6	5.8	276.5	14.96
彩色电视机产量（万台）	155.8	8.79	504.9	4.4	72.6	42.94
发电量（亿千瓦小时）	180.5	7.5	144.4	5.2	88.4	6.94
水电发电量（亿千瓦小时）	289.7	0.1	140.2	2	127.3	3.86

资料来源：历年《中国工业统计年鉴》。

  辽宁省占全国产量比例最大的产品为金属切削机床，所占比例为13.11%，但此产品在2004—2015年间全国的总产量增加仅为55%，属于传统产业，辽宁的增长率更低，仅为5.3%；辽宁省增长率最高的三种产品为移动通信手持机、轿车和汽车，但这三种产品在全国所占比例均不高，仅为0.89%、5.08%和4.54%。吉林省占全国比重最大的产品为轿车和汽车，分别为14%和8.5%，这两种产品的增长率分别为380%和290%，是吉林省发展最好的产业。其他产品，如硫酸、天然气等，虽然增长率很高，但占全国产量的比例非常低。黑龙江省占全国比重最大的产品为原油，比例为17.89%，但在2004—2015年全国原油产量增长22%的背景下，黑龙江在此期间的原油产量减少18%。黑龙江省产品产量增长较快的有集成电路、生铁、轿车和水泥等，但占全国比重都太低。

江苏省增长率超过 100% 的产品明显比东北三省要多，像集成电路（占比 34%）的增长率为 366%，化学纤维、化学农药也占全国将近 30% 的产量，增长率分别为 200% 和 330%。浙江省有 23 种产品的增长率大于 100%，特别是代表轻纺行业的布产量和化学纤维产量分别占到了全国总产量的 27% 和 45%，且增长率为 145% 和 244%。家用电器的产量占比和增长率均与其经济体量相当。广东省的快速增长可以归结于两点：一是其在新行业占据了领先地位，移动通信手持机、房间空调器和彩色电视机的产量分别占到全国产量的 46%、40% 和 43%，且手机和空调的增长率为 1018% 和 115%。

综合以上分析，我们可以得到以下结论：

一是与江苏、浙江和广东相比，东北三省经济发展落后的原因不是某一行业的落后，而是整体经济的落后。在 2004—2015 年间，全国有 26 种产品的产量增长率超过 100%，江苏、浙江、广东分别有 22、23 和 20 种，而辽宁、吉林、黑龙江分别仅有 10 种、11 种和 5 种。

二是东北三省几乎没有能够"真正占据主导地位"的产业，东北地区的优势已构不成优势。从比较优势视角来看，辽宁省的金属切削机床产量占全国比例为 13.11%，是辽宁省的优势产业。然而，江苏省和浙江省 2015 年金属切削机床产量占全国比例分别为 12.32%17.6%，与这两个省份相比，辽宁省的这一优势已经丧失。并且辽宁省在 2004—2015 年间金属切削机床产量的增长率仅为 5.3%，浙江省金属切削机床产量的增长率为 115%。东北地区汽车产业的优势也在受到威胁，例如，吉林省 2015 年轿车产量占全国的比例为 14%，广东省也占到了 13%，且广东省轿车产量在 2004—2015 年间的增长速度达到 500%。黑龙江省占全国比例最大的产业为原油产业，占比为 18%，然而这一产业处于萎缩状态。东南三省的主导产业恰好与东北的情况形成鲜明对比，如江苏省的集成电路产品产量占全国比例为 34%，增长率为 366%；浙江省的化学纤维产品产量占全国比例为 45%，增长率为 244%；广东省的移动通信手持机产品产量占全国比例为 46%，增长率为 1018%。

第三节　从轻重产业角度对东北地区产业结构的分析

老工业基地指在新中国成立前以及20世纪50、60年代（部分70年代）形成的，国家进行了大量投资、生产规模大、历史上对全国经济发展做出较大贡献的工业基地。在我国社会主义工业化初期，东北成为全国重化工业基地，为建立独立、完善的国民经济体系，推动我国工业化进程做出了历史性贡献。

与其他地区相比，东北地区国民经济恢复工作开展较早。1949年10月至1952年末，苏联向我国提供的42个援建项目，其中有30个设于东北，重点包括钢铁工业、煤炭工业、军事工业和铁路交通运输业。由于当时国际环境和抗美援朝战争的影响，一些企业从华东、丹东和沈阳等地迁移到黑龙江和吉林。这些产业布局的调整，对加强地区加工工业和重工业比重发挥了积极作用。

"一五"时期（1953—1957年），国家确定东北为重点建设地区，苏联援建的156个项目中，东北占57项（见表2.4），占全国总投资的37.3%。其中辽宁24项，黑龙江22项，吉林11项。这些项目大多数为新建项目，有的是依靠原有的老厂进行改建、扩建。在重型加工工业分布上，以沈阳为中心，包括辽宁省的大连、鞍山、本溪、抚顺、阜新；吉林省的长春、吉林、辽源、通化矿区；黑龙江省的哈尔滨、齐齐哈尔、富拉尔基、鹤岗、双鸭山等，基本形成了沿哈大线几个主要城市为中心摆布重工业的地域格局。

表2.4 "一五"时期东北地区苏联援建项目

省份	数量	主要项目
辽宁	24	(1)鞍山钢铁公司。(2)本溪钢铁公司的扩建。(3)抚顺发电厂。(4)阜新发电厂。(5)大连第二发电厂的增容。(6)阜新新丘竖井。(7)阜新平安竖井。(8)阜新海州露天煤矿。(9)抚顺东露天矿。(10)抚顺老虎台煤矿。(11)抚顺西露天矿。(12)抚顺胜利矿刘山竖井。(13)抚顺龙凤矿竖井的新建扩建。(14)抚顺石油二厂。(15)抚顺铝厂。(16)沈阳第一机床厂。(17)沈阳第二机床厂(中捷友谊厂)。(18)沈阳风动工具厂。(19)沈阳电缆厂。(20)大连造船厂改建扩建。(21)杨家杖子钼矿。(22)一一二厂(沈阳飞机制造公司)。(23)四一〇厂。(24)渤海造船厂的新建和扩建改建工程。
吉林	11	(1)长春第一汽车制造厂及自备电厂。(2)中国石油吉林石化公司。(3)吉林染料厂。(4)吉林电极厂(现吉林炭素厂)。(5)吉林化肥厂。(6)吉林铁合金厂。(7)钨铁生产部分。(8)通化湾沟工井。(9)丰满发电厂。(10)吉林电石厂。(11)辽源矿区西安竖井厂。
黑龙江	22	(1)哈尔滨电机厂。(2)哈尔滨汽轮机厂。(3)哈尔滨锅炉厂。(4)哈尔滨轴承厂。(5)哈尔滨伟建机器厂(原哈飞)。(6)哈尔滨东安机械厂。(7)哈尔滨东北轻合金厂(原哈尔滨101厂)。(8)哈尔滨量具刃具厂。(9)电碳厂。(10)电表仪器厂。(11)阿城继电器厂。(12)佳木斯造纸厂。(13)中国第一重型机械集团公司。(14)鹤岗兴安台10号立井。(15)鹤岗东山1号立井。(16)鹤岗兴安台洗煤厂。(17)鸡西城子河洗煤厂。(18)鸡西城子河9号立井。(19)鹤岗兴安2号立井。(20)双鸭山洗煤厂。(21)友谊农场。(22)齐齐哈尔钢(北满特钢)。
合计	57	

资料来源：作者根据公开资料整理。

在"一五""二五"及以后很长一段时期，中央各部委和省区也安排了一批重大工程建设项目，1953年，鞍山钢铁公司建成中国第一座大型轧钢厂，被称为"我国重工业发展中的重大事件"；1956年，第一辆国产载重汽车——"解放牌"汽车在长春第一汽车制造厂试制成功；1956年7月，第一架国产喷气式战斗机在沈阳首次试飞成功；1958年，大连造船厂建造的我国第一艘远洋货轮"跃进号"下水；1958年，中国第一台内燃机车在大连研制成功；1959年，大庆油田被发现并成功出油；1974年，中国第一条输油管道大庆至秦皇岛建成投产；1986年，大庆30万吨乙烯一期工程建成投产；2003年8月，第一辆国产磁悬浮列车在长春客车厂下线。这既成就了东北的辉煌历史，也成为东北经济发展的束缚。由于历史因素，东北地区在过去很长一段时间着重发展重工业,且多数重工业国有化导致重工业企业缺乏技术革新动力、轻工业发展没有强大的助推力。

东北地区重工业产业在新中国成立初期为我国工业化发展起到重要作用,然而,当前的市场环境使得东北地区的重工业产业没有跟上国内产业演化的趋势,产业结构层次较低,整体工业技术处于传统低水平发展阶段,导致东北经济的持续下滑,与沿海发达地区依赖轻工业、新产业发展的情况形成鲜明对比。本节将从东北地区的轻重产业视角分析东北地区产业结构存在的问题。

在全国 109 个老工业基地城市中,东北地区是重工业产业分布的重点地区,辽宁拥有重工业产业城市 12 个,黑龙江 9 个,吉林 5 个,占全部老工业城市总数的 23.8%,说明东北地区重工业产业比重较大,使得重工业产业结构的调整成为东北振兴的关键。

黑龙江省重工业产业主要集中在:以石油和天然气开采业,石油加工、炼焦和核燃料加工业,化学原料和化学产品制造业为代表的石化工业;以煤炭开采和洗选业,电力、热力生产和供应业为代表的能源电力业;以通用设备制造业,专用设备制造业,电气机械和器材制造业为代表的装备制造业。其中,石化和化学工业集群一直是黑龙江省最大的产业集群。依托大庆油田,黑龙江省在石化工业发展迅猛,产业链完备,已成为经济发展的中流砥柱。依靠黑龙江省内丰富的煤炭资源,煤炭行业和电力行业所组成的能源电力集群占工业总产值 10% 以上,成为黑龙江省的支柱产业。材料加工集群和装备制造集群分别占工业总规模 7% 左右,属于黑龙江省重点产业集群。

吉林省重工业产业主要集中在:以汽车制造业,铁路、船舶、航空航天和其他运输设备制造业为代表的交通运输设备制造业;以化学原料和化学制品制造业,医药制造业为代表的化工和医药业;以电力、热力生产和供应业为代表的能源电力业;以黑色金属冶炼和压延加工业为代表的冶金工业;以专用设备制造业,通用设备制造业,电气机械和器材制造业为代表的装备制造业;以化学纤维制造业为代表的纺织工业。作为新中国第一辆汽车的诞生地,吉林省在汽车制造业方面拥有雄厚的产业基础,加上近年来高铁产业的发展，铁路运输设备制造业迅速崛起，形成了吉林省的交通运输设备制造集群，总规模占吉林省工业总量的28%左右，是吉林省最重要的工业力量，也是未来产业升级调整的重点对象。化工业和医药业也是吉林省的老牌支柱工业行业，规模占总量的6%以上。能源电力，冶金和装备制造集群规模分别占工业总量的3%和5%，都属于吉林省起步较早的行业，但也都存在动力不足的问题。

辽宁省重工业产业主要集中在：以黑色金属矿采选业，黑色金属冶炼和压延加工业，有色金属冶炼和压延加工业为代表的冶金工业；以石油加工、炼焦和核燃料加工业，化学原料和化学制品制造业为代表的石化工业；以非金属矿物制品业，橡胶和塑料制品业为代表的材料加工业；以汽车制造业，铁路、船舶、航空航天和其他运输设备制造业，专用设备制造业，通用设备制造业，电气机械和器材制造业为代表的装备制造业；以电力、热力生产和供应业为代表的能源电力业。其中，装备制造业是辽宁工业的第一大支柱集群，包括交通运输设备、通用设备、专业设备、电气机械和器材在内的联合产值可以达到工业总量的25%，凸显了辽宁装备制造大省的优势地位；冶金工业集群以辽宁省金属矿产资源和几个大型冶金企业为基础，规模超过工业总量的15%，是辽宁工业的主导部门，对辽宁省的经济转型升级非常重要。此外，石油加工和化学工业集群的规模同样达到总产值的15%左右，但也面临产业链急需拓宽和深化的问题。以非金属矿物制品和橡胶塑料制品为主的材料工业集群规模达到辽宁省工业总量的10%左右，是产业结构调整中需要重视的部门。能源电力业近年来虽然具有一定的规模，但已经开始向新能源方向逐渐调整。

东北地区是我国重要的老工业基地和重工业基地，由于历史发展因素的影响，导致其产业结构具有一定的普遍性和特殊性。具体表现在东北地区较多的"老字号""原字号"产业，使得东北地区的产业结构调整不仅需要注重产业结构升级的一般规律，还需要注意东北地区产业结构的特殊性。林毅夫在《吉林报告》中将轻工业与重工业进行比较，认为轻工业符合吉林省的比较优势但是缺乏相应的商业网络，而重工业处于违背比较优势状态，自生能力较弱。这一研究结论在学术界引起一片哗然，很多学者提出了不同意见。目前，我国经济正处于从要素驱动向创新驱动模式转变的过程，如何认识东北的轻重工业比例，以及背后蕴含的经济理论问题，仍然需要我们深入探讨。

第四节　从三次产业角度对东北地区产业结构的分析

从三次产业理论出发，产业结构的优化主要表现为：第一产业向第二产业以及第三产业逐渐地演进。目前全国多数省市都在积极推行去工业化和发展服务主导型产业，东北地区也在同步加速调整三次产业结构，呈现二产降、三产升的趋势，但综合来说第二产业比重仍高于第三产业，第三产业发展仍相对迟缓，高新技术产业与服务业的发展落后，导致东北地区产业结构以第二产业为主，经济只能保持相对较低的活力与效益，同时也体现出对剩余劳动力的吸纳能力较差。

总的来看，东北三次产业占比基本呈平行状态，产业结构的演进陷入停滞状态。虽然第一产业增加值占比有所下降，但却始终维持在10%以上的高位。而在东南沿海地区，第一产业比重早在2000年时降下10%，在2015年低至5.09%。与东南沿海省市相比，东北地区第三产业在整体产业结构中比重较小，虽然整体呈上升趋势，并在2014年超越第二产业，但属于低水平扩张。二、三产业位置的调换，更多是由2011年至今东北工业增长失速造成的，即东北地区出现的产业结构变化是由于东北工业产出快速下滑导致相对比重缩小，并非第三产业加快发展的结果。即便如此，2015年东北地区服务业占比也仅为45.59%，而东南沿海地区已达到50.73%，个别发达城市达到了55%以上，上海市甚至达到了67.76%。从横向比较的结果来看，东北地区第三产业持续低水平扩张，现代服务业对第一、第二产业无法形成有力支撑，三次产业呈平行状态发展，这些都不符合经济发展的一般规律。

从纵向的角度来看，辽宁省的产值结构在两轮经济振兴计划下取得了较明显的成效，产业结构实现了从"二三一"向"三二一"的转变（见图2.3）。具体到三次产业占比，可以发现，辽宁省第一产业呈下降趋势，但下降幅度不大。2003年到2019年间只下降了1.56个百分点，直到2019年仍保持8.7%的占比，可见农产品产业对于辽宁省的经济贡献仍较大。在2003年至2008年间，辽宁省第二产业产值占比逐年攀升，第三产业占比却逐年下降。到2008年，二三产业占比差距达到21.3个百分点，辽宁省在第一轮东北振兴计划的早期并没有达到预期效果，相反甚至一定程度上加剧了辽宁省的产业结构失衡。"十二五"时期，辽宁省加快对传统产业的转型升级，积极淘汰过剩落后产能，工业结构得到明显改善，在"十二五"末期实现了产业结构质的趋势性变化，即第三产业占比首次超过第二产业，且呈现出明显的上升趋势，2016年已超过50%；第二产业则呈现出明显的下降趋势。这些数据表明，辽宁省旨在积极发展现代服务业，走以第三产业为主导的发展道路。

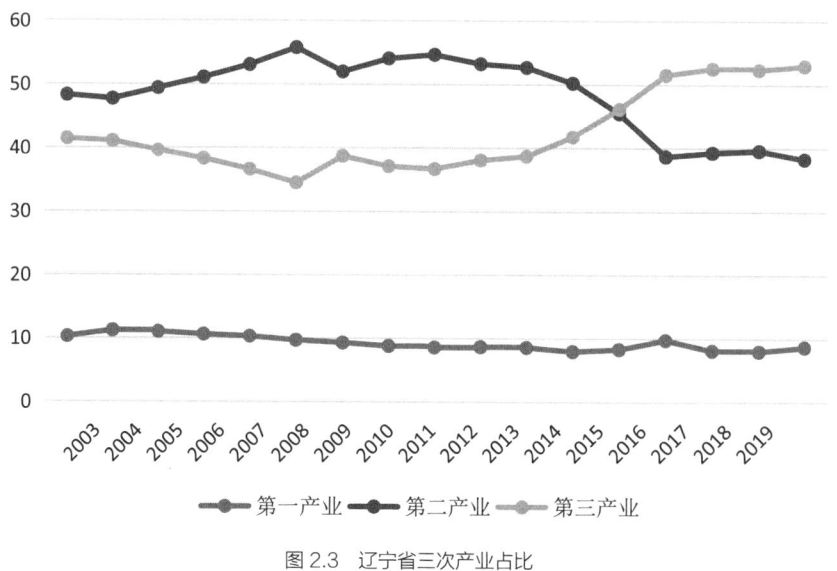

图2.3 辽宁省三次产业占比

从三次产业占比来看（见图2.4），2003年到2019年，吉林省产业结构实现了从"二三一"向"三二一"的转变。具体来看，第一产业产值占比从19.3%下降至11%，与辽宁省水平接近；第二产业产值占比在17年期间经历了增长和下跌的起伏波动，整体上呈下跌趋势，比重在2018年开始大幅下跌，实现与第三产业的剪刀差；第三产业和第二产业占比变化完全呈现相反趋势，2003年到2019年间经历较大幅度下跌后逐步上涨，总体比重得到了提升。近两年来，吉林省第三产业发展势头迅猛，2018年第三产业占比实现对第二产业占比的反超，吉林省正逐步迈进工业化后期阶段。

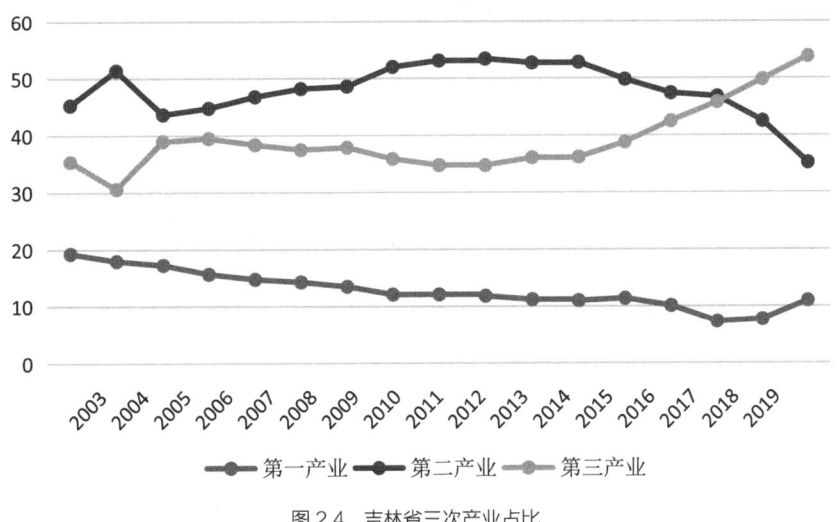

图2.4 吉林省三次产业占比

自第一次东北振兴计划实施至今，黑龙江省产业结构得到了显著的改善，实现了"二三一"向"三二一"结构的转变（见图2.5），与辽宁省和吉林省相比，黑龙江省的产业结构升级优化程度最为明显。2003—2019年间，三次产业占比从12.4∶51.4∶31.5发展到23.4∶26.6∶50.1，2019年其第三产业占比比第二产业占比高出23.5个百分点，形成了以第三产业为主导且主导作用明显的产业结构。

此外，黑龙江省是东北地区在过去17年间唯一一个第一产业占比得以增长的省份，占比增长了11个百分点，2019年第一产业占比高达23.4%，这与黑龙江省的地理区位和自然资源条件有紧密联系。黑龙江省是我国著名的农业大省,适宜农产品生长,农产品质量高,但至今仍没有凭借得天独厚的农业优势发展起完备发达的农产品产业链,存在产业链较短、产业附加值较低等问题。

黑龙江省第二产业占比自2009年以较快速度持续下降,到2018年仅占24.6%,但其工业内部仍存在较严重的结构失衡问题,重化工业比重高,轻工业发展滞后,且能源型、高能耗型产业比重较高,电力等能耗大、污染大的产业比重过高,不利于黑龙江省经济未来可持续发展。

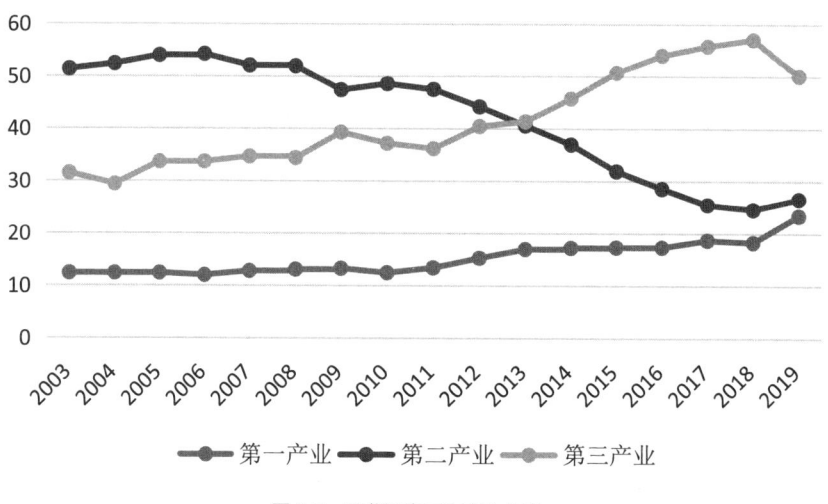

图 2.5 黑龙江省三次产业占比

从东北三省整体的产业结构状况来看(见图2.6),2014年之后,东北地区三次产业中的主导产业产生了新的变化,整体上摆脱了"二三一"的产业结构,实现了第三产业占比超过50%的产业结构。可以看到,东北地区二三产业比重的曲线在2015年相交,之后两条曲线间距在不断拉大,从斜率可以看出第三产业发展势头良好,意味着第三产业在东北地区经济中的主导地位正在逐步加强。但通过与全国三次产业的占比情况相比较发现(图2.7),全国第二产业和第三产业占比的曲线在2012年取得交叉,而东北地区的曲线2015年才取得交叉,说明东北的工业化发展阶段要滞后于全国平均水平,更是落后于东南沿海地区。

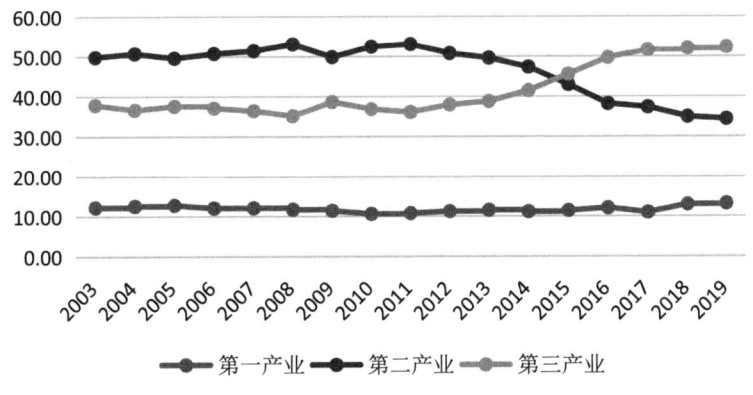

图 2.6 东北地区三次产业占比

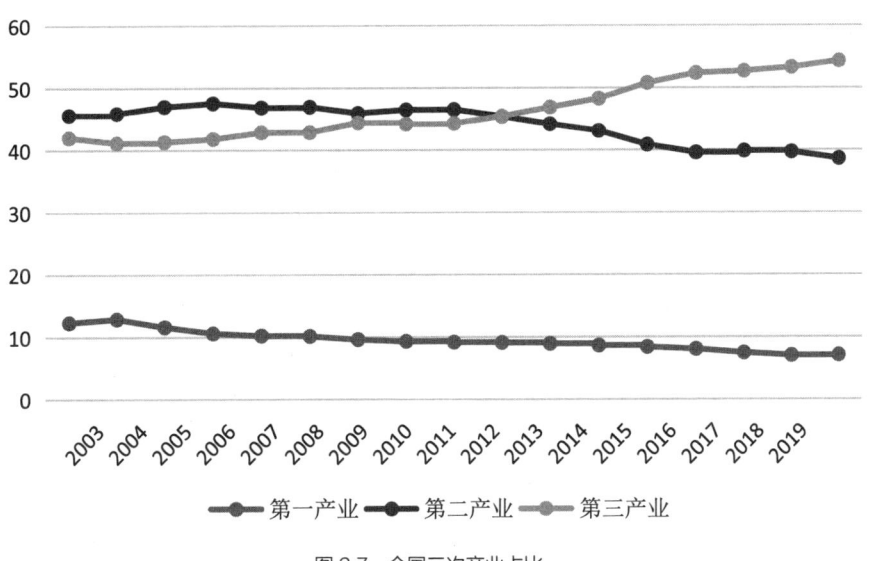

图 2.7 全国三次产业占比

第三章

东北振兴中的产业结构调整

东北地区产业结构偏离现象

产业结构是国民经济发展的资源转换系统,在区域经济社会转型过程中,产业结构调整尤为重要。在以往关于东北产业结构的研究中,关注一、二、三次产业结构的多,关注产业内部结构的少。而恰恰是产业内部结构,尤其是工业内部结构的调整是东北振兴的关键。本章将着重分析工业内部结构,找出东北地区与其他省份在工业结构方面的差异,这些差异可能是过去振兴不力的原因,也是以后东北振兴要解决的问题。

第一节 东北地区产业结构偏离的研究思路

在以往的研究中,学者专家对东北产业结构调整问题进行了深入剖析。其研究成果主要集中在三方面,一是对东北地区产业结构的现状、存在问题的研究。徐卓顺(2015)通过对东北三次产业投资比重的考察发现,东北三省产业投资结构存在不协调问题,第二、三产业投资比重大,第一产业投资比重小,同时第二、三产业内投资结构不协调,过度投资使得各产业投资边际产出上升幅度趋弱。二是对东北地区产业结构问题的成因分析。黄群慧等(2016)认为,重化工业比重大、国有经济占据主导、人口流失是东北三省工业下行进而影响经济下滑的主要原因,提出东北地区应该围绕深化供给侧结构性改革,积极推进体制机制改革和经济结构战略调整。三是东北产业结构调整的对策。杜威(2016)通过对东北三省36个地级市的实证研究发现,东北地区产业结构调整存在典型的迟滞性特征,其中资源禀赋、政府干预和国有企业是造成对东北地区产业结构调整滞后的主要原因，认为东北三省应该制定相应的产业政策进行结构调整。辽宁省应防范制造业快速衰退风险，在装备制造业转型升级上求得突破，关键是抓住新一轮科技革命和产业变革机遇，以智能制造为引领，通过深入推进供给侧结构性改革培育内生动力；吉林省应加快建设现代产业体系，改变汽车产业"一柱擎天"的工业格局，向产业链上下游延伸，把支柱产业变成主导产业，把单一产业变成产业群，把产业链变成产业板块；黑龙江省应努力破除"资源诅咒"，进一步推进工业化进程。

与这些研究视角稍有不同，本书注意到东北地区产业结构长期以来表现出与全国（以及其他地区）产业结构变化相背离的趋势，并且这种背离程度越来越大。我们将这种现象称为东北产业结构的"偏离"，并试图研究这种偏离与东北经济发展之间的关系。本章选择全国平均水平、广东省、浙江省和江苏省作为比较对象，分析东北地区在工业结构、比较优势、固定资产投资、第三产业和高技术产业等五个方面与比较对象之间的差距，并分析这些差距产生的原因以及影响。之所以选择广东省、浙江省和江苏省作为比较对象，是因为这三个省的经济发展水平较高、产业结构相对均衡，是全国发展较好的省份，也是未来东北产业结构调整的标杆省份。

在研究过程中，首先，根据国民经济行业分类（GB/T4754-2011）的分类标准，将工业行业41个两位数行业按照主营业务收入进行排序，将主营收入排名靠前的行业定义为"大规模行业"，这些行业的快速发展不仅能够有效带动就业，还能够对地方经济发展提供资本支撑。其次，计算各省份每一行业主营业务收入在全国所占的比例，类似于"市场份额"的概念，根据所占市场份额大小进行排序，选取各省份的"比较优势产业"，进而比较各省份比较优势产业的差异。同理，使用类似方法分析固定资产投资的偏离、第三产业的偏离和高技术产业的偏离。

数据来源于《中国统计年鉴2015》《中国高技术产业统计年鉴2015》、各省2015年统计年鉴、国家统计局网站、Wind数据库和中经网统计数据库；综合考虑数据的可获得性，分析工业结构和高技术产业结构时，使用行业主营业务收入数据；分析第三产业结构时，使用行业增加值数据；分析固定资产投资结构时，使用固定资产投资完成额数据。

第二节 东北地区产业结构与全国的比较情况

一、东北地区工业结构的偏离

东北地区的产业结构与全国支柱产业偏离。按照主营收入将41个行业进行排序，排名靠前的大规模行业是全国的支柱性产业（见表3.1），表中第一行的数字表示行业排名，排第一位的行业为计算机、通信和电子设备制造业，产业规模达8.55万亿元，而东北地区这一产业的主营业务收入为1018亿元，仅占全国的1.19%（其中辽宁1.07%，吉林0.09%，黑龙江0.03%），江苏省这一产业的比重为20%，广东省更是高达32%（见表3.2），这两省加一起占据了这一产业的半壁江山。

表3.1 全国主营业务收入排名前8的行业中各地区所占份额（单位：亿元）

	1	2	3	4	5	6	7	8
	计算机、通信和电子设备制造业	化学原料及化学制品制造业	黑色金属冶炼及压延加工业	汽车制造业	电气机械及器材制造业	农副食品加工业	非金属矿物制品业	电力、热力生产和供应业
全国	85486.30	83104.14	74332.77	67818.48	66977.77	63665.12	57436.70	57065.54

续表

	1	2	3	4	5	6	7	8
	计算机、通信和电子设备制造业	化学原料及化学制品制造业	黑色金属冶炼及压延加工业	汽车制造业	电气机械及器材制造业	农副食品加工业	非金属矿物制品业	电力、热力生产和供应业
东北地区	1018.41	4905.74	6025.97	10531.47	2708.55	10073.99	5518.71	3834.83
辽宁	915.55	2743.49	5071.69	3133.66	2127.93	4243.15	3498.23	1669.18
吉林	77.95	1602.20	712.18	7227.21	338.76	3075.51	1498.09	903.12
黑龙江	24.90	560.05	242.10	170.60	241.86	2755.33	522.40	1262.53
江苏	17391.49	16158.44	10547.97	6104.48	15450.87	4190.02	4561.11	4361.44
浙江	2716.91	5928.60	2556.25	2833.98	5822.93	1049.01	2041.58	4262.82
广东	26757.51	5861.37	2422.46	5314.55	11837.52	2902.74	4503.64	6318.06

资料来源：《中国统计年鉴2016》《辽宁省统计年鉴2016》《吉林省统计年鉴2016》《黑龙江省统计年鉴2016》。

表3.2 全国主营业务收入排名前8的行业中各地区所占比重（%）

	1	2	3	4	5	6	7	8
	计算机、通信和电子设备制造业	化学原料及化学制品制造业	黑色金属冶炼及压延加工业	汽车制造业	电气机械及器材制造业	农副食品加工业	非金属矿物制品业	电力、热力生产和供应业
东北地区	1.19	5.90	8.11	15.53	4.04	15.82	9.61	6.72
辽宁	1.07	3.30	6.82	4.62	3.18	6.66	6.09	2.93
吉林	0.09	1.93	0.96	10.66	0.51	4.83	2.61	1.58
黑龙江	0.03	0.67	0.33	0.25	0.36	4.33	0.91	2.21
江苏	19.87	19.44	14.19	9.00	22.94	6.58	7.94	7.64
浙江	3.18	7.13	3.44	4.18	8.69	1.65	3.55	7.47
广东	32.12	7.05	3.26	7.84	16.99	4.56	7.84	11.07

资料来源：《中国统计年鉴2016》《辽宁省统计年鉴2016》《吉林省统计年鉴2016》《黑龙江省统计年鉴2016》。

改革开放以来，随着国民收入水平提高，居民消费结构逐渐升级，汽车、电视、电子计算机、移动通信等日渐成为居民消费的重要领域。在全国主营业务收入排名前八的行业中，像计算机、通信和电子设备制造业（排名第一），汽车制造业（排名第四），电气机械及器材制造业（排名第五），这些直接面向消费者的工业产品，称之为大规模消费品行业。东北地区的工业结构未能跟上这一趋势，全国电气机械及器材制造业的产业规模为7万亿元，而东北地区仅占4.04%，与广东的17%和江苏的23%形成鲜明的对比。

2015年东北三省GDP占全国的比例约为8.4%，除汽车制造业、农副食品加工业和非金属矿物制品业外，其他产业均未达到全国平均水平，尤其是代表消费品行业的计算机、通信和电子设备制造业，以及电器机械及器材制造业。说明东北地区的产业结构与全国的支柱产业相背离，缺少大规模消费品行业。

东北地区支柱产业多为原字号、老字号行业。表3.3展示了东北地区主营业务收入排名前8行业的情况，代表东北地区的支柱产业，第一行的数字表示此行业在全国排序中的排名。东北地区支柱产业中，除农副产品加工业外，均为重工业行业，除汽车制造业和农副产品加工业外，均为老工业，生产的产品均为工业品。

东北地区的支柱产业与全国的支柱产业相背离。东北地区最大的产业汽车制造业在全国的产业规模排名为第四，东北地区排名第二的农副食品加工业在全国的产业规模排名为第六；而在全国排名第一的计算机、通信和电子设备制造业不是东北三省的支柱性产业，全国排名第二的化学原料及化学制品制造业在东北地区的支柱性产业中只能排在第六位。即使东北地区排名第一的支柱产业，也无法构成其产业优势，东北三省汽车制造业占全国的比例为15.33%，而作为比较对象的江苏占比为9%，浙江为4%，广东为8%，三省占比总和达21%（见表3.4）。

表 3.3 东北地区主营业务收入排名前 8 的行业中各地区所占份额（单位：亿元）

	4	6	3	11	7	2	10	8
	汽车制造业	农副食品加工业	黑色金属冶炼及压延加工业	石油加工、炼焦及核燃料加工业	非金属矿物制品业	化学原料及化学制品制造业	通用设备制造业	电力、热力生产和供应业
全国	67818.48	63665.12	74332.77	41094.41	57436.70	83104.14	47016.78	57065.54
东北地区	10531.47	10073.99	6025.97	5892.39	5518.71	4905.74	4734.93	3834.83
辽宁	3133.66	4243.15	5071.69	4285.68	3498.23	2743.49	3879.58	1669.18
吉林	7227.21	3075.51	712.18	230.14	1498.09	1602.20	424.58	903.12
黑龙江	170.60	2755.33	242.10	1376.58	522.40	560.05	430.78	1262.53
江苏	6104.48	4190.02	10547.97	2371.47	4561.11	16158.44	8226.90	4361.44
浙江	2833.98	1049.01	2556.25	1535.75	2041.58	5928.60	4348.29	4262.82
广东	5314.55	2902.74	2422.46	3230.95	4503.64	5861.37	3406.94	6318.06

资料来源：《中国统计年鉴 2016》《辽宁省统计年鉴 2016》《吉林省统计年鉴 2016》《黑龙江省统计年鉴 2016》。

表 3.4 东北地区主营业务收入排名前 8 的行业中各地区所占比重（%）

	4	6	3	11	7	2	10	8
	汽车制造业	农副食品加工业	黑色金属冶炼及压延加工业	石油加工、炼焦及核燃料加工业	非金属矿物制品业	化学原料及化学制品制造业	通用设备制造业	电力、热力生产和供应业
东北地区	15.53	15.82	8.11	14.34	9.61	5.90	10.07	6.72
辽宁	4.62	6.66	6.82	10.43	6.09	3.30	8.25	2.93
吉林	10.66	4.83	0.96	0.56	2.61	1.93	0.90	1.58
黑龙江	0.25	4.33	0.33	3.35	0.91	0.67	0.92	2.21
江苏	9.00	6.58	14.19	5.77	7.94	19.44	17.50	7.64
浙江	4.18	1.65	3.44	3.74	3.55	7.13	9.25	7.47
广东	7.84	4.56	3.26	7.86	7.84	7.05	7.25	11.07

资料来源：《中国统计年鉴 2016》《辽宁省统计年鉴 2016》《吉林省统计年鉴 2016》《黑龙江省统计年鉴 2016》。

二、东北地区比较优势产业的偏离

东北地区的比较优势产业市场规模相对较小。以全国排名表示各行业的主营业务收入在全国各行业中的排名,根据各地区行业主营业务收入在全国同行业中所占比重进行排序,选取排前8位的行业来判断各地区的比较优势(见表3.5)。通过比较发现,东北地区的比较优势产业大多为传统产业,其中开采辅助活动业的优势最大,占全国的比例为30.46%,但其市场规模在行业中的排名为38(倒数第五),主营业务收入为2099亿元,仅占排名第一的计算机通信产业的1/40。

在东北地区的比较优势产业中,除了农副食品加工业和汽车制造业是全国排名前8的产业外,其他产业规模均较小。从分省情况来看,辽宁省最大的比较优势产业为黑色金属矿采选业,而这一产业为产能过剩行业,且在全国的排名居第27位,吉林省的比较优势产业除汽车制造业外均为原材料加工业和小规模产业,黑龙江最大的比较优势产业为石油和天然气开采业,这一产业在全国的排名居第26位,且有进一步下滑的趋势。与东北地区不同的是,广东省最大的比较优势产业为全国排名第一的计算机、通信和其他电子设备制造业,占全国比例为31.3%,占据绝对优势地位。

在过去东北振兴中,产业调整的思路是侧重"加长避短"(提升重工业,忽略轻工业),这样做的结果就是,导致东北地区的产业结构偏离情况会越来越严重。

表 3.5 东北地区比较优势产业在全国的地位

东北地区			辽宁			吉林			黑龙江			广东		
行业	比例（%）	全国排名	行业	比例（%）	全国排名	行业	比例（%）	全国排名	行业	比例（%）	全国排名	行业	比例（%）	全国排名
开采辅助活动	30.46	38	黑色金属矿采选业	18.53	4	汽车制造业	10.66	26	石油和天然气开采业	15.89	1	计算机、通信和其他电子设备制造业	31.3	27
石油和天然气开采业	22.69	26	开采辅助活动	15.69	41	其他采矿业	9.68	38	开采辅助活动	8.55	36	废弃资源综合利用业	29.23	38
黑色金属矿采选业	21.73	27	金属制品、机械和设备修理业	12.76	17	医药制造业	6.34	6	农副食品加工业	4.33	22	文教、工美、体育和娱乐用品制造业	28.86	40
农副食品加工业	15.82	6	石油加工、炼焦及核燃料加工业	10.43	25	木材加工和木、竹、藤制品业	6.26	25	木材加工和木、竹、藤制品业	3.48	30	家具制造业	22.74	11
汽车制造业	15.53	4	非金属矿采选业	9.35	38	开采辅助活动	6.22	11	石油加工、炼焦及核燃料加工业	3.35	39	水的生产和供应业	19.75	34
其他采矿业	15.38	41	通用设备制造业	8.25	6	农副食品加工业	4.83	19	食品制造业	2.64	5	电气机械及器材制造业	17.67	10
木材加工和木、竹、藤制品业	15.31	25	黑色金属冶炼及压延加工业	6.82	26	石油和天然气开采业	3.81	35	燃气生产和供应业	2.38	18	纺织服装、服饰业	17.38	3
石油加工、炼焦及核燃料加工业	14.34	11	农副食品加工业	6.66	21	酒、饮料和精制茶制造业	2.95	8	电力、热力生产和供应业	2.21	32	印刷和记录媒介的复制	16.18	6

资料来源：《中国统计年鉴 2016》《辽宁省统计年鉴 2016》《吉林省统计年鉴 2016》《黑龙江省统计年鉴 2016》。

三、东北地区固定资产投资结构的偏离

与其他省份稳定增长的固定资产投资相比,东北地区的固定资产投资波动明显。从2010—2015年东北三省和浙江、广东的固定资产投资完成额情况(见图3.1)。可以看出,2013年以前,辽宁省固定资产投资额逐年增加,且高于广东省,2013年之后,辽宁省固定资产投资完成额开始下降,广东省超过辽宁省;吉林省固定资产投资完成额稳中有升,黑龙江先增加后减少。与东北三省的投资完成额波动有所不同,浙江和广东两省的投资额在2010—2015年间均高速逐年增长。

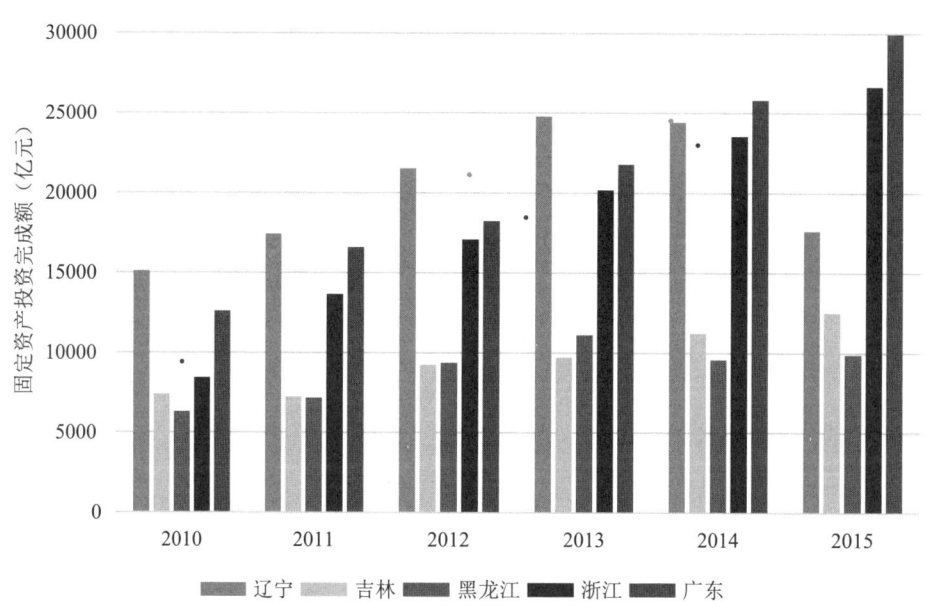

资料来源:国家统计局网站,经整理计算。

图3.1 2010—2015年各省固定资产投资完成额

东北地区的固定资产投资以重工业、老工业为主,与其他地区相比形成偏离。2015年东北三省和浙江、广东的固定资产投资分布情况(见表3.6),按照在某一行业的投资额进行排序,选取投资额最大的8个行业进行分析,从表中可知,农副食品加工业均占据了东北三省很大的投资份额,尤其是黑龙江省,农副食品加工业是除房地产业外最重要的投资方向。除了

房地产业和农副食品加工业外，辽宁和吉林的固定资产投资以通用设备制造业、汽车制造业和化学原料及化学制品制造业为主；黑龙江投资较多的行业为第一产业和第三产业，包括农业、仓储业、批发业和水利管理业等；而浙江、广东的投资结构兼顾重工业和轻工业，包括纺织业、计算机电子设备制造业和电气机械制造业等。东北地区这种以重工业、老工业为主的投资方式，会进一步加剧工业结构的偏离。

表3.6　2015年各省固定资产投资前8行业情况

排名	辽宁		吉林		黑龙江		浙江		广东	
	行业	占比(%)	行业	占比(%)	行业	占比(%)	行业	占比(%)	行业	占比(%)
1	房地产业	19.60	房地产业	8.78	房地产业	12.55	房地产业	21.10	房地产业	34.16
2	公共设施管理业	10.04	汽车制造业	8.69	农副食品加工业	7.58	公共设施管理业	7.21	道路运输业	8.76
3	通用设备制造业	4.59	公共设施管理业	6.10	公共设施管理业	5.41	道路运输业	5.06	公共设施管理业	5.82
4	非金属矿物制品业	4.14	农副食品加工业	5.47	仓储业	4.12	电力、热力的生产和供应业	4.46	计算机、通信和其他电子设备制造业	2.91
5	农副食品加工业	2.91	非金属矿物制品业	4.91	批发业	3.72	汽车制造业	4.20	电力、热力的生产和供应业	2.82
6	专用设备制造业	2.87	专用设备制造业	3.80	水利管理业	3.70	通用设备制造业	3.97	非金属矿物制品业	2.78
7	化学原料及化学制品制造业	2.53	化学原料及化学制品制造业	3.57	农业	3.54	电气机械及器材制造业	3.55	电气机械及器材制造业	2.53
8	批发业	2.37	道路运输业	3.44	通用设备制造业	3.31	纺织业	3.13	金属制品业	2.29
CR4	0.3836		0.2904		0.2966		0.3783		0.5165	
CR8	0.4904		0.4476		0.4393		0.5268		0.6208	

资料来源：国家统计局网站，经整理计算。

此外，与浙江和广东相比，东北三省的投资结构比较分散。从表3.6的最后一行可以看出，东北三省在排名前8行业的投资总额未超过总投资额的一半，而广东省在排名前8行业投资总额的比例超过总投资额的60%，说明当地政府在扶持某一产业发展方面有所倾斜。

四、高技术产业结构的偏离

与其他地区高技术企业数稳步增长相比，东北地区高技术企业数较少，且呈下降趋势。高技术产业是我国产业结构升级的主要方向，对我国分地区高技术企业数进行统计（见图3.2），可以看出，东北地区的高技术企业数占全国高技术企业数的比例最小，仅为5%，且呈下降趋势。2014年，东北地区的高技术企业数没有增加，反而减少50家。

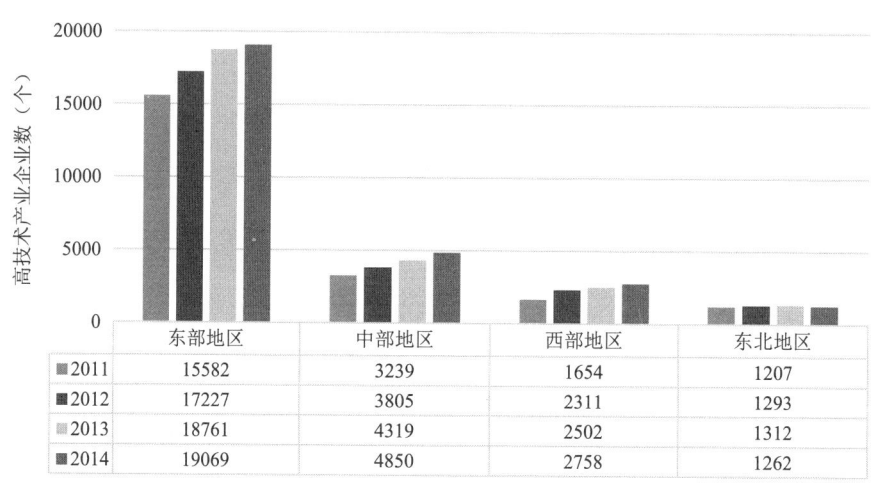

资料来源：《中国高技术产业统计年鉴2015》。

图3.2　2011—2014年各省高技术产业企业数

东北地区占优势的高技术行业市场规模较小。从各地区高技术行业主营业务收入在全国的占比情况（见表3.7）的结果来看，东北地区在航空航天制造业占全国的13.36%，拥有绝对优势，也说明了东北地区在军工等保障国家安全产业的重要地位。然而，东北地区在电子通信设备和计算机办公制造业所占的比例较小，仅为1.53%和0.54%。从东北三省、东南三省和全国在五个高技术行业的主营业务收入情况（见表3.8）可以发现，航空、航天器及设备制造业的产业规模仅有3028亿元，而电子及通信设备制造业的市场规模达到67584亿元，后者是前者的22倍。相比而言，江苏和广东则抓住了高技术产业发展的机会，在电子及通信设备制造业和计算机及办公设备制造业分别达到20%以上。在五个高技术产业中，虽然东北地区在医药制造业和航空、航天器及设备制造业占据一定的优势，但与其他产业相比，这两个产业的市场规模相对较小，导致东北地区在全国整体高技术产业中的占比较小，仅为3.7%。高技术产业代表着产业的未来发展方向，这样的结果就是，不仅东北地区目前存在产业结构偏离现象，未来也很难通过现有的高技术产业进行调整。

表3.7 各地区高技术行业主营业务收入占全国比例（%）

	电子及通信设备制造业	计算机及办公设备制造业	医药制造业	医疗仪器设备及仪器仪表制造业	航空、航天器及设备制造业
东北地区	1.53	0.54	11.41	4.28	13.36
辽宁	1.34	0.44	3.35	3.05	8.44
吉林	0.11	0.07	6.34	0.96	0
黑龙江	0.07	0.04	1.72	0.26	4.92
江苏	21.14	19.97	13.03	38.30	9.82
浙江	4.12	0.81	4.68	7.26	0.17
广东	32.97	24.97	5.54	7.97	3.04

资料来源：《中国高技术产业统计年鉴2015》。

表3.8 高技术产业分行业主营业务收入情况（单位：亿元）

	合计	电子及通信设备制造业	计算机及办公设备制造业	医药制造业	医疗仪器设备及仪器仪表制造业	航空、航天器及设备制造业
全国	127368	67584	23499	23350	9907	3028
东北地区	4652	1031	128	2665	424	405

续表

	合计	电子及通信设备制造业	计算机及办公设备制造业	医药制造业	医疗仪器设备及仪器仪表制造业	航空、航天器及设备制造业
辽宁	2352	908	103	783	302	256
吉林	1668	76	16	1480	95	0
黑龙江	632	47	10	401	26	149
江苏	26114	14285	4694	3043	3794	297
浙江	4792	2785	190	1092	719	5
广东	30329	22284	5869	1295	790	92

资料来源：《中国高技术产业统计年鉴2015》。

五、第三产业结构的偏离

东北地区第三产业发展低于全国平均水平。2015年，东北地区GDP占全国比例为8.4%，但第三产业增加值占全国第三产业增加值的比例仅为7.72%，说明东北地区第三产业的发展程度仍未达到全国平均水平。

分析东北三省和东南三省在第三产业主要行业的增加值情况，以及增加值占全国的比例情况（见表3.9、表3.10）。东北地区各行业在全国中所占比重（见表3.10第二行），与东北地区的经济地位（8.4%）相比，其交通运输、仓储和邮政业，以及住宿和餐饮业超过了全国平均水平，而其他产业尤其是以金融业为代表的生产性服务业发展欠佳，东北三省加在一起仅占全国的6.13%，不如广东、江苏和浙江一个省的规模。

表3.9 第三产业分行业增加值（单位：亿元）

	第三产业增加值合计	批发和零售业	金融业	交通运输、仓储和邮政业	房地产业	住宿和餐饮业	其他行业
全国	302503	65622	43325	31583	30728	14322	116922
东北地区	23358.48	5298.31	2654.6	2690.1	2159.83	1291.35	9264.29
辽宁	11690.89	2653.65	1482.17	1488.93	1145.7	568.77	4351.67

续表

	第三产业增加值合计	批发和零售业	金融业	交通运输、仓储和邮政业	房地产业	住宿和餐饮业	其他行业
吉林	4916.85	1059.66	464.96	518.05	432.85	283.79	2157.54
黑龙江	6750.74	1585	707.47	683.12	581.28	438.79	2755.08
江苏	30390.72	6559.03	4723.69	2591.15	3564.44	1094.45	11857.96
浙江	19127.43	4911.71	2767.44	1525.93	2166.86	884.91	6870.58
广东	33081.95	7778.82	4447.43	2740.76	4486.92	1333.81	12294.21

资料来源：《中国统计年鉴2015》和各省2015年统计年鉴。

表3.10 地区各行业第三产业增加值占全国比重（%）

	批发和零售业	金融业	交通运输、仓储和邮政业	房地产业	住宿和餐饮业	其他行业
东北地区	8.07	6.13	8.52	7.03	9.02	7.92
辽宁	4.04	3.42	4.71	3.73	3.97	3.72
吉林	1.61	1.07	1.64	1.41	1.98	1.85
黑龙江	2.42	1.63	2.16	1.89	3.06	2.36
江苏	10	10.9	8.2	11.6	7.64	10.14
浙江	7.48	6.39	4.83	7.05	6.18	5.88
广东	11.85	10.27	8.68	14.6	9.31	10.51

资料来源：《中国统计年鉴2015》和各省2015年统计年鉴。

第三节 东北地区的产业结构偏离的直接影响

从上节的分析可知,东北地区的产业结构存在偏离现象,具体表现为:东北地区支柱产业多为原字号、老字号行业,与全国的支柱产业偏离;东北地区的比较优势产业市场规模相对较小;固定资产投资以重工业、老工业为主;占优势的高技术行业市场规模较小;以金融业为代表的生产性服务业发展欠佳。这些产业结构上的偏离会导致东北地区的支柱产业集中于产业规模较小的行业,缺少大规模产业的支撑,进一步加剧轻重工业发展的不平衡等问题。

一、工业结构偏离加剧了轻重工业发展的不平衡

新中国成立之后,在国家优先发展重工业的战略指导下,工业基础较好的东北地区依托区位和资源优势,形成了以原材料加工、冶金、石化和机械制造等重工业为主的产业结构,重工业在东北工业体系中占有举足轻重的地位。1952年以来,重工业产值占工业总产值的比重持续上升,轻工业产值占工业总产值的比重逐渐降低。在2003年国家实施东北振兴战略之后,重工业在工业结构中的地位有所下降,轻工业在工业结构中的地位有所加强,但重工业产值占工业总产值比重仍然较高(见图3.3)。

从原材料工业总产值占重工业产值的比重看(见表3.11),"十二五"期间东北地区原料加工业比重有所下降,但占比仍接近50%,装备制造业在重工业体系中比重有所上升,2015年已经达到41.49%,但还低于原材料加工业。说明东北地区重工业内部的结构调整产生了一定效果,但原料加工在重工业体系中仍占较大份额。在原材料工业中,采掘业比重有所下降,从2012年的12.23%下降到2015年的8.36%,冶金石化工业在工业体

系中比重有所下降，维持在 40% 以上。

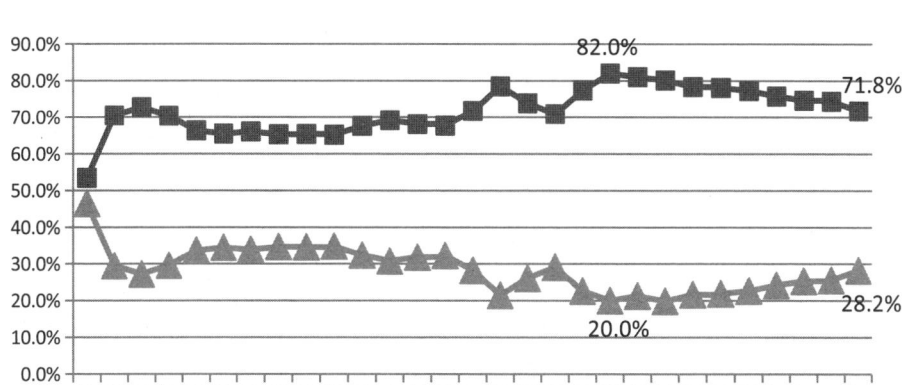

资料来源：《辽宁统计年鉴 1984—2016》，《吉林统计年鉴 1984—2016》，《黑龙江统计年鉴 1984—2016》
图 3.3 新中国成立后东北地区工业结构变化情况

表 3.11 东北地区原材料工业在重工业体系中所占比重情况

行业 \ 年份	2012	2013	2014	2015
重工业	60546.75	65940.91	64784.71	48920.7
其中：原材料加工业（亿元）	33522.75	35230.09	33719.61	24104.83
装备制造业（亿元）	23084.96	25938.16	26131.05	20295.37
装备制造业占比	38.13%	39.34%	40.34%	41.49%
原材料加工业占比	55.37%	53.43%	52.05%	49.27%
其中：采掘业占比	12.23%	11.14%	10.54%	8.36%
冶金、石化业占比	43.13%	42.29%	41.51%	40.91%

资料来源：《辽宁统计年鉴 2013—2016》《吉林统计年鉴 2013—2016》《黑龙江统计年鉴 2013—2016》。

二、产业结构偏离加剧了支柱产业集中于产能过剩产业

使用各地区分行业主营业务收入来估算工业中子行业的行业集中度，使用各地区 2017 年数据进行分析（见表 3.12，由于《黑龙江统计年鉴

2018》中未公布 2017 年工业各行业的主营业务收入数据，使用黑龙江 2016 年的数据进行分析）。

表 3.12 东北、广东、江苏和浙江支柱产业的比较情况

行业	省份					
	辽宁	吉林	黑龙江	广东	江苏	浙江
煤炭开采和洗选业	1.22	0.80	2.45	0.00	0.15	0.00
石油和天然气开采业	1.00	0.65	6.78	0.37	0.00	0.00
黑色金属矿采选业	1.07	0.75	0.37	0.05	0.04	0.01
有色金属矿采选业	0.47	0.31	0.22	0.06	0.00	0.01
非金属矿采选业	0.21	0.27	0.39	0.20	0.07	0.19
开采专业及辅助性活动	0.53	0.50	1.37	0.01	0.00	0.00
其他采矿业	0.00	0.00	0.00	0.00	0.00	0.00
农副食品加工业	6.33	11.0	25.02	2.45	3.00	1.45
食品制造业	0.83	2.07	4.76	1.36	0.72	0.76
酒、饮料和精制茶制造业	0.62	2.38	2.57	0.78	0.84	0.68
烟草制品业	0.30	0.67	0.83	0.31	0.38	0.73
纺织业	0.34	0.92	0.89	1.82	4.32	7.17
纺织服装、服饰业	0.54	0.71	0.24	2.81	2.29	3.31
皮革、毛皮、羽毛及其制品和制鞋业	0.21	0.09	0.71	1.68	0.58	1.59
木材加工和木、竹、藤、棕、草制品业	0.29	3.19	3.92	0.53	1.40	0.65
家具制造业	0.25	0.52	0.68	1.59	0.25	1.46
造纸和纸制品业	0.45	0.61	0.53	1.85	1.04	2.18
印刷和记录媒介复制业	0.09	0.33	0.26	0.95	0.53	0.65
文教、工美、体育和娱乐用品制造业	0.09	0.17	0.67	2.87	1.38	1.83
石油、煤炭及其他燃料加工业	15.9	0.65	8.42	1.93	1.48	2.56
化学原料和化学制品制造业	6.94	6.69	4.67	4.22	10.5	9.01

续表

行业	省份					
	辽宁	吉林	黑龙江	广东	江苏	浙江
医药制造业	1.85	4.42	3.40	1.09	2.64	1.87
化学纤维制造业	0.15	0.33	0.02	0.13	1.91	3.38
橡胶和塑料制品业	1.60	1.56	1.78	3.84	2.29	3.80
非金属矿物制品业	3.51	6.55	4.51	3.67	3.22	2.98
黑色金属冶炼和压延加工业	12.9	2.48	0.89	1.90	6.42	2.68
有色金属冶炼和压延加工业	3.30	0.92	0.34	2.48	2.78	3.49
金属制品业	2.76	2.30	1.21	4.51	4.14	3.92
通用设备制造业	4.04	1.95	2.92	3.06	5.86	6.65
专用设备制造业	1.98	2.20	2.00	2.45	4.65	2.52
汽车制造业	12.5	35.3	2.09	5.84	5.04	7.53
铁路、船舶、航空航天和其他运输设备制造业	3.53	1.90	0.63	0.86	2.20	1.14
电气机械和器材制造业	3.19	0.99	1.89	9.98	10.9	9.76
计算机、通信和其他电子设备制造业	2.32	0.40	0.21	27.7	12.4	5.61
仪器仪表制造业	0.00	0.00	0.24	0.00	2.42	1.21
其他制造业	0.00	0.00	0.16	0.00	0.15	0.40
废弃资源综合利用业	0.21	0.11	0.09	0.76	0.15	0.41
金属制品、机械和设备修理业	0.24	0.06	0.00	0.13	0.01	0.09
电力、热力生产和供应业	7.48	4.55	11.16	4.77	3.29	7.39
燃气生产和供应业	0.47	0.44	0.59	0.62	0.34	0.62
水的生产和供应业	0.28	0.20	0.14	0.35	0.12	0.30
前百分之五十	55.7	53.0	51.4	52.8	51.2	53.1
	前5	前4	前4	前5	前6	前7

资料来源：各省统计年鉴。

辽宁省主营业务收入前5的行业为石油、煤炭及其他燃料加工业，化学原料和化学制品制造业，黑色金属冶炼和压延加工业，汽车制造业和电力、热力生产和供应业，占各行业总主营业务收入的55.7%；吉林省排名前4的行业占各行业总主营业务收入的53%，分别为农副食品加工业、化学原料和化学制品制造业、非金属矿物制品业和汽车制造业，其中仅汽车制造一个行业的比例为35.3%，成为吉林省的绝对支柱产业，不愧是总书记口中的"一柱擎天"；黑龙江省的情况也类似，排名前4的行业占各行业总主营业务收入的51.4%，其中农副食品加工业的比例为25.02%，是黑龙江省的主导产业。

从表中可以看出，与广东、浙江、江苏等东南先进沿海省份相比，东北地区产业结构存在两方面不足：第一，东北三省的支柱产业过于集中。在规模最大的行业中，辽宁5个行业占到50%以上，吉林4个行业，黑龙江4个行业，而广东、江苏和浙江的行业数分别为5、6、7。行业过于集中造就了当地的主导产业，但也会对其他行业发展造成资源挤压。第二，东北三省的支柱产业集中于产能过剩产业。一方面，东北三省的主导产业大多是"原字号""老字号"产业，这些产业的发展前景堪忧，另一方面，根据表3.1、表3.2的分析，东北三省在规模较大产业中占据的市场份额较少。东北经济结构的长板是由其禀赋结构及其历史遗产积累起来的重化工业和农产品加工等原材料产业，而短板是以纺织服装、家电与消费电子为龙头的轻工业集群和相应商业网络严重缺失。

三、高技术产业偏离使得高技术产业发展缓慢

东北地区高技术产业呈现出自主创新能力不强、行业规模偏低、缺乏高技术产品特色和研发经费不足等一系列问题。与全国平均水平相比，东北地区高技术产业在工业结构中的比重较低，对东北地区产业结构调整的作用不明显。在第一轮"十年振兴"期间，虽然东北地区的经济得到了快速发展，但东北地区高技术产业营业收入占工业营业收入的比重呈逐渐下降趋势，从2003的10.1%下降到2013年的5%，而同一时期，全国平均水

平均保持在 10% 以上。2014—2016 年，东北地区高技术产业在工业结构中的比重有所回升，2016 年达到 7.1%，但随着新常态下"新东北现象"的出现，这一比例又重新下降到 6% 以下（见图 3.4）。

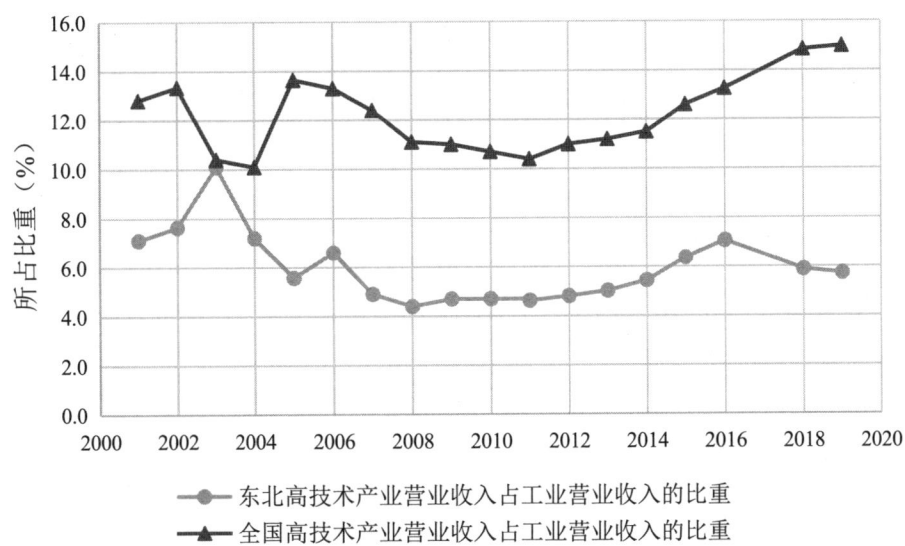

注：由于东北三省未公布 2017 年高技术产业营业收入数据，故图中未统计 2017 年情况。
资料来源：历年《中国高技术产业统计年鉴》《中国统计年鉴》。

图 3.4　2001—2019 年东北地区高技术产业在工业中所占比重情况

2015 年 9 月，国家制造强国建设战略咨询委员会发布了《中国制造 2025 重点领域技术路线图》，这标志着国家已明确细化了高技术产业未来发展的具体门类与前进方向。然而，纵观我国高技术产业的地理布局，长三角、珠三角以及环渤海地区已率先形成特色鲜明的高技术产业带，相比之下东北地区高技术产业的发展相对滞后，传统老工业基地难以焕发生机并助力本土高技术产业腾飞。

四、服务业偏离导致服务业低水平扩张

东北地区服务业发展较快，2019 年服务业在三次产业中的比重已经达到 52.4%，与全国平均水平相当。然而，与发达国家和国内先进地区

相比,东北地区服务业发展水平不高、结构不合理的问题依然存在(见表 3.13)。

表 3.13 2003—2015 年东北地区服务业各行业年末就业人员情况(单位:万人)

行业	2003		2015	
	人数	比重(%)	人数	比重(%)
服务业总计	857	100	699.3	100
批发和零售业	126.2	14.7	53.6	7.7
交通运输、仓储及邮政业	13.2	1.5	79.6	11.4
住宿和餐饮业	167.4	19.5	13.6	1.9
信息传输、计算机服务和软件业	42.9	5.0	26.6	3.8
金融业	34.8	4.1	49.5	7.1
房地产业	13.2	1.5	24.6	3.5
租赁和商务服务业	18.1	2.1	22.2	3.2
科学研究和技术服务业	23.9	2.8	33.9	4.8
水利、环境和公共设施管理业	24.2	2.8	33.3	4.8
居民服务、修理和其他服务业	61.2	7.1	9.0	1.3
教育	147.8	17.2	136.4	19.5
卫生和社会工作	57.9	6.8	72.2	10.3
文化、体育和娱乐业	15.7	1.8	12.5	1.8
公共管理、社会保障和社会组织	110.5	12.9	132.3	18.9

资料来源:《2004 辽宁统计年鉴》《2004 吉林统计年鉴》《2004 黑龙江统计年鉴》《2016 辽宁统计年鉴》《2016 吉林统计年鉴》《2016 黑龙江统计年鉴》。

一是传统服务业仍占主导。2015年，东北地区交通运输业增加值为3527.1亿元，占服务业增加值比重达到13.5%，批发零售和住宿餐饮增加值为6616.9亿元，占服务业增加值比重达到25.4%，传统服务业增加值比重合计为40%，较2003年的52.1%有所下降，但所占比重仍然较大。从吸纳就业人数来看，交通运输业和批发零售和住宿餐饮服务就业人数占服务业比重达到11%。传统服务业技术水平不高，对产业结构调整的作用有限，仅依靠传统服务业既不能决定产业结构升级，也无法保证经济的加速增长。

二是生产性服务业发展较快但还未形成规模。2015年，东北地区从事科学研究和技术服务业的就业人员达到33.3万人，较2003年增长了41.6%，占服务业就业人员比重仅为2.5%，信息传输、计算机服务和软件业就业人数达到26.6万人，较2003年下降了38%，占服务业比重仅为2%。

三是医疗、旅游、文化、体育等高端生活性服务业发展滞后。相比于"衣食住行"的主导的消费结构，东北地区居民消费需求正逐渐向个性化、高端化、服务化转变，对"文化、娱乐、体育、旅游、健康"等消费需求不断扩大，但东北这些服务业发展却滞后。如2015年东北地区的文化、体育和娱乐业就业人员比2003年下降了20.4%，从业人员占服务业比重仅为0.9%；医疗卫生、社会保障业等社会福利业从业人员比重仅为5.4%；居民服务从业人员比重仅为0.7%，而且相比2003年水平，居民服务业就业人员大幅下降。

四是公共管理等非营利服务业就业人员比重较高。2015年东北地区公共管理、社会保障和社会组织的就业人员达到123.3万人，占服务业就业人数比重达到18.9%，比2003年增加了21.8万人。虽然公共服务就业人数增加，但东北地区公共服务质量却饱受诟病，政府"吃、拿、卡、要""关门打狗""投资不过山海关"等舆论在网络等新媒体广泛流传。虽然难以拿到准确数据，但网络舆论在一定程度上反映了公共服务质量和政府提供公共服务能力差的问题。

第四节　东北地区产业结构偏离的深远影响

东北地区的产业结构偏离不仅影响当前的产业发展，同时还会对东北未来经济发展产生一系列的深远影响。

一、区域工业化进程路径受到阻碍

从世界工业结构升级的一般规律来看，工业升级路径通常是从劳动密集型的轻工业向资本和技术密集型的重工业转变，轻工业在工业化进程中扮演着至关重要的角色。而东北地区工业升级路径起步较高，走的是直接优先发展重工业的路径，未能实现轻重工业的协调发展。

使用劳动力人口在三次产业的流向来分析东北地区的工业化进程。从东北地区三次产业增加值占比情况（见图3.5）、东北地区三次产业就业人数占比情况（见图3.6）可以看出，1978年以后，东北第二产业增加值和就业人员占三次产业的比重开始下降，说明第二产业对就业的拉动作用逐渐减弱。与此同时，第一产业增加值比重持续下降，就业人数却始终高于其他产业，甚至在1997—2003年期间，就业人员比重还有所上升。说明在东北工业化推进过程中，劳动力并没有从第一产业流向第二产业。

由于重工业属于资本和技术密集型产业，过度依赖重工业不利于吸纳劳动力流向重工业，而东北轻工业又没有发展起来，导致农业人口无法向劳动生产率更高的工业流动。再加上东北地广人稀，广大农民依靠农业基本能实现"自给自足"，因此大量劳动力滞留在劳动生产率较低的第一产业，进而导致工业和农业、城市和农村发展的不平衡，广大农村地区人均收入普遍较低。尽管第三产业增加值和就业人数比重持续上升，但这是东北第三产业主要集中在一些重工业城市和对外开放节点城市的结果，农村地区第三产业发展始终处于落后状态。因此，过度依赖重工业发展只带来了 GDP 的增长，并没有产生就业效应和财富累积效应，阻碍了东北地区的工业化进程。

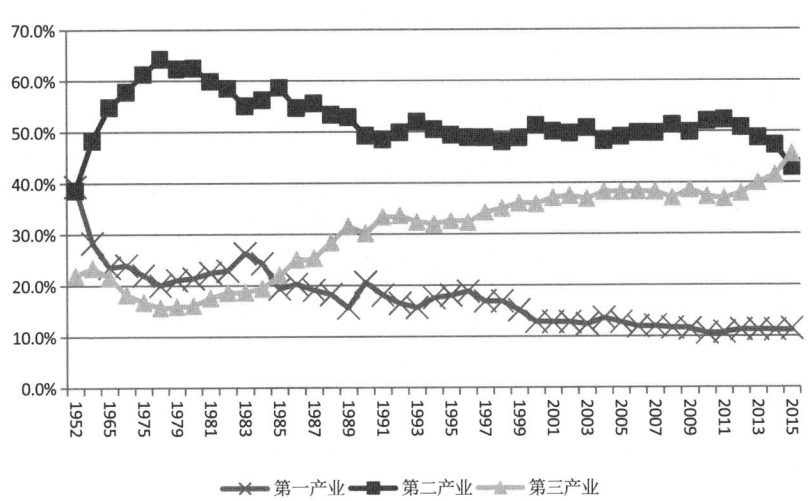

资料来源：《辽宁统计年鉴 1984—2016》《吉林统计年鉴 1984—2016》《黑龙江统计年鉴 1984—2016》。

图 3.5　新中国成立后东北地区三次产业增加值构成情况

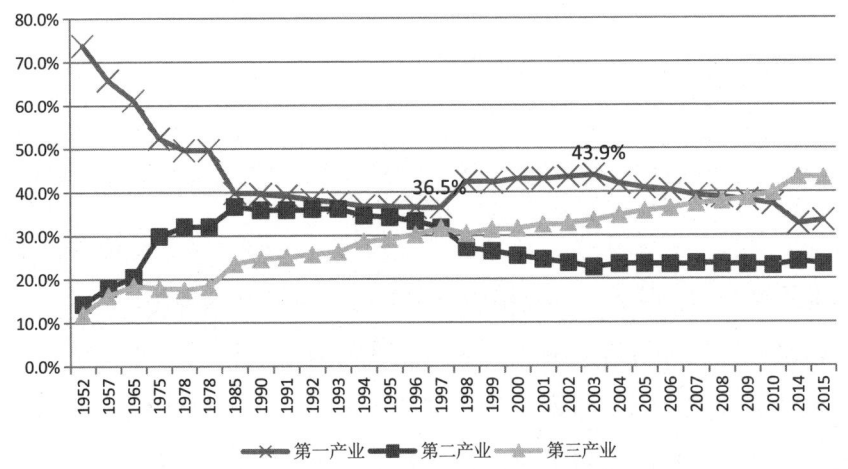

资料来源：《辽宁统计年鉴 1984—2016》《吉林统计年鉴 1984—2016》《黑龙江统计年鉴 1984—2016》。

图 3.6　东北地区三次产业就业人数构成情况

二、全球价值链分工的"低端锁定"

东北地区偏向重工业、老工业的产业结构使得东北地区始终处于全球化价值链分工的低端，主要体现在：

一是原料加工业在工业结构中仍占较大比重。2008年金融危机之后，世界市场外需不振，国际大宗商品价格下跌，东北地区原材料加工业产能过剩问题集中爆发，东北采掘业规模逐渐萎缩，长时间的资源开采导致资源日渐枯竭，产生一批资源枯竭型城市，亟待转型；冶金石化行业占比重维持在40%左右，一方面将廉价生产资料销往外地，另一方面将环境污染和能耗留在东北，产业发展和资源环境之间的矛盾日益凸显。

二是装备制造业中低端产能不断扩大，高端产品供给不足。东北地区是我国重要的装备制造业基地之一，近些年东北装备制造中低端产品的生产能力不断扩大，但高端产品供给不足尚需进口。在产业体系方面，整装企业规模较大，功能零部件企业规模普遍较小，功能部件行业发展缓慢，关键零部件企业的发展更显滞后，依赖整机组装、缺乏技术创新和品牌的产业体系已经不适应外部需求环境的变化，研发和创新能力的"瓶颈"制约日益凸显。

三、计划经济体制的"路径依赖"

相比于前两者，计划经济体制的"路径依赖"对东北地区的影响更为深远，产业结构偏离会进一步延续"路径依赖"。路径依赖是指人类社会一旦选择了某体制，由于规模经济、学习效应、协调效应以及既得利益约束等因素的存在，会导致该体制沿着既定的方向不断自我强化。

东北是计划经济进入最早、退出最晚的地区。计划经济曾在当年带动了当地经济快速崛起，奠定了东北的"老大"地位，但这也是如今经济遭遇困难、增长速度上不去的源头。从企业角度看，过去国企大办社会，对职工的生老病死全面负责，涵盖家属区"三供一业"、教育医疗服务等，加之政企不分、吃大锅饭等计划经济体制弊端，导致国企负担重、竞争力弱。从政府角度看，一些政府官员"官本位"观念根深蒂固，讲究行政级别，长官意志、权力至上观念和依附意识极其严重。体制机制束缚强化了保守的思想观念，固化了发展路径依赖，更弱化了科技创新的动力。

东北地区重化工业比重过高的产业格局注定了国有经济比重大，国有企业对地区经济发展带动效应极大，各级政府高度重视，国企成为政府完成绩效目标的主要抓手，政府和国企已经成为整个区域资源分配的顶层设计者，共同决定了东北区域经济发展的方向和前景，人才等生产要素进一步向政府和国有企业集聚，民营企业发展也严重依赖政府和国有企业。在这样的利益格局下，市场竞争的焦点集中在争取政府和国企的资源上，而非市场经济体制下的良性竞争，所谓"关系"成为资源获取的重要手段，这种现象体现在东北社会经济发展的各个层面，对社会各界的思维观念产生深远影响。

第五节　东北地区产业结构偏离的原因

东北地区的产业结构背离了全国产业结构的变化，没有跟上改革开放四十年来国内产业演化的趋势，仍然以传统产业为主、以重工业和工业品生产为主，区域经济发展缺少大规模产业尤其是消费品工业的支撑。导致这种现象出现的原因有两个：一是历史因素和体制机制问题，二是产业政策的导向问题。第一个原因具有客观性和历史局限性，第二个原因带有主观因素，其中第二个原因是导致东北地区产业结构偏离的主要原因。

一、历史因素和体制机制问题

为尽快实现工业化，新中国成立后，效仿苏联工业化发展模式，中国实行优先发展重工业的"赶超战略",在经济体制上实行高度集中的计划经济。在第一个五年计划和第二个五年计划期间,国家又采取了重点建设东北工业基地的发展方针。此间苏联援建的156个工业项目,有58个投在东北。东北迅速从战场一跃成为新中国的重要工业基地,在矿产资源、工业、农业、林业、交通、文化、城市化以及生活水平诸方面,都位居全国前列,一度成为除上海、北京外,全国最发达的地区,为新中国的经济与社会发展起到了积极的推动作用。

从"一五"至改革开放前,国家的区域政策促进了东北地区重化工业的发展,不仅扩建改造了鞍山、本溪等一批近代时期工业基地,也建设布局了包括长春(汽车)、吉林(化工)、沈阳(机床)、大庆(石油)、鸡西(煤炭)等一批新兴工业基地。进一步扩大了东北地区的经济发展规模,并使产业布局由南向北、由腹地向边远地区逐渐展开。到1978年,东北三省GDP占全国总量的13.98%。辽宁人均GDP相当于全国人均GDP的179%,黑龙江相当于149%,吉林与全国水平相当。1978年东北三省人均GDP高于浙江、江苏和广东等沿海地区。

在重化工业发展的带动下,东北地区城市迅速发展,形成自上而下的城市化发展模式。沈阳、鞍山、长春、大连、抚顺、哈尔滨均发展成为特大城市;本溪、锦州、吉林、齐齐哈尔等由小城市发展成为大城市;北票、七台河等由小城镇发展成为小城市;在这些城市中,新兴工矿城市所占比例大,如大庆、伊春、七台河等,占1949—1978年新设城市的67%。

新中国成立后,在中央政策的大力倾斜和支持下,东北迅速发展成为中国具有支撑意义的重工业基地。计划经济体制下的东北地区实施以重工业为主导的工业战略,大庆、七台河、松原、乌兰浩特等工业城市迅速崛起。1978年,辽宁、黑龙江、吉林三省人均工农业产值位列全国第四、第六、第八位,东北是除三大直辖市外,全国经济最发达的地区。

自1978年改革开放以来,由农村到城市相继开展经济体制改革,开放程度也逐步加深。但由于东北地区是计划经济的最早受益者和实践者,因此受计划经济影响较深。计划经济为东北留下了一大批国有企业,改革开放后，虽然国企改革取得了一定的成效，但仍有大量国有企业的组织与管理方式等无法适应市场经济的需求，缺乏经济增长活力，从而陷入经营困境，总体产业结构落后无法培育新的经济增长点，经济发展相对落后。在 2003 年国家实施东北振兴战略之后，重工业在工业结构中的地位有所下降，轻工业在工业结构中的地位有所加强，但重工业产值占工业总产值比重仍然较高，对东北地区的产业结构偏离产生了深远的影响。

二、产业政策导向

从 2003 年"第一轮东北振兴"和 2016 年"新一轮东北振兴"文件的产业政策对比情况（见表 3.14）可以看出，第一轮东北振兴大力倡导建设煤炭、石油、化工、钢铁等原材料、能源基地，支持发展装备制造业、船舶、汽车等重工业。2003 年首批支持项目总投资 610 亿元，共 100 个项目。区域项目分布上，辽宁省 52 项、吉林省 37 项、黑龙江省 11 项。辽宁省获批投资 442.1 亿元，占比达到 72.5%，大部分投入到原料加工行业，其中，原材料工业项目 26 个（资金达到 382.4 亿元，占辽宁省获批所有项目投资的 86.5%），装备制造业项目 21 个，农产品加工项目 5 个。在这样的支持重化工业发展的振兴政策支持下，东北的原材料、能源、装备制造业在 2003—2013 年取得了快速发展。但是，这样的投资结构也加剧了东北以重工业为主的产业格局，使东北地区的工业结构越来越重，是导致东北地区产业结构偏离的主要因素。

表 3.14　2003 年和 2016 年东北老工业基地政策文件对比

	2003 年中央 11 号文件	2016 年中央 7 号文件
煤炭	建设大型煤炭生产基地	未提
石油	加大对老油田的勘探力度	未提
化工	建设大型石化生产基地	控制重化工业规模，化解过剩产能
钢铁	建成北方精品钢材生产基地	积极稳妥化解过剩产能

续表

	2003年中央11号文件	2016年中央7号文件
装备制造业	数控机床、输变电设备、轨道车辆、发电设备、重型机械等	电力装备、石化和冶金装备、重型矿山和工程机械、先进轨道交通装备、新型农机装备、航空航天装备、海洋工程装备及高技术船舶等
船舶	建设船舶生产基地	
汽车	现有汽车和零部件生产企业联合重组	未提
农副产品	建设农副产品生产基地	农产品精深加工特色产业
高技术产业	发展电子及通讯设备制造业、软件开发、生物技术、航空航天、医疗设备等高技术产业	高档数控机床、工业机器人及智能装备、燃气轮机、先进发动机、集成电路装备、卫星应用、光电子、生物医药、新材料等，农产品精深加工、现代中药、高性能纤维及高端石墨深加工等特色产业集群
新支柱产业	培育医药工业为新支柱产业	
第三产业	商贸、餐饮、仓储、交通运输、农产品流通、电子商务、连锁经营、物流配送、金融服务、信息服务、中介服务、旅游业	生产性服务业、金融业、物流业、旅游、养老、健康、文体、休闲等产业

2016年中央7号文件不再提建设煤炭、石化和钢铁等原材料生产基地问题，指出要化解钢铁、石化等产能过剩，特别提出要控制重化工业规模，甚至连东北地区的支柱产业"汽车"也只字未提，说明振兴东北的政策也在不断调整。2016年国家公布《推进东北地区等老工业基地振兴三年滚动实施方案（2016—2018年）》，实施方案对东北的130个支持项目以基础设施为主，也从支持重工业向基础设施转变。这些政策一方面是对国内产能过剩的政策安排，另一方面也是对第一轮东北振兴产业政策的"纠偏"。

第四章

东北振兴中的产业结构调整

经济转轨背景下的东北地区产业结构调整思考

在东北地区产业结构调整的问题上,地理经济学、新结构经济学、转轨经济学等学派均有所建树,这些学派从不同角度解释了东北遇到的困难,并提出了有益的建议。然而,东北老工业基地在从计划经济体制向市场经济体制的转型过程中,具有其独特性。本章将利用经济制度转型的视角,结合新结构经济学、转轨经济学等理论,将东北地区的地理条件、区域特征、资源禀赋等因素放在转型的视角下进行考察,提出关于东北地区产业结构调整的若干思考。

第一节 比较优势学说与新结构经济学

亚当·斯密在《国民财富的性质和原因的分析》一书中强调分工与协作在人类经济活动中的地位,指出"倘若外国能提供比我们自己生产还廉价的商品,那么我们最好放弃自身所具备的这部分生产而购进这些商品,我们从而可得到某种利益"。这是根据自身优势影响分工体系的绝对优势理论。

相对于绝对优势理论,大卫·李嘉图在《政治经济学及赋税原理》中提出了比较成本贸易理论,又称为"比较优势理论"。认为产业之间的国际贸易基础是生产效率的相对差别,以及由此产生的相对成本差别,而非绝对差别。一个国家或地区应该集中生产具有"比较优势"的产品,进口"比较劣势"的产品。比较优势的思想对当今全球国家间贸易影响颇为深远。

比较优势理论经过进一步发展,演化为资源禀赋理论,认为经济中的产业结构(贸易结构)是由要素禀赋结构所决定的,最优的产业结构要与要素禀赋结构相适应,这一理论成为新古典经济学的主要观点。

比较优势的核心思想逐步扩展到发展中国家，较为著名的是林毅夫在比较优势思想基础上提出的新结构经济学（见图4.1）（林毅夫，2011）。新结构经济学研究经济体的经济结构及其转型的决定因素和影响，经济结构是该理论关注的核心基点，经济结构既包括经济体的技术结构、产业结构，也包括决定交易费用的各类基础设施和制度安排的结构。新结构经济学建议经济发展要"遵循比较优势"，即发展战略要与生产要素的比较优势相匹配，在利用比较优势制定产业政策时要发挥"有为政府"和市场的协同作用（林毅夫，2003）。

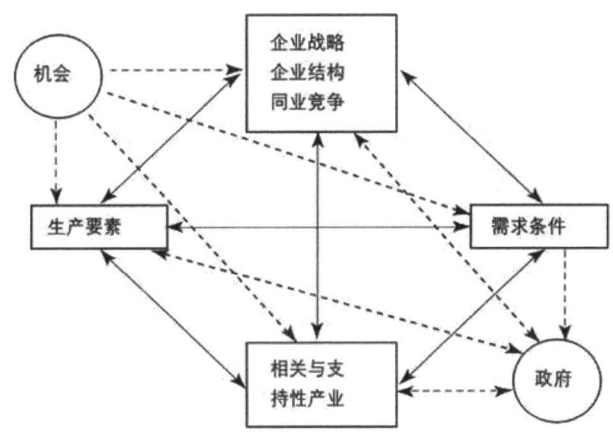

图4.1 新结构经济学概念框架

以林毅夫为代表的新结构经济学派在对吉林进行研究时认为，吉林省的要素优势是较低的劳动力价格，吉林省应紧紧抓住劳动力成本较低的优势，发展以纺织业为代表的劳动密集型轻工业。这一观点强调要素禀赋优势，对建构东北产业结构的理论逻辑具有重要启示。

然而现实中，东北地区的产业集中于重工业和复杂制造，这一地区具有丰厚的制造传统、技术工人力量、资本存量和制造文化，这些产业基础，是否也是东北地区的比较优势呢？是否也应该纳入东北产业结构调整的理论之中考虑呢？

以上两种视角得出不同结论的产业政策。新结构经济学（前者）认为东北现阶段的比较优势是劳动力资源，而劳动力密集型的轻工业恰好是东北经济结构的短板，故应该发展以纺织服装、家电与消费电子为龙头的轻工业。产业基础比较优势学说（后者）认为东北经济的优势是由其禀赋结构及其历史传统积累起来的重化工业，短板是以纺织服装、家电与消费电子为龙头的轻工业集群和相应商业网络缺失，其调整思路应是侧重"加长补短"（提升重工业补充轻工业）。这两种视角成为人们讨论东北产业问题时的焦点。

这两个观点争论的根源在于对东北地区比较优势的认识。那么存在一个问题，到底什么样的优势才是东北地区的比较优势，是一般要素还是特殊要素？具体而言，例如人力资源是一般的劳动力资源还是拥有技术基础的产业工人？一方面，东北地区拥有雄厚的重工业基础，包括有技术的人力资源、资本存量等资源禀赋，这是东北地区的比较优势；另一方面，根据林毅夫团队的思想进行测算，2019年辽宁的人均GDP为57191元，吉林为43475元，黑龙江为36183元，与泰国（7808美元）、利比亚（7683美元）等东南亚、非洲国家相近，从一般生产要素投入的角度来看，东北地区确实拥有劳动力成本较低的比较优势。下文将对两种比较优势进行整合，结合东北老工业基地转型的背景进行详细分析。

第二节 创新驱动学说、雁行模式理论和地理经济学

区域经济发展离不开产业转型升级，产业结构变迁是产业转型升级的现实基础。产业转型升级表现为三次产业产值比重变化、产业在区域间梯度转移、产品高附加值持续创造、产业加速融合发展等特征（弗里曼，

2008），技术创新、产业转移、产业政策支持等因素是驱动产业转型升级的主要动力。在如何理解东北地区产业转型升级的问题上，创新驱动学说、雁行模式理论和地理经济学等学派均从不同角度解释了东北遇到的困难，并提出了有益的建议。

驱动产业转型升级的第一个因素是技术创新。创新驱动学说最早由迈克尔·波特提出，他以钻石理论为研究工具，以竞争优势来考察经济表现，从竞争现象中分析经济的发展过程，提出国家经济发展的四个阶段：生产要素驱动阶段、投资驱动阶段、创新驱动阶段和财富驱动阶段（波特，2012）。其理论要点在于指出要素驱动不能解决经济发展中的"生产要素报酬递减和稀缺资源瓶颈"这两个基本问题，需要走以知识和科技为先导的创新发展之路。创新驱动学说建议东北实施创新驱动发展战略，着力加快建设实体经济、科技创新，构建现代产业发展体系，并通过深化教育体制改革科学教育，为创新型经济提供创新人力资本（王伟光等，2015）。

区域间的产业梯度转移是驱动产业转型升级的重要因素。日本经济学家赤松要在分析 20 世纪 60—80 年代东亚各国、各地区产业分工与梯度转移以及经济依次起飞的动态过程中，形象地提出雁行发展模式。认为东亚国家按照"日本—四小龙—东盟、中国"的产业转移顺序，呈现出不同发展阶段的国家（地区）多层次赶超的格局（见图 4.2）。"雁行模式"的基础是贸易圈中存在产业梯度差，"雁行模式"的特点是"随着产业转移的方向，带动该地区的经济增长"。这一理论建议东北地区发挥资源丰富、要素成本低、市场潜力大的优势，积极承接国内外劳动密集型产业、加工制造业和资源型加工业的产业转移，有利于加速东北地区新型工业化和城镇化进程，促进区域协调发展，在全国范围内优化产业分工格局。

图 4.2 雁行模式

地理经济学认为空间结构、社会经济活动的规模与密度能够促进区域经济增长,"重点地带、重点城市和重点产业的加快发展有利于东北地区的振兴"(石敏俊等,2006)。建议优化交通地理格局,集聚发展,主要包括沿海的局部地点和城市以及沈阳、长春、哈尔滨、大连四大都市经济区。

综合以上几种理论的思想,东北地区产业转型升级的主要思路,一是吸引外部重点产业向重点地带和重点城市的转移,二是通过科技创新推动产业的转型升级。过去几十年里,中国制造依靠低成本竞争优势,成为世界第一制造大国,但随着沿海地区劳动力成本优势丧失,沿海发达省份开始将过剩产能向内陆地区转移。然而,这种产业转移对东北地区来说并没有取得预想的效果,例如,长三角、珠三角的产业转移大都去了中部和西部,往东北地区转移的却很少。此外,东北地区拥有一批"顶天立地"的大企业,拥有占全国 12.4% 的研发机构和 8.4% 的研发人员,占全国 10.2% 的高等学校和 11.2% 的高级以上职称教师数量,科研实力不凡。[1] 然而,东北地区科技创新活力仍然未得到充分发挥,高校、科研机构和大型企业科技协同创新机制尚未定型,科技成果本地转化率较低等问题明显。这是东

---

1. 资料来源:中国科学报,2020-5-22。http://news.sciencenet.cn/htmlnews/2020/5/440197.shtm?id=440197。

北地区产业转型升级中面临的理论和现实困境,亟须解决。

第三节 转轨经济学与政府干预学说

东北老工业基地具有世界上所有老工业基地的共同性问题,除此之外,东北老工业基地还存在世界上其他老工业基地所没有的问题,即从计划经济体制向市场经济的体制转型问题。改革开放后,东北在从计划经济体制向市场经济体制转型过程中,经济体制发生了改变,但政府治理方式和市场主体培育水平没有跟上。市场机制的"无形之手"在调节经济活动中存在"失灵",需要政府通过"有形之手"加以矫正,因此,东北老工业基地的问题需要综合利用转轨经济学和政府干预学说来加以研究。

转轨经济学认为,东北地区体制转轨的根本问题就是非国有经济比重的不断提高和经济的所有制结构的转变(樊纲,2000)。东北在从计划经济体制向市场经济体制转型过程中,没有解决好新兴产业发展和新旧增长动力接续转换的土壤和环境问题,体制机制问题尚待进一步解决。建议东北地区加快改革的步伐,提供可持续的体制保障。但最重要的问题不是改革国有经济,而是发展非国有经济,包括政府转型、思想意识变革、市场主体培育以及政府与市场主体的关系等。

政府干预学说是政府干预产业发展、制定产业政策工具的理论原点。有研究认为产业政策是政府干预资源在产业部门之间的配置,达到优化产业结构目的(葛建新,2002)。对幼稚产业或处于发展初期的产业,政府干预是必要的,但随着市场发育逐渐完善,政府的职能应当从经济活动的干预者转变为竞争秩序的维护者(冯晓琦等,2005)。对于东北地区而言,政府在直接干预资源配置方面问题表现突出,地市之间GDP竞争造成的重复建设也非常严重（宋晓梧，2017），[1]建议理顺政府和市场的关系，让市场在资源配置中发挥决定性的作用，政府要在维护和提供公共服务方面有所作为，在具体经济活动方面，特别是竞争性行业方面，要无为而治。

东北老工业基地的体制机制问题融合了传统老工业基地问题和转轨问题，这是东北老工业基地体制机制问题的基本特点。传统老工业基地衰退是市场机制作用的结果，通过市场竞争配置资源的市场机制是价值规律的实现形式，也是经济社会发展必须遵循的一般性规律。在转轨的背景下，东北地区一方面要培育非国有经济，发挥市场机制的作用，另一方面要通过政策工具在不打破市场机制作用的前提下，发挥政府的作用，综合而言，东北地区的经济发展要发挥"市场"和"政府"的共同作用。

东北振兴中面临的问题是老工业基地积累的体制性、机制性矛盾集中爆发和产业结构、经济结构问题集中反映，由多种因素导致的，包括历史因素、自然因素和体制机制因素等，其中对东北振兴起着主要阻碍作用的还是体制机制因素。只有将这些体制机制因素挖掘出来，并找到合理解决途径，才能从根本上解决东北振兴乏力的问题。

第四节 东北地区产业结构调整的理论思考

2016年，《中共中央 国务院关于全面振兴东北地区等老工业基地的若干意见》和国务院《关于深入推进实施新一轮东北振兴战略部署，加快推动东北地区经济企稳向好若干重要举措的意见》相继发布。这两个文件中

---

1. 资料来源：东北地区政府和市场关系扭曲比较严重。https://money.163.com/17/1011/11/D0FCONRO00258J1R.html。

的"全面"和"深入"表明，本轮振兴与上一轮振兴具有根本差别，不再是追求短期效应的"片面"和"表面"的刺激政策，而是需要挖掘东北经济相对落后的深层次原因。

东北振兴有两个显著背景：一是经济体制从计划经济体制向社会主义市场经济体制转型的背景，二是老工业基地本身产业衰退面临转型的背景。需将东北地区的地理条件、区域特征、资源禀赋等因素放在转型的视角下进行考察，提出东北地区产业结构调整的指导性理论框架（见图4.3）。

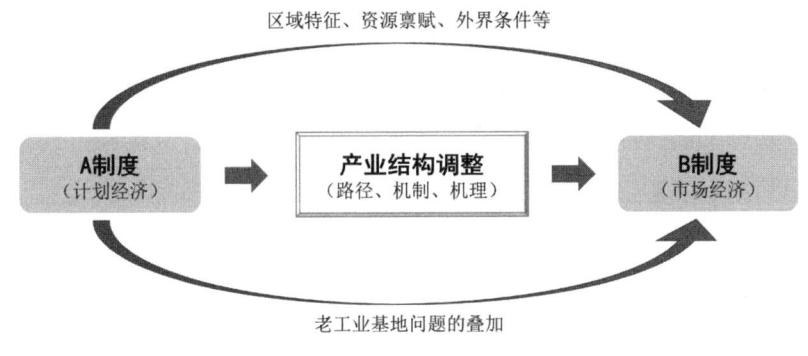

图 4.3 东北地区产业结构调整

在这两个背景下，需要考虑以下两个问题：（1）经济转轨背景下，东北老工业基地的比较优势到底是什么？（2）老工业基地的衰退是市场经济机制作用的结果，如何能够在遵循市场规律的基础上实现东北振兴？东北地区产业结构调整的本质就是要解决这两个问题。

一个国家或地区的产业和技术结构由其要素禀赋结构内生决定，只有当发展战略遵循比较优势，使用相对丰裕的生产要素时，才能降低生产成本，提高竞争力，实现经济快速增长。然而，究竟东北地区的比较优势是什么，是一般生产要素还是特殊要素？是从资源禀赋的角度还是产业的角度来选择？如果是一般要素的话，前文提到，东北地区较低的劳动力资源成本是比较优势，这样的结果就是东北地区应该发展以劳动密集型为主的轻工业。如果是特殊要素的话，从产业的比较优势角度来选择，那么东北地区的重工业基础是否能够作为东北地区的比较优势？包括有技术的人力资源、资本存量等。这样的结果就是东北地区应该发展以资本密集型为主的重工业。

我们的看法是,当按照比较优势来匹配合适的产业面临多种选择时,以要素价格为代表的市场机制将不是唯一的选择依据,而是存在人为选择的问题。此外,东北地区从计划经济体制向社会主义市场经济体制的转型,是一个非帕累托效应的转型。可以考虑将东北地区较高的城市化水平、较好的教育卫生公共资源以及基础研究和应用研究的优势转化为战略优势,结合拥有重工业基础和一般劳动力资源成本较低的比较优势,重点发展重化工业以及有重工业延伸的消费品制造业,兼顾以劳动密集型产业为代表的轻工业。

现在来讨论一下产业转移的市场规律和条件。过去几十年里,我国东部沿海地区依靠劳动力成本低的竞争优势,承接了发达国家大量的劳动密集型产业转移,随着劳动密集型出口企业的成本压力增加,开始将过剩产能向内陆地区转移。尽管中央政府实施了促进产业转移的试点项目,但中央政府无法强迫地方政府依据其比较优势发展特定产业,也不能强迫私企与外企转移到指定区域,长三角、珠三角的产业转移大都去了中部(郑州)和西部(重庆、成都等)。以富士康公司的生产基地为例,代表着我国大规模劳动密集型产业的转移方向。富士康七大产业园区分别坐落于深圳、武汉、重庆、成都、郑州、太原和烟台,七大产业园区工作人员近100万,其中郑州iPhone生产基地员工数35万人。[1]

观察富士康产业转移的过程和方向,可以得到如下结论。首先,这个产业转移的过程和方向主要是由市场机制决定的,这符合地理经济学产业转移距离的解释,也符合比较优势理论关于劳动力成本的解释。其次,在这些产业转移中,离不开政府产业政策的支持和争取,政府的政策也是这

---

1. 资料来源:富士康官网。七大产业园区分别为:深圳富士康总部,就业人员28万人;太原手机组装基地,就业人员7万人;烟台游戏机生产基地,就业人员近8万人;武汉台式电脑生产基地,就业人员3万人;重庆笔记本电脑生产基地,就业人员6万余人;郑州iPhone生产基地,就业人员35万人;成都iPad生产基地,就业人员8万余人。

些产业转移的极大推动力。整体上，我们认为东北地区还不具备接收劳动密集型产业转移的区位条件，还需要等待外界条件的变化；但是也应紧紧抓住劳动力成本较低的优势，充分发挥政府的干预作用，实行可靠的产业政策，积极争取承接可能的国内外区域的产业转移，开拓东北产业发展的空间。

第五章

东北振兴中的产业结构调整

老工业基地产业结构调整的国际经验

"他山之石，可以攻玉"。在产业结构调整方面，美国"锈带"地区、德国鲁尔工业区、日本九州地区等地区均取得良好的成效。世界主要老工业基地的衰退机制存在共性，尽管世界各国对于老工业基地产业结构调整所采取的措施并不完全一致，但出于推动老工业基地产业结构调整的目的，需要从国外的相关实践中总结出有益的经验，为东北老工业基地产业结构调整提供参考。

第一节 国外老工业基地产业结构调整概述

在历史上，美国很好地把握住了第二次工业革命的机遇，奠定了工业化发展的基础。20世纪70年代初，以美国为代表的发达资本主义国家进入了"滞胀期"，美国中西部地区大量工厂倒闭，失业率不断上升，遗弃的工厂设备锈迹斑斑，因此人们形象地称这一地区为"锈带"。20世纪80—90年代，在政府、企业和社区等方面的共同努力下，"锈带"地区经历了艰苦的经济改造和转型过程，最终摆脱衰败阴影走上复兴之路。

18世纪60年代，英国因第一次工业革命成为世界霸主，一枝独秀。然而，由于没有很好地抓住第二次工业革命的机遇，谢菲尔德、斯肯索普等老钢铁工业基地的产量在20世纪70年代比50年代下降了90%。英国政府从宏观上予以政策引导和鼓励，采取具有针对性的引导投资政策，使得英国中部老工业基地城市面貌取得了根本性改变，基础设施和居住条件得到明显改善，各种社会问题得到有效解决，经济社会发展水平也进一步提升。

20世纪50年代以前，德国鲁尔工业区凭借丰富的钢铁和煤炭资源、先进的管理知识以及交通的便利，促使钢铁、化工、煤炭等行业逐渐兴起，成为德国重要的重工业基地。但随着廉价天然气、石油的出现，市场需求的变化以及科技的发展，德国鲁尔工业区单一的产业结构弊端不断凸显，经济增长缓慢，影响力也逐渐下降，环境污染等问题严重。从20世纪60年代开始，德国鲁尔工业区进行了基地改造和结构升级，取得了良好成效。

第二次世界大战后，法国进行了大规模的产业结构调整，很快就从二战的疮痍中恢复了过来。20世纪70年代初，经济危机和激烈的国际竞争使法国产生了严重的滞胀危机。法国政府调整了经济发展战略，花大力气进行产业结构调整和经济整顿，对传统产业进行改造升级，加速培养新兴技术产业，对电子、航空航天等高新技术产业投入倾斜，建立起了与高科技发展水平相对应的产业结构，实现了新兴技术产业和传统产业的协调发展。

新加坡面积仅630平方公里，资源匮乏且内需不足，在独立之初面临着英国殖民留下的贫穷、产业结构不合理等问题。自1965年独立之后，克服种种困难，通过行之有效的行政指导、营造良好环境以及人才培养，经过50多年的发展取得了举世瞩目的成就，成为全世界著名的金融中心、炼油中心和电子工业中心，并培育了一批优势产业。

无论是西方发达国家，还是与中国相邻的日本、新加坡等亚洲国家，均出台实施过不同领域、不同层次的产业政策，但各地区改造所实施的战略或具体措施并不完全相同，即使是同样的措施由于指导思想不同，成效也大相径庭。借鉴这些老工业基地产业转型升级的典型案例，从中总结出有益经验，有助于深化对东北振兴发展内在规律的认识，有助于对标世界一流水准推动东北地区的产业结构调整工作。

第二节 美国"锈带"地区

锈带（Rust Belt）最初指是美国东北部五大湖附近传统工业衰退的地区，现可泛指工业衰退的地区。通常情况下包括美国中西部的伊利诺伊州、印第安纳州、密歇根州、俄亥俄州、威斯康星州以及东北部的宾夕法尼亚州、纽约州和新泽西州，由匹兹堡、芝加哥、底特律等工业城市组成。

"锈带"自工业化时代以来建立起来的工业、农业以及服务业基础依然非常厚实，也由于长期积累了金融与政治资本，这个地区对美国的政治、文化、经济都有着举足轻重的影响力。20 世纪 80 年代中后期开始，"锈带"经历了艰苦的产业转型过程后重新崛起，在美国经济调整时期表现卓越。

一、美国"锈带"的自然状况

19 世纪后期到 20 世纪初期，借助运河及铁路的开通、铁矿和煤矿的开采以及大量中东欧移民的涌入形成的城市消费群体，美国五大湖地区逐渐发展成为制造业中心。当时，该地区因汽车、钢铁、玻璃、化工、伐木、采矿和铁路等行业十分发达，获得了"工厂带"和"钢铁带"的美誉。

该地区内的阿巴拉契亚山脉是一条古老的褶皱山脉，经过长期的侵蚀，地势低缓。五大湖地区拥有丰富的煤和铁矿藏，因地表受侵蚀，有些煤层直接出露地表，开采非常便利。丰富的煤、铁矿石资源，背后又紧靠大西洋沿岸的工业区，为该地区钢铁业的发展提供了便利的条件。

该地区享有世界最大的淡水水域——"五大湖"包括苏必利尔湖（Saperior）、休伦湖（Huron）、密歇根湖（Michigan）、伊利湖（Erie）和安大略湖（Ontario），密西西比河最大的支流俄亥俄河由东至西穿越本区域（俄亥俄河提供了密西西比河56%的水量），在伊利诺伊州开始注入密西西比河，全长2100千米。五大湖、俄亥俄河及各类人工运河密布，水路交通尤为发达。五大湖是联系煤炭、钢铁区域的重要交通线，这为该地区煤铁资源开发提供了廉价的水陆运输条件。

二、美国中西部"制造业带"的兴起

美国制造业带从19世纪开始起步，经过一个多世纪的发展、演化和调整，现在仍是美国经济体量最大的经济带之一，也是城市分布密集的区域。五大湖地区是美国制造业带发展的一个历史缩影，它曾是全球最重要的制造业基地之一，也是全美最繁忙的水域之一，集中分布了钢铁、汽车、化工等重化工业。

19世纪初期，美国工业主要集中于东部沿海地区，西部的经济还相当落后。南北战争结束后，美国掀起了西部开发的热潮，来自世界各地的高素质移民数量增加，积累速度提高，技术实现快速迭代，这些因素的共同作用促进了美国制造业的迅速发展。俄亥俄、印第安纳、伊利诺伊等州发现了大量煤炭，宾夕法尼亚、西弗吉尼亚、加利福尼亚、俄克拉荷马等州陆续发现了石油，苏必利尔湖周围、亚拉巴马州等地开采出大量铁矿石。随着自然资源的开采利用，美国的城市化进程开始加速。在北部出现了底特律、芝加哥等城市，中西部地区取代东北地区成为美国工业的主要聚集地。

19世纪80年代，中西部就已建立起了一个庞大的工业部门，拥有全国制造业就业人数的11%。匹兹堡利用附近优质大煤田，通过大湖和内河廉价运入铁矿石，发展起了钢铁工业。从19世纪中叶到20世纪中叶，匹兹堡在美国国内钢铁业中一直处于领先地位，成为美国的"钢都"。20世纪20年代，美国的制造业中心西移了几百英里，位于俄亥俄州的托莱多和斯普林菲尔德之间，这时的中西部已成为美国的工业心脏了。20世纪30年代，底特律已发展成为五大湖地区仅次于芝加哥的第二大工业城市，人口逾百万，汽车产业是底特律的主要产业，汽车年产量约占全国的 1/4。

第二次世界大战对美国制造业发展起到了极大的拉动作用。由于盟国及美国自身对战时物资的大量需求，与军事相关的制造业在这一时期取得了飞速发展。二战期间，五大湖地区远离战场，在战争需求的刺激下，该地区的工业产值和人口数量均达到历史峰值。到 20 世纪 50 年代，美国 45% 以上的经济总量和 50% 以上的产业工人都集中在"锈带"。

三、美国中西部"制造业带"向"锈带"的蜕变

20 世纪 70 年代初，以美国为代表的发达资本主义国家进入了"滞胀期"。1973 年底，石油输出国组织（OPEC）提高原油价格引发经济危机，美国制造业受到了严重的影响和冲击，中西部地区的经济也开始走向萧条。

20 世纪 60 年代中期以后，经济全球化潮流开始兴起，面对国内高昂的劳动密集型制造业成本，促使国际制造业开始向亚洲等新兴市场转移。曾处于垄断地位的匹茨堡钢铁业受到日本、欧洲和第三世界国家的廉价钢材的冲击。由于此前的固定资产投资巨大，并且未采用当时较先进的氧气顶吹转炉、连铸法、计算机控制等技术，匹兹堡的钢铁企业在成本和效率方面没有优势，成批倒闭并引发了"钢铁危机"。作为钢铁业的大客户，汽车业同样境况不佳。1973 年第一次石油危机后，"汽车城"底特律生产的高油耗汽车在市场上难敌日本和德国生产的经济型汽车，逐渐丧失优势。最终，美国赫赫有名的通用汽车公司和克莱斯勒汽车公司在 2008 年金融危机之后申请了破产保护，依靠美国政府的救助才渡过难关。

从 1950 年至 2000 年，"锈带"的制造业占全美的比重从 51% 下降到 34%，吸纳就业的比重从 43% 下降到 27%。重工业衰落后，该地区大批年轻人到南部"阳光带"或西海岸求职，人口呈现萎缩趋势，居民的家庭收入也随之下降。从 2000 年到 2015 年，底特律、克利夫兰、布法罗、辛辛

那提、圣路易斯、匹兹堡、芝加哥的城市人口分别下降了28.8%、18.9%、11.9%、9.9%、9.3%、9.0%和6.1%。1970年到2006年，克利夫兰、底特律、布法罗、匹兹堡的城市居民家庭收入中位数分别下降30%、30%、20%和10%。当时美国近80%的贫困县就分布于该区，因而这一地区也被称为"美国的危机区之一"。

四、美国"锈带"改造采取的主要措施

在20世纪80至90年代，在政府、企业和社区等的共同努力下，"锈带"地区经历了艰苦的经济改造和转型过程，最终摆脱衰败阴影走上复兴之路。本小节主要介绍美国联邦储备银行芝加哥分行于1996年发布的《美国中西部经济评估：面向未来的历史回顾》报告（下文简称"《评估报告》"）中提到的措施（参考杨振凯，2008的研究）。

《评估报告》将美国中西部复兴的原因归结为两类：一是外部环境，包括汽车制造业工业地理变化、联邦开支分配变化、能源价格变化、美国出口的变化。二是内部因素，包括技术和组织革新、营运成本的降低、公共部门的有效措施、体制性资本变化等。主要包括：

一是发挥节点城市的集聚和分工优势，形成产业和人口高度集中、绵延城市密集带。基础工业部门在"锈带"经济中占有很高比例，通过重组与结构调整可以避免大企业盲目追求多元化致使资源浪费。例如，随着重组与改造进程的深入，美国汽车工业开始向底特律集中。底特律通过技术改造、集中生产、分工细化等措施，成为美国著名的汽车工业中心。美国三大汽车制造商通用、福特和克莱斯勒也通过收购兼并，使汽车装配基本集中在底特律地区，汽车零部件开发与生产基本也集中在邻近地区，汽车产业重新回到中西部地区造就了该地区的复兴。

二是发展高新技术产业。政府部门大力提倡产研融合，投入大量资金建设科技园区、研发中心，并给予税收优惠和科研成果转化的资金支持，使大学和科研机构成为美国高新技术产业发展和"锈带"复兴的重要推动力量。例如，底特律的无人机及空中摄像设备、匹兹堡的机器人研发和制

造中心已经在美国打出名声。俄亥俄州的阿克伦曾经是"世界橡胶之都",20世纪末几家大型轮胎企业关闭生产线后,导致3.5万人失业。在市政府的努力下,固特异轮胎和橡胶公司与阿克伦大学加强产学研合作,引领了聚合物工业的发展,目前已形成包括400多家聚合物研发和生产企业的产业集群。

三是以制造业为中心,大力发展服务业。"锈带"地区衰落的主要原因在于近几十年来美国经济格局发生变化,制造业在经济中所占的比例急剧下降,而服务业所占比重迅速扩大。该地区通过大力发展金融、通信、旅游、医疗等服务业以推动经济增长、促进就业、吸引人才,避免了技术工人溢出和人口大量外流,为"锈带"复兴提供了稳定的人口和市场基础。

四是出口导向的发展战略,出口型经济格局是美国中西部经济转型一大特点。根据芝加哥联邦储备银行的报告,1993年以前中西部地区的出口增长指数低于全国水平,此后即开始高于全国水平。中西部以电信业、农业机械、建筑机械设备、机械工具和大量专业化生产资料等产品的出口为主,带动了出口的扩展。美国商务部的一份统计显示,2000年美国出口额位居前10名的州中,属于"锈带"的地区就占了3个州,分别是伊利诺伊、俄亥俄和宾夕法尼亚。

五是加强生态环境治理,改善城市面貌。针对严重的城市环境污染问题,"锈带"地区在改造过程中强调净化城市环境,恢复生态。如匹兹堡关闭了大量的钢铁企业,对在产的钢铁企业做出排污量的限制要求。在改造的过程中,"锈带"地区的各级政府还非常重视城市原有建筑风格和历史文化遗迹的保护,匹兹堡把废弃的工业遗址作为独特的城市特征保存了下来。

五、美国"锈带"老工业基地改造的成效

"锈带"地区在经历了艰苦的改造和转型之后,产业结构得到有效调整,最终走上复兴之路。到20世纪80年代末形势开始明显好转,复兴过

程于90年代中期基本完成。首先,在制造业生产率日益增长和用工人数急剧减少的情况下,"锈带"地区吸纳了大量人员就业,成效显著。其次,为适应总体经济发展的需要,建成出口型经济格局。再次,在制造业占优势的地区和城市,通过企业改造和结构性调整,优势进一步得到提升,同时带动其他地区经济发展。例如,底特律通过技术改造、产品升级和不断推出新产品,不但保持了汽车城的地位,而且带动更大范围地区的经济快速发展。最后,"锈带"的复兴使工业区内人口回升,经济增长率高于其他地区,失业率保持在较低水平,家庭收入较快增长。

需要指出的是,"锈带"的新兴产业主要集中在少数大城市,广大中小城市和乡镇的经济颓势依旧。与美国西部信息产业引领全球、南部石油和航天产业兴盛、东北部金融业发达的状况相比,"锈带"的窘况并没有得到完全改善,"锈带"的产业振兴和转型之路仍然漫长,主要还存在以下问题:(1)产业技术体系的变革还未完成;(2)外向型经济能否得以持续值得怀疑;(3)大龄失业工人不愿接受再培训。

第三节　德国鲁尔地区

鲁尔区位于德国西部的北威州境内莱茵河下游支流鲁尔河与利珀河之间,因横穿区内的鲁尔河(Ruhr)而得名。鲁尔区位于德国北莱茵—威斯特法伦州(以下简称"北威州")中部,由11个县级市和4个县组成,面积4435平方公里(占北威州面积的13%),人口约570万(占北威州人口的三分之一),主要城市埃森、多特蒙德和杜伊斯堡人口均超过50万。鲁尔区南部的鲁尔河与埃姆舍河之间的地区,工厂、住宅和稠密的交通网交织在一起,形成连片的城市带。并且它形成于19世纪中叶,是典型的传统工业地域，被称为"德国工业的心脏"。

德国鲁尔区的形成源于煤炭资源的开采，其工业发展有近200年的历史。20世纪50年代的鲁尔是欧洲最大的煤炭、钢铁重工业区。1950—1958年，鲁尔的煤炭产量上升20%，钢铁产量上升30%。1956年鲁尔区年产煤量达1.25亿吨，煤炭产业达到了发展历程中的最高点。

一、鲁尔区形成的自然条件

鲁尔有丰富的煤炭资源。鲁尔工业区的煤矿资源坐落在西北欧的矿床上，整体包含了由莱茵东部分别向西、向北扩展70英里左右的区域，拥有烟煤、精煤、气煤等不同类型的煤炭，其中有近30%是炼焦煤，这种煤炭是最适合用于钢铁生产的燃料，储量超过了所有分布在欧洲的其他煤田。鲁尔区的煤炭地质储量大约为2190亿吨，约为全国总量的75%，总量中经济可采储量的部分约220亿吨，占全国总储量的九成。鲁尔煤田面积为6200平方公里，东西最大走向长为126公里，南北最大宽度为57公里。鲁尔区的煤炭资源整体分布在欧洲大陆板块向西北延伸的硬质煤炭矿藏带，由波兰南部的西里西亚向西延伸，依次经由德国西部、比利时南部和法国北部，最终到达英国的南部地区。鲁尔工业区的处于北威州中部华力西山区的其中一块组成部分，属于平原、低地、山地三种不同类型地质结构的交错地块，其中纵横分布了不同流向的数条河流和分支，区域整体的地理地势表现为东南高、西北低的特征。由于其得天独厚的自然资源分布，鲁尔工业区利用其煤矿分布核心部分的优势，在区域产业空间分布和工业发展结构上占据了巨大的潜力地位。

鲁尔区内的多特蒙德—埃姆舍渠和莱茵—海尔勒渠连接了区域内的大片煤田区块，为区域内煤炭工业和钢铁工业为核心的产业结构和大批量生产提供了有力的保障。1870—1871年普法战争中法国战败，导致其除了向德国支付50亿法郎的赔款，同时，还把法国著名的铁矿产地阿尔萨斯和洛林都划给了德国，因而鲁尔区在铁矿资源匮乏这一劣势上得到了极大的弥补。在德国经营的40多年里，自身丰富的煤矿资源和洛林大量的铁矿储量成为鲁尔工业区崛起为德国"工业心脏"的坚实保障。

鲁尔区的水陆交通十分便利。鲁尔区是德国水运网和港口最密集的地方。通过水运网,鲁尔区与德国、荷兰和比利时海港相通。莱茵河纵贯全区域南北,拥有莱茵河、鲁尔河、利珀河和埃姆斯河四条运河,总长达425公里,河道港口有70多个,并且河道与港口均已标准化,可通行千吨以上的欧洲标准货轮。鲁尔区的陆路运输与水运同样发达。鲁尔区铁路运输始于1847年,区内铁路密度非常大,营运里程达9850公里,占全国近五分之一。从巴黎通往北欧和东欧的铁路由本区穿过,哈根是德国最大的货运编组站。鲁尔区的公路和高速公路四通八达,高速公路通往全国及欧洲主要城市,从德国西部通往柏林和荷兰的高速公路均从区内通过。

二、鲁尔区的兴起

一直以来鲁尔区以工业闻名于世,作为世界传统的工业聚集地、德国工业的"引擎",主要以煤矿、钢铁、化工、机械制造等重工业为核心产业。

19世纪以前,这里还是一片农业区。1831年鲁尔区在鲁尔河与莱茵河的汇合处杜伊斯堡建成了世界上最大的内河港口,极大地推动了鲁尔区的工业发展。利用良好的区位条件,鲁尔区逐步发展成为具有一定规模的工业重地。

战争和工业革命对机械产品和化工产品的需求增加促进了当地煤炭和钢铁产业的繁荣,带动了铁路、运河在内的交通运输业的发展。第一次世界大战后,战败国德国用鲁尔区的煤向法国进行战争赔偿,鲁尔区因此引进15万矿工和45万家属。庞大的移民计划和煤炭开采给鲁尔区带来了第一次经济飞跃,鲁尔区在机械制造和煤化工产业的发展上突飞猛进,人口数量从1850年的40万猛增到1925年的380万,到1929年,6个钢铁康采恩控制了鲁尔区65%的钢铁生产和60%的采煤业。

二战结束后,鲁尔工业区遭到严重摧毁。在马歇尔计划的作用下,鲁尔工业区的工业结构和基础设施迅速恢复到战前水平。到1955年,鲁尔区的生铁生产量增加到了约1329万吨，粗钢产量约1663万吨，相较于1950年上升了近50%，整体上鲁尔区的钢铁产量占到了德国钢铁总量的三分之一以上。1956年鲁尔区煤炭产业达到了其发展史的最高峰，区内的煤矿数超过了140个。到1964年时，粗钢的产量就比1938年高出70%。鲁尔的工业经济1957年在传统生产领域（煤钢）拥有99.4万名员工，就业率达到了顶峰。战后经过重建，鲁尔区再次成为德国最重要的工业基地，并密集分布着制铁、炼油、炼钢、汽车、机器、造船和电气设备制造等公司。

三、鲁尔区的衰退

受世界能源结构变化、煤炭开采成本上升以及新型技术革命下轻工业和第三产业的发展等原因影响，20世纪60年代开始，鲁尔工业区爆发了煤业危机和钢铁危机，以采煤、煤化工、重型机械为基础的重化工业经济结构弊端日益显露。鲁尔区的衰败危机开始于1957年，并于1966年到1967年左右达到顶峰。

1958年爆发的煤炭危机、20世纪60年代末出现的钢铁危机致使鲁尔的钢铁和煤炭化工日益萎缩，工厂大批裁员，甚至关闭，失业人口骤减，社会矛盾不断加深。1957年鲁尔区拥有煤矿141家，到1970年减少到69家，下降比例为51.1%；煤炭产量由1957年的12320万吨，下降到1970年的9110万吨，下降比例为21.1%；采矿业的就业人数从1957年47万降低到1972年的17万，下降比例为63.8%；鲁尔区的粗钢产量从1974年的3020万吨下降到1975年的2270万吨，降低了25%；鲁尔区钢铁产业的就业人员从1974年的14.3万人，下降到1987年的8.2万人，下降比例为42.7%。20世纪70年代中期，鲁尔区仍然有20个独立的钢铁工厂营运，而到1988年时已经减少到了8个。

从60年代中期起，鲁尔区人口呈下降趋势，同时移民数量减少，人口呈现负增长，大部分年轻人迁移到经济发达的地区，尤其明显的是在埃姆舍地区，人口减少比例为78.1%，其主要原因就是人口的外迁。20世纪60

年代，外籍劳动者的迁入在一定程度上缓解了鲁尔区人口外流的问题，德国从意大利、西班牙、希腊和土耳其等国开始招募劳动力，1987年以后，外籍劳工的迁入使北威州及鲁尔的人口开始有小幅度的增长，缓解了鲁尔工业区存在的劳动力缺少问题，但出生率降低以及人口老龄化等仍是鲁尔区需要解决的问题。

除此之外，由于发展初期缺乏对土地利用、城镇布局、环境保护等方面的全面规划和整治，导致鲁尔区环境污染严重。重工业的迅猛发展造成该地区植被大面积消失，湖泊、河流被严重污染，空气粉尘和有害物质含量超标，地下水污染严重。鲁尔区内以采煤、钢铁、煤化工重型机械为主的单一的重型工业经济结构的弊端日益显现，逐步陷入结构性的危机之中。

四、德国鲁尔区改造采取的主要措施

20世纪60年代煤炭和钢铁危机爆发后，鲁尔区开始了长达半个世纪的转型之路。20世纪60年代以来，鲁尔区就开始致力于经济转型工作，转型分为4个阶段：

第一阶段（20世纪60—70年代）：传统产业结构调整时期。以继续支持发展传统煤炭产业，完善基础设施和发展教育为主。1960年，在政府的扶持下鲁尔区开始进行产业结构调整，其目标是为了防止由于产业间的退出障碍或进入障碍造成的衰退产业过度竞争以及缓和产业结构转移过程中可能存在的社会利益矛盾，全力保护有着悠久历史传统和重要战略地位的煤炭和钢铁两大产业。同时进行土地、资本、基础设施等要素的配置补充，积极发展教育，为后期新产业的出现和发展提供了必要的保障。

第二阶段（20世纪70—80年代）：发展新兴产业时期。主要进行两方面的工作：一是扶持工业产业现代化；二是支持新产业创新研发，从根本上进行转型。1979年联邦政府联合各级地方政府、工会及工业协会等有关方面制定了《1980—1984年鲁尔行动计划》，对污染严重的工业用地和煤矿用地进行整治，用于发展新兴产业。1984年州政府颁发《北莱

茵—威斯特法利亚倡议未来技术（1985—1988）》，工作重点从引资转移到推动创新和建立地方技术中心上，为新产业发展提供了雄厚的技术基础。与1980—1984年相比，1985—1988年间鲁尔区新建中小企业数量增加了41%。

第三阶段（20世纪80—90年代）：发展潜在比较优势产业，推进产业结构多样化。1987年后鲁尔地区初步进行了较多的试验性流程创新，其中关键的政策是鼓励地方根据要素禀赋发展比较优势产业。1989年"煤炭产业地区的未来倡议"方案将鲁尔区划分为6个小型区域，每个区域由两三个市县组成，鼓励各地区根据自身条件确定各自的内生潜力，从而量体裁衣地确定发展产业。这时先前建立的教育与科技研究中心逐渐在地区发展和潜在优势产业中发挥作用。如多特蒙德科技园带动了当地的产业发展，形成了从研发到应用的良好发展循环；波鸿（信息技术区）、埃森（技术和发展中心）和杜伊斯堡（电子公园和学习实验室）已经成为信息和通信技术的焦点；传统行业化工、能源分别在埃施尔—利佩地区、埃森得到了集聚发展。

第四阶段（2000年至今）：根据现有比较优势和产业基础不断发展。经过长期的转型发展，鲁尔各地区根据自身的比较优势产业继续完善产业链结构，以潜在优势产业的生产集群为基础，通过价值链的延伸、空间的整合不断加强产业优势。鲁尔市政协会（KVR）于2002年通过了"透视鲁尔"战略（《鲁尔前景—鲁尔区结构政策项目》），确定了鲁尔区具备发展优势或未来潜力的12个重点产业：化学化工、能源经济、环保技术、水利管理、规划与建筑和房地产业、教育科技、健康经济/医疗技术、物流、信息与通信、旅游及文化创意、工业技术、新材料。

五、德国鲁尔区改造的成效

1. 经济下滑得到有效遏制

尽管鲁尔地区联盟并不是真正意义上的鲁尔区政府，但是其权限的扩大使得其在鲁尔区整个区域的层面进行结构转型政策的设计及落实成为可能，在其结构政策的推动下，创新活动加强，新的产业门类和各类网络开始出现并壮大，区域内新的协调机制和增长结构开始形成，鲁尔区新的发展模式初现雏形。2002—2011年，尽管鲁尔区就业状况仍不尽如人意，却实现了26.6%的经济增长，而同期北威州和德国的经济增长率分别只有20.9%和21.6%。

2. 结构调整呈现成效

经过对产业的调整改造，鲁尔区实现了由传统产业结构向多元化产业结构的改变。第一，鲁尔区利用区位和内河航运优势，以化工产业为基础，大力发展现代物流业，形成了物流的产业化；第二，就业结构上，煤炭和钢铁两大部门职工人数从20世纪50年代初占工业部门总人数的60%降至90年代初的33%，第三产业部门的比重则从29.8%提高到56%；第三，服务业得到大力发展，随着产业结构的调整，服务业后来居上，文化产业、工业旅游、贸易等部口发展迅速。鲁尔区充分利用工业遗迹发展文化创意产业，并打出了"工业文化"的品牌。鲁尔区将原有工业设施进行改造，原来的堆料场改造成青少年活动场地，原来的鼓风机车间改建成音乐厅，冶炼炉经过重新整修，成为配有水下呼吸器的潜水池，冶炼厂、炼钢厂如今成为博物馆和中央舞台。

3. 高新技术产业基础形成

鲁尔在专业教育、技术研发、产业创新方面已形成良好的业态环境，具备高新技术产业发展的基础。如杜伊斯堡—埃森大学、波鸿大学和多特蒙德大学在2007年合并为"鲁尔大学联盟"，打通了鲁尔地区各教育点之间的智能信息和沟通，将知识创造和在公司的应用相整合，为教育行业走进一个全新领域提供了发展机会。密切合作的技术网络已经发展成为面向未来的专业领域不可或缺的先决条件，包括鲁尔地区东部的"生物工业"网络、博格根的生物化学区和波鸿的医疗健康产业。

4. 环境显著改善

通过各种政策支持、经济结构调整、环境整治以及文化创意产业的发展，鲁尔区从一个只适合生产、不适合生活和居住的场所变成人们可以安居乐业的"花园"。不仅莱茵河的水质变清，鲁尔地区还充分利用独特的工业文化遗产发展文化创意产业，打造"工业文化"品牌，形成了集休闲、娱乐、购物、疗养于一体的文化旅游胜地。目前，鲁尔区80%的就业岗位来自服务业，鲁尔区的文化产业实现了大繁荣，拥有大批的主题博物馆、画廊、剧院等，文化和旅游产业的发展不仅提高了鲁尔区的生活质量，而且还提高了区域的整体形象和综合功能。

第四节 英国中部老工业基地

英国的传统工业区位于英格兰北部和苏格兰南部，是英国工业革命的起源地。这些地区靠近原材料供应地，交通便捷，以伦敦为核心，包括伯明翰、利物浦、曼彻斯特和谢菲尔德等在内的英国中部地区。

一、英国中部工业区的自然条件

根据研究（杨振凯，2008），英国中部工业区的自然条件拥有以下优势：一是矿产资源的区位优势较大。英国是世界上开发利用矿产资源最早的国家之一。矿业在英国经济与社会发展过程中发挥了重要的作用，煤炭开采和钢铁生产为英国老工业基地的形成奠定了基础。英国煤炭资源丰富，煤炭总储量达1700亿吨，其中已探明储量450亿吨。英国的煤田埋藏较浅，容易开采，煤质较好，发热量高并能炼焦。煤田分布比较普遍，距海不远，便于运输，有的煤田靠近铁矿区。这对英国早期工业发展起过重大作用。英国的米德兰、兰开夏、约克郡、南威尔士等工业基地是英国的煤炭、铁矿资源的集中分布区，这些老工业区的煤炭储量约占全英煤炭总储量的85%以上。丰富的矿产资源对英国工业基地的形成发挥了重要作用。

二是拥有良好的港口条件，便利的内陆、内河交通体系，有利于工业区的形成。英国是四面环海的岛国，外贸的绝大部分依赖海运。而伦敦地跨泰晤士河两岸，距河口88公里，一直是英国最大的海港，又是英国内陆交通中心，也是当时世界海运市场的中心。港口设有专用码头，其服务范围远及米德兰和兰开夏等地。此外，伯明翰、利物浦和曼彻斯特等地也是英国的主要港口。伯明翰位于伦敦和利物浦两大海港和铁路干线上，水陆交通两便，是英国最早的重工业区。默齐河入海口拥有英国第二大海港利物浦。英国还有较密的内河网。较大的河流有东岸的泰晤士河、亨伯河，西岸的塞文河、默齐河等。其中，泰晤士河长346公里，其中通航部分为280公里。远离海岸88公里的伦敦和35公里的格拉斯哥以及其他许多距海较远的港口，海轮均可自由出入。这不仅补偿了因河流短小而造成的内河交通上的缺陷，并且又带来许多新的补益。1825年，英国率先修建了铁路。到1928年，运营铁路总里程达到32565公里。铁路建设的发展连接了内陆和主要工业城市，为上述老工业区的发展提供了更多便利条件。

二、英国中部工业区的兴起

伴随着第一次工业革命，英国中部形成了纺织、冶金、煤炭、机器制造和交通运输等规模化的工业基地，直接集聚成为后来的工业区。

为了节省运输成本，冶金企业在产业革命前多设于森林地区，自从焦炭代替木炭作为燃料后，冶金企业大多建于临近铁矿和煤矿的地区，煤炭资源丰富的米德兰、兰开夏、约克郡、南威尔士等工业基地得到了迅速的发展。到1847年，南威尔士生产的生铁产量位列英国第一位、苏格兰第二位、西米德兰第三位。棉纺织业主要集中在东南约克郡、曼彻斯特和兰开夏。其中，兰开夏和东米德兰分别位列棉纺织业的第一名和第二名。

第一次工业革命以后，英国工业布局集中于煤铁产地及水利资源丰富的地区。在煤铁资源优势基础上，形成了煤铁采掘及钢铁、机械、化工、纺织等传统工业部门。先后形成了伯明翰、利物浦、曼彻斯特、谢菲尔德、纽卡斯尔、伦敦等老工业基地。直到二战时期，中部老工业基地的工业仍在英国国民经济中占绝对地位，19世纪70年代英国的钢铁工业产量约占世界总产量的50%。

三、英国中部工业区的衰退

英国工业的衰退始于19世纪末20世纪初的第二次工业革命时代。在西方发达工业化国家中，英国老工业基地衰退程度最高。随着第二次工业革命带来的新科技的迅速推进和普及，英国传统产业部门技术逐步落后。

20世纪20年代，英国最具优势的纺织工业由于新的纺织技术的发展和普及，逐渐走向衰落。由于石油工业的崛起，英国的煤炭工业在国际竞争中处于不利的地位，由于内燃机技术的提高和普及，传统的机器制造业和交通运输业也逐渐失去了国际竞争的优势。由于工业革命发源地转移到了欧洲大陆和美国，带来了整个资本主义世界经济在20世纪初期的高速发展，而使得英国增长速度低于世界主要发达国家，开始了长期衰落的进程。二战后，英国传统工业与第三次工业革命的新技术体系更加不适应，经济发展迟缓，增长乏力，甚至停滞。从60年代开始，纽卡斯尔地区逐渐关闭了93.4%的煤矿。威尔士地区煤矿就业人数由1921年的27.1万减少到80年代的2.5万。19世纪70年代英国的钢铁工业产量约占世界总产量的50%，谢菲尔德、斯肯索普等老钢铁工业基地的产量20世纪70年代比50年代下降了90%。

由于英国没有很好地抓住19世纪60年代后期第二次工业革命的机遇，导致在钢铁、化工等传统工业方面与发达国家产生差距，而且后来发展起来的航空、电子、汽车、船舶等现代工业生产也呈现出不同程度的衰退状况。

四、英国中部老工业基地改造采取的主要措施

英国政府从宏观上予以政策引导和鼓励，采取具有针对性的引导投资政策以促进某些传统工业衰落地区的工业改造和区域振兴。

1. 明确政府职能，强调市场作用

英国在老工业基地的改造与振兴中，既发挥了政府应有的作用，又更加注重市场的基础作用。一方面，英国政府也致力于改善经济发展的软、硬环境。在硬环境方面，政府在老工业地区大力兴建交通运输、通信等基础设施，治理环境污染，改善生活环境。在软环境方面，政府在老工业地区开展了大量教育及培训活动，还为在老工业地区投资的企业提供现金补助，为高新技术企业提供税收减免等。另一方面，英国政府在中部等老工业基地的改造过程中十分注重市场的资源配置作用。政府通过一系列财政及货币政策，放松或取消国家控制与干预，鼓励自由竞争，调动企业的生产及投资的积极性。

2. 推进传统产业结构调整

振兴老工业基地并不意味着要全部放弃传统产业。英国在老工业基地产业结构调整过程中，没有简单地把传统工业等同于"夕阳产业"而加以冷落，而是依托不断的技术改造、创新和经营改革，加速传统产业的升级换代，提高它们的市场竞争力，使其获得生机，实现新的腾飞。为此，英国成立了制造业咨询服务机构，提供一种手把手教授最新制造技术业务的新型服务方式，并通过提供高新技术专家和课程，为企业特别是中小企业提供先进的制造技术支持和相关信息。

3. 推动高新技术创新，大力发展服务业及新兴产业

英国针对推动高新技术创新，制定了许多具体计划，并从不同层次上对高技术的多个领域有选择地重点资助，如制定了新产品、新工艺开发补贴政策、风险投资政策等。在风险投资方面，成立了初始支持基金，由私人资金和欧盟资金共同构成，主要对中小企业新技术进行投资。对被确定为地区内高增长的企业提供服务，包括高校的信息和通信技术、产品和工艺开发支持等。此外，还建立新的大学创新中心。为了提高产品附加值、增加新产品及种类，目前已有超过40家公司和大学的研究生部建立联系，努力把大学中的高新技术通过产业化引进企业开发产品，并对此提供更有效的服务。

4. 重视职工安置，改善就业状况

失业是老工业基地改造过程中普遍存在的问题，英国政府也制定了多项政策来解决失业问题：第一，妥善安置矿区职工；第二，大力发展中小企业；第三，开展就业培训。英国在企业改革和经济结构调整的同时，逐渐建立和完善现代社会保障机制。国家、企业和保险公司三重养老保险制度的建立、社会救济制度的完善、公费医疗和全国性劳动就业介绍和培训机构的设立，为英国企业改造提供了社会环境方面的有力支持。多次就业以及临时和非全日制就业概念的形成，也使人们的社会心理负担得以减轻。

五、英国老工业基地改造的成效

英国中部老工业基地的改造成效显著，城市面貌得到根本性的更新，基础设施和居住条件得到明显改善，各种社会问题得到有效解决，经济社会发展水平进一步提升。

第一，人民生活质量得到显著改善。英国把老工业区的办公楼改造成饭店，把老拍卖市场或工厂改造成展览馆、博物馆，把港口改造成机场，在老工业区建立娱乐中心、电影院等，开发旅游景点，增加服务功能，既把改造老工业区与发展第三产业结合起来，推动了服务业的发展，又改造了城市，提高了城市的生活和服务质量。

第二，区域经济活力得到显著增强。企业经济效益的提高是老工业基地改造的内在动力，英国通过放松政府管制、发挥市场主体作用、鼓励自由竞争，调动了企业生产和投资积极性，促使企业不断改良技术及设备，提高了劳动生产率，从而提高了区域经济活力。

在英国中部老工业基地的改造过程中，传统产业的改造及新兴产业的发展是老工业基地重现活力的根本原因。传统产业的振兴主要依靠改良生产设备、应用先进技术、提高研发能力，其实质是原有产业技术体系基础的改良。而发展新兴产业则依靠计算机、电子、生物工程等当前较先进的现代化产业，实质是产业技术体系的更新换代。

第五节 日本九州地区

日本的九州位于日本列岛的西南部，包括九州岛及其周围的一些岛屿和琉球列岛。九州地区共有福冈、佐贺、长崎、熊本、大分、宫崎、鹿儿岛、冲绳8个县。九州人口约为1436.3万人（2016年），面积约3.79万平方公里，是日本高科技产业的主要集中地。北九州工业区曾是日本四大工业区之一，也是世界著名的老工业基地之一。这里的钢铁、煤炭、化学、造船工业曾闻名于世，在日本资本主义工业化过程中起过重要作用。

一、日本九州老工业基地的自然条件

1.优越的地理位置，便利的交通条件

九州北隔朝鲜海峡与朝鲜半岛接近，西隔东海与中国相望，东隔丰予海峡与四国相邻，是离朝鲜半岛与中国最近的地区。西方的科学技术经由长崎传入日本，与中国大陆的"丝割符制贸易"也经由长崎进行。九州与本州间的关门海峡最狭处不到1公里，海底隧道开通后，铁路、公路可以直达两地。便利的交通条件使九州成为日本本州岛与东北亚联系的纽带，为九州成为日本乃至亚洲工业中心创造了得天独厚的条件。

2.燃料、动力资源丰富

九州的煤炭资源分布在筑丰、三池、崎户、佐世保、唐津等地，境内煤田探明储量为42.7亿吨，可采储量4.19亿吨，占日本国的49.7%和42.7%。

筑丰煤田是九州工业地带重要的燃料基地，曾对日本经济发展起过重要作用，分布在南北长约50公里、东西宽15—25公里的区域。佐世保煤

田分布于佐世保市与附近岛屿到北松浦郡一带，亦称北松浦煤田，属强黏结性煤，为制铁用焦炭的原料。

二、日本九州老工业基地的兴起

日本九州的工业主要集中于北九州，有关研究表明，北九州重化工业基地的形成始于明治维新时期。工业发展需要大量煤炭，明治二十年（1887）日本在九州开发筑丰煤田。1901年，利用筑丰煤炭以军需生产为目的建立的八幡钢铁厂是北九州工业区形成的标志。利用中日战争后从中国和朝鲜掠夺的大量矿石与原材料，北九州的工业得到快速发展。在此期间，与钢铁、煤炭工业生产有联系的部门相继兴起，包括焦炭、机械、造船、金属以及化学工业等，北九州工业地带的基础逐步形成。

经过第一次世界大战，九州的生产、资本进一步集中，工业布局向沿海地区集中，北九州的工业以八幡钢铁厂为据点得到迅速发展，20世纪20年代前后成为日本四大工业地带之一。此时，九州地区就发展成为以钢铁、煤炭、化工、造船为中心的重化工业基地。第二次世界大战期间，北九州工业地带步入巅峰时期，1940年，北九州的工业产值占到全国的8%，仅次于京滨工业区和阪神工业区，位列四大工业地带的第三位。

三、日本九州老工业基地的衰退

二战后，日本政府以"倾斜生产力方式"为核心的产业复兴政策曾使九州的钢铁、煤炭工业有过一段高速成长期。20世纪50年代后期，日本确立了贸易立国的发展战略，产业政策的重心由"经济恢复"转向"经济振兴"，政府产业政策支持的重点转为扶持资本密集型产业，基础产业、原材料产业逐步让位于新兴的加工业。同时，由于二战后从中国和朝鲜输入原材料的便利条件消失，北九州钢铁工业的区位优势丧失，钢铁工业成本不断上升，加之"能源革命"导致煤炭业衰退，与煤炭有联系的工业亦受影响，北九州工业从此开始走向下坡。这一时期，日本政府逐渐弱化对九州钢铁工业的支持；同时，日本的能源结构由"煤主油辅"变为"油主煤辅",石油取代煤炭成为主要能源。池田内阁于1961年实行贸易自由化政策,1962年采取石油进口自由化政策。这一时期日本劳动力成本上升,导致煤价居高不下,煤炭国际竞争力弱。1963年,日本政府决定削减国内煤炭产量,大量从国外进口煤炭,煤炭产业开始进入衰退阶段,九州地区的经济由此开始衰退,到1969年九州地区工业产值在日本工业中的比重已下降至2.2%。

20世纪70年代以后,受石油危机的冲击,国际市场上原料、燃料价格相继上涨,国际上对重化工业产品的需求基本饱和,加之环境破坏日趋严重等原因,日本转变发展战略,产业结构向能源节约化和高加工度化方向发展。这一时期,九州地区的主导产业如平炉炼钢、炼铝、造船、化肥等被1978年颁布的《特定产业安定临时措施法》指定为"结构性萧条产业"。九州地区的工业产值在日本工业中的比重持续下降,到1980年已降至1.2%。随着煤炭、钢铁等传统产业的一落千丈,九州老工业区迅速滑落为日本的问题区,到20世纪70年代逐步成为日本亟待整治的老工业基地。

四、日本九州老工业基地改造采取的主要措施

20世纪50年代后,由于日本国内煤炭资源条件的限制,煤炭生产成本一直居高不下,受到海外廉价石油大量输入的冲击,煤炭产量大幅下降,造成大批煤矿被迫关闭,煤矿数量从1956年的843个剧减到1962年的263个,煤矿工人数也随之由28万减少至11万,带来了一系列的经济和社会问题,引起了社会和舆论界的关注。20世纪60年代开始,日本着手改造九州老工业基地,80年代改造进入加速阶段。九州的转型大致经历三个阶段:

第一阶段(20世纪50年代到60年代初):以扶持煤炭工业为主,恢复经济。二战后,面对九州煤炭工业生产技术落后、效率低下、企业亏损日益严重等问题,日本政府一方面采取扶助的策略以促进煤矿现代化,另一方面开始着手煤炭产业劳动力的就业转移和向原煤炭产地诱导新产业。

第二阶段(20世纪60年代):主要调整产业结构,吸引工业投资。政

府意识到煤炭工业的衰退已不可避免，明确提出了"煤炭工业的自立发展已经没有可能，应勇敢地去选择进退"的煤炭工业夕阳化路线。政府致力于吸引工业投资，以使因煤炭业衰落而遭严重打击的九州地方经济获得复兴。一方面让煤炭业迅速纳入市场竞争轨道，实行原油进口自由，迫使剩下的煤矿提高生产率和继续现代化；另一方面对因结构调整带来的经济社会问题加强宏观控制，努力振兴地方经济。

第三阶段（20世纪70年代至今）：努力促进高新产业区的形成。九州依托富足的人力资源、优质的空气和水资源、便捷的航空区位优势，制定了科学合理、具有前瞻性与引导性的产业可持续发展战略。积极引进集成电路的生产和组装工业，推动集成电路产业的顺利发展。基于国内外发展环境，九州依托本地优势，适时从客观实际出发，选择新兴替代产业，避免产业同质化发展，成功实现了本地的产业优化升级以及经济结构转型，并通过设立"技术城"，走上了注重"学、产、官"结合的高新技术产业发展模式。

五、日本九州老工业基地改造的成效

1. 产业技术体系调整卓有成效，经济实力得到有效恢复

2002年1月30日，随着日本最后一座煤矿——太平洋煤矿公司关闭，日本煤炭采掘业成为历史，日本进入"国外煤时代"，但这并不是因为煤炭资源枯竭造成的。日本政府预测到这些资源依赖型产业正在走向衰退，并且是必然趋势，出台了一系列措施引进接续替代型产业，逐步引导衰退地区产业转型。例如，20世纪60年代中期三菱电机建造了首座集成电路工厂，催生了集成电路这一新兴替代产业，减少了产业转型的成本，同时也降低了产业转型的风险。到80年代中期，九州已成为日本最大的半导体工业生产基地。

2. 未来产业技术体系已经建立，产学研结合的创新体系成效显著

九州高新技术产业的蓬勃发展得益于日本独创的"产（企业）、学（研究）、官（政府）"和"科技城"发展模式。城内科学研究、产业发展有机

结合，充分体现了"产学研"相得益彰。

目前，研究城内吸引了众多家企业和著名大学，如九州工业大学、北九州市立大学、九州产业大学等及世界著名大学和科研机构，并建立了合作关系。产学研合作的机制和创新体系，实现了教育理念和科学技术的共通，达到了学以致用的目的。大学为企业提供技术支持，并为企业选拔人才创造条件，学生在企业与大学的合作研究中，不断完善自我，培养企业家精神。这种互动有利于区域经济的发展，正是在这种合作的模式下，北九州的高新技术产业得到快速发展，集成电路、汽车产业成为九州地区的支柱产业，九州也从一个资源型地区转变为高新技术产业基地，实现了经济的顺利转型。

第六章

东北振兴中的产业结构调整

东北地区产业结构调整的总体思路

本章首先分析东北地区产业结构调整的重要性，然后总结从经济理论、国外老工业基地转型的经验和东北地区产业结构偏离现象中得到的启示，最后尝试形成东北地区产业结构调整的总体思路。

第一节　东北地区产业结构调整的重要性

习近平总书记在"9·28"讲话中指出，东北地区的矛盾和问题归根结底是体制机制问题，是产业结构、经济结构问题，解决这些问题归根结底要靠全面深化改革。这表明东北遇到的困难和问题的根源，在于经济体制机制原因以及相互交织的结构原因。习近平总书记的这个论断，是对东北问题根源的根本性判断，是思考和解决东北问题的一把钥匙。

东北振兴有两个显著背景，一是中国从计划经济体制向社会主义市场经济体制的转型背景，这是制度的背景；二是老工业基地产业衰退的背景，这是所有老工业基地具有普遍性的背景。前者要求东北地区要向全国一样，从深化改革入手，建立起完善的市场经济体系，使东北地区的振兴发展具有制度保障。后者要求东北地区遵循一般老工业基地转型的规律，找到一条自己的产业转型道路。

所以东北振兴要完成经济体制转型和产业转型这两项任务。这两个转型缺一不可，都非常重要，转型完不成或者完成得不彻底，东北经济就会停顿在某一个低水平，就会系统性地低于其他改革比较彻底区域的发展速度，甚至陷入低水平发展的陷阱。

东北地区的体制转型和产业转型问题互相交织，互相影响，增加了转型的难度。习近平总书记将东北的问题概括为存在"体制机制短板、经济结构短板、开放合作短板、思想观念短板"，这四个短板既包括了制度问题，也包括了产业问题。现实中我们看到的产业结构偏重问题、营商环境问题、人才短缺和外流问题、创新活力不足问题、市场主体不强问题等，都是"四个短板"的具体表现。这些问题相互交织、互为解决前提条件，构成转型发展的制约因素，如同一个难以解开的扣子，往往使振兴的努力事倍功半。

东北地区目前的情况，是体制转型问题更加突出一些，所以社会议论的焦点集中在营商环境等体制问题上多一些。但是我们注意到，产业转型的问题可能更具挑战性，是更需要下力气解决的问题。即使将来东北地区的营商环境变好了，也仍然需要产业转型的努力。

产业转型具有周期长、成本高的特点。从各国老工业基地转型的经验来看，转型周期都在几十年范围，所以需要从长计议。老工业基地转型，往往都伴随着大规模失业、人口迁徙等现象发生，具有很高的社会成本。即使在发达国家，没有经济制度转型的问题，也需要长时间才能完成转型目标。

东北的老工业基地，如果振兴方法得当，可能比国外一般老工业基地恢复要快。其原因是：（1）从市场规律来看，除了主要依赖本地已枯竭资源的产业之外，东北的老产业并没有完全衰退，还可以通过绿色化、智能化、节能化改造焕发生机，对社会就业起到托底的作用；（2）改革开放40年来的积累，使东北具备了产业多元化发展的一定基础，这些基础会在新一轮科技革命和产业革命中发挥作用；（3）中国经济的快速发展、消费结构升级、绿色低碳的发展要求等会使很多新产业不断出现，这给东北结构调整带来更多的机会。

能否抓住这些机会，依赖我们对东北产业问题的认识，依靠我们采取的产业结构调整对策。从某种意义上来说，产业结构调整升级成功与否，是东北老工业基地振兴的根本标志。

第二节 经济理论对东北地区产业结构调整的启示

本书第四章介绍了比较优势理论、雁行模式理论、转轨经济学和政府干预学说等学派的理论思想,这些对我们认识东北地区产业结构调整问题具有重要启示。

1. 产业结构升级的规律性

从世界工业结构升级的一般规律来看(轻工业—累积财富—重工业—服务业),工业升级路径通常是从劳动密集型的轻工业向资本和技术密集型的重工业转变,最终产业结构中服务业占主导,轻工业在工业化进程中扮演着至关重要的角色。新中国成立后,东北地区凭借资源优势,通过苏联援建项目,形成了以煤炭和石油开采、石化冶金以及装备制造等重工业为主的产业结构,有力支撑了新中国建设进程,但是这种产业发展模式属于"跨越式"的路径,是由"国家战略安全导向"催生的产物,政策干预和计划体制痕迹非常明显,与霍夫曼定律相反。这种产业结构建立在消耗自然资源和污染能耗的基础上,只能为东北带来短暂繁荣,并不会产生可持续的增长动力。

2. 正确认识东北地区的比较优势

无论是比较优势理论,还是新结构经济学,都认为产业结构升级主要与产业发展阶段、资源禀赋的比较优势有关,政府产业政策的制定需要综合考虑产业生命周期、自身资源禀赋的结构和比较优势,即产业结构调整需要和资源禀赋的比较优势相匹配,然而,不同学说对东北地区比较优势的认识存在分歧。

本书认为,在分析东北地区的比较优势时,需要综合考虑东北老工业基地转轨的背景,突破一般资源要素的范畴,将东北老工业基地的产业优势考虑在内。在本书第四章提到,从一般要素的角度来分析,东北地区较低的劳动力成本是比较优势,然而老工业基地遗留下来的重工业基础、优秀的产业工人也能作为东北的比较优势。此外,东北地区较高的城市化水平、较好的教育卫生公共资源以及较强的科研水平也可以转化为战略优势。

3. 产业结构调整需要外部力量的拉动

区域间产业梯度转移是驱动产业转型升级的重要因素。中部地区发展计算机、手机等消费品产业实现了崛起的状态,西部发展消费品产业、大数据产业也同样使经济出现亮点,这些地区在发展这些产业时也不具备相应的产业基础,政府出台了相应政策,地方发挥了劳动力资源优势,最终实现了发展战略与比较优势的紧密结合。东北地区缺乏外部大规模产业转移的带动作用,但也要主动寻找对接可能的外部产业,寻求与地理临近地区(如京津冀)的合作。

4. 处理好政府和市场之间的关系

一些学者认为,东北地区经济失衡是表象,体制问题才是深层次原因,要进行体制机制方面的彻底改革,让市场而不是政府在资源配置中发挥的决定性作用(田国强,2017)。林毅夫和张维迎的"世纪之辩"的焦点也在于使市场在资源配置中起决定性作用还是更好发挥政府作用,要不要使用产业政策。[1]

然而,东北老工业基地衰退是市场经济机制作用的结果,如果仅使用市场来配置资源,将无法走出振兴不力的局面,即使走出来也需要花费很长时间。国外老工业基地调整的案例中,美、德、英、日都在快速发展过程中使用了产业政策。党的十九届五中全会强调要"充分发挥市场在资源配置中的决定性作用,更好发挥政府作用,推动有效市场和有为政府更好结合",这是对科学把握"政府和市场关系"这一理论和实践命题进行的深

---

1. 林毅夫 VS 张维迎:一场产业政策的"世纪之辩",http://www.ce.cn/xwzx/gnsz/gdxw/201611/15/t20161115_17807492.shtml。

刻总结，这一道理也适用于东北振兴。一方面，政府要在尊重市场规律的基础上用产业政策进行引导；另一方面，要发挥市场在资源配置中的决定性作用，提高企业资源要素配置效率和竞争力。

第三节　国外经验对东北地区产业结构调整的启示

本书第五章分析了美国"锈带"地区、德国鲁尔区、英国中部老工业基地和日本九州地区改造采取的主要措施及其成效。尽管各国在老工业基地改造过程中采取的措施并不完全一致，取得的成效也大相径庭，但我们仍能从这些老工业基地改造的成功经验中得到启示。

1. 发挥政府的作用

尽管美、德、英、日四国均属于市场经济体制国家，政府在经济发展中所起的作用不同，但是这些国家和各级地方政府都在老工业基地改造过程中发挥了主导作用，既是发起者，也是组织者，还是执行者，政府的作用贯穿老工业基地改造的始终。

在东北地区的调整过程中，也要充分发挥各级政府的主导作用。要关注地方政府之间的协调，制定区域产业结构调整的整体规划。通过颁布统一规划，保证东北各省市的产业结构调整工作能够沿着长期的规划稳定实施，防止调整的无序和混乱。

2. 老工业基地产业转型并不意味着完全放弃传统产业

老工业基地无一不是依靠当地丰富的矿产资源起步，产业结构比较单一。传统产业衰退是老工业基地普遍存在的问题，各国都对老工业基地的传统产业实施了改造。但在如何对待传统产业上，存在巨大差异。

美国"锈带"地区采取的是"延伸＋高新"的转型路径，德国的鲁尔区采取的是"改造+发展"的转型路径,而日本九州严格控制衰退产业的发展,采用植入式转型路径,逐步过渡,让其平稳消亡,结果是日本模式取得了良好的效果,老工业基地在较短的时间内摆脱了对传统产业的依赖,重新建立起新的产业发展基础,实现了老工业基地较为彻底的转型。

与之不同的是,英国在老工业基地改造时并没有简单地把传统工业等同于"夕阳产业",而是依托不断的技术改造、创新和经营改革,加速传统产业的升级换代,提高市场竞争力,使传统产业获得了生机,实现新的腾飞。

日本模式和英国模式看似矛盾,然而更说明对待传统产业不应采用激进的调整方式。自20世纪50年代煤炭产业开始衰退,到20世纪初九州煤炭产业彻底宣告消亡,日本政府用了近40年的时间,使九州的煤炭产业顺利实现软着陆。

3. 重视科技研发和人力资本的培育

在国外老工业基地振兴发展的过程中,均大力发挥高校、科研院所的作用,注重产学研用的有机结合。1965—1974年10年间鲁尔区陆续建立了多所高校;美国中西部拥有数量众多的世界知名学府,具有相当的科研能力;日本九州更是通过规划建设学术研究城作为产学研合作的空间载体。高校与企业进行合作研发,将高校的科研成果及时地转化为生产力,既可以解决企业的技术需要,同时也可以使学校的科研活动获得更多的资金支持。

4. 着力培育新兴产业

处理好传统产业问题是老工业基地产业结构调整的关键。老工业基地改造过程中,应该将改造传统产业的工作放在首要位置,大多老工业基地也在这样做。然而传统产业的改造势必造成大量工人失业,为吸纳就业,应将培育、扶持新兴产业作为继传统产业改造之后的工作重点。

新兴产业的不断成长,不仅有利于吸纳传统产业转移的过剩劳动力,而且有利于推动老工业基地的产业转型,有利于老工业基地的结构调整,更为重要的是新兴产业技术的不断发展,对于调整产业技术体系,推动区域产业技术体系变革能起到至关重要的作用。

5. 做好民生工作

失业是老工业基地改造过程中普遍存在的问题，美、德、英、日四国在老工业基地改造过程中都十分注重职工的安置工作，极力改善当地的就业状况。此外，老工业基地的基础设施一般相对落后，环境状况恶化严重。为改善老工业基地在人们心目中的印象，世界主要老工业基地在改造过程中，都将改善基础设施和环境作为一项重要工作来抓。在东北产业结构调整过程中，也需注意新老产业的衔接，做好员工就业问题，同时花大力气改善当地的基础设施，整治区域环境。

第四节　东北地区产业结构偏离现象对产业结构调整的启示

本书第三章认为东北地区的支柱产业多为原字号、老字号行业，比较优势产业市场规模相对较小，与其他地区相比相对偏离，产业政策是造成东北产业结构偏离的主要原因。从这些分析能够得到如下启示。

第一，在没有特殊资源的情况下，一个幅员辽阔地区的产业结构不能跟随整个国家产业结构调整变化，甚至长期偏离于主导产业的变化趋势，这是否构成东北经济不振的原因？这一问题值得进一步研究。

第二，东北地区产业结构偏离主要是产业政策作用的结果。回顾东北地区的产业政策变化过程，东北的产业结构偏离既有历史原因，也有明显的各级政府利用产业政策不断"固化""加固"的作用。新中国最初的工业化建设通过统一调配资源、选择主导产业、创办企业，将东北地区建设成为重工业基地；改革开放后，在市场化改革、资源枯竭等内外部环境变化的背景下，东北发展陷入滞缓，结构单一的东北地区面临着巨大的转型压力；2003年第一轮东北振兴战略出台了一系列的政策，但这些政策不是着眼于培育新的产业，而是以发展重工业、建设大项目为主，虽然此后十年间东北地区经济保持稳定增长，但东北地区面临的深层次问题和矛盾仍没有得到根本解决，导致东北地区产业结构越来越偏离。

第三，指导性理论要与现实相结合。根据第三章的分析可知，东北地区的主导产业市场规模较小，东北应以"全面振兴"为衡量标准，解放思想，打破束缚，以自身优势为基础，选择能够支撑东北全面振兴的大规模产业进行发展，重构东北地区的产业结构。

第五节　转轨背景下东北地区产业结构调整问题

综合以上分析，本书提出东北地区产业结构调整应遵循的思路。

1. 全面振兴视角的产业政策

首先，要认识到产业政策的重要性。由于东北老工业基地的衰退是市场经济体制作用的结果，仅依靠市场配置资源很难完成东北地区的产业结构调整，还需政府使用产业政策来推动产业布局、优化资源配置。

其次，新一轮的东北振兴是全面振兴、全方位振兴，这样就产生了一个新的问题：什么样的产业政策能够支撑起东北全面振兴？东北振兴的产业政策应该是区域政策下的产业政策，而不是产业政策下的区域政策，应该服从于东北全面振兴、东北人民富裕起来的大目标。全面振兴视角不同于国家产业布局视角或者比较优势视角，后者可以作为前者的补充，但是不能完全代替东北全面振兴视角。

2. 东北地区的产业结构应是均衡的产业结构

东北地区均衡的产业结构包含四层含义：一是新兴产业与传统产业的

均衡，能够保证未来产业的可持续发展；二是轻工业与重工业的均衡，轻工业可以带来大量的工作岗位，能够保证地方就业可持续；三是比较优势产业与大规模产业的均衡，大规模产业能够支撑起东北全面振兴的战略目标；四是工业和服务业的均衡，服务业代表未来产业的发展方向，规模足够大，能够带来大量的就业岗位。

3. 新兴产业与传统产业的均衡均衡

传统产业的振兴老工业基地并不意味着要全部放弃传统产业，不能简单地把传统工业等同于"夕阳产业"，而是需要不断依托技术改造、创新和改革，加速传统产业的转型升级，提高其市场竞争力。

传统产业的大面积改造，势必形成大量失业人口。为吸纳就业，增强地区的经济活力，应不遗余力地将扶持新兴产业作为与传统产业改造同等重要的工作重点。新兴产业的不断成长，不仅有利于吸纳传统产业转移的过剩劳动力，而且有利于推动老工业基地的产业转型升级，更重要的是发展战略性新兴产业能够保证地区产业的可持续性。

4. 重工业与轻工业的均衡

产业结构调整不应该单纯考虑供给，还要从需求的角度来进行综合考虑。通俗点来说，重工业解决的是政府的财富问题，轻工业解决的是老百姓的财富问题，政府富不等于振兴，东北振兴应该"以人为本"，经济发展要以就业、提高人民收入水平为中心。从这个角度来看，东北地区的产业结构调整要从需求端考虑，在延续重工业为主的产业体系基础上，把抓轻工业当作重要手段，着力发展劳动密集型的轻工制造业，以形成对重工业为主的产业体系的补充。

5. 比较优势产业与大规模产业的均衡

老工业基地遗留下来的重工业基础、优秀的产业工人是东北地区的比较优势，而这些比较优势所处的产业市场规模相对较小，无法支撑起东北全面振兴的战略目标。而且根据比较优势选择发展方向会加剧轻重工业发展不平衡问题，进一步扩大产业结构上的偏离。从全面振兴的视角，而不是单纯的比较优势出发，结合拥有重工业基础和一般劳动力资源成本较低的比较优势，东北地区应该在保持比较优势产业的同时，面向市场、面向未来、面向人民美好生活需求推进产业转型，发展直接面向消费者的大规模消费品工业。

6. 服务业与工业的均衡

东北老工业基地除了要解决工业内部结构的偏离问题，还要保证三次产业间的均衡。服务业蕴含在经济活动生产、交易、分配、消费的每一个环节，服务业的发展是未来东北产业结构调整面临的一个重大机遇。相对于东北地区现有产业结构来说，服务业是新产业，具有发展的可持续性；服务业是大规模产业，能够支撑起东北全面振兴的战略目标。此外，在传统产业转型升级导致用工人数急剧减少的情况下，大力发展包括零售、金融、通信、旅游、医疗和航空服务等服务业，以推动经济增长和吸纳人员就业，避免技术工人和人口外流，为经济振兴提供稳定的人口和市场基础。

综上所述，我们认为东北地区的产业结构调整需要建立在综合视角和理论的基础上，将相对均衡、有所侧重的产业结构作为调整目标，具体表现为产业结构以重化工业、工业产品为主，兼顾轻工业和消费品工业。在发展重工业方面，依靠历史延续的产业基础；在发展轻工业方面，依靠资源禀赋优势（人力资本的富余）和产业转移。依据市场需求选择主导产业，在保持优势产业发展的基础上，着力在市场规模巨大的下游消费品产业中找到突破口；同时，通过政府的产业政策引导和激励，大力发展服务业，为东北老工业基地找到未来发展的支撑。

第七章

东北振兴中的产业结构调整

东北地区传统产业结构调整的重点行业和重点领域选择

按照第六章提出的东北地区产业结构调整思路，第七章、第八章和第九章将分别选择具体的产业，提出东北地区传统产业、新兴产业和服务业的调整领域和主攻方向。本章首先提出东北地区传统产业结构调整的整体思路，选择石油化工、冶金、汽车、轨道交通和渤海船工等5个传统产业进行研究，在详细介绍产业发展现状的基础上，结合产业发展趋势及规划导向，分析这5个传统产业未来发展的优势和不足，最后提出这些产业发展的重点领域和主攻方向。

第一节　东北地区传统产业结构调整的总体思路

振兴老工业基地并不意味着要全部放弃传统产业，不能简单地把传统工业等同于"夕阳产业"，而是需要依托不断的技术改造、创新和改革，加速传统产业的转型升级，提高其市场竞争力。东北地区传统产业结构调整的总体思路如下：

1. 改造传统产业，通过转型升级增强其竞争力

传统产业在东北经济结构中占据比例较大，吸纳了大量的就业，如果对传统产业进行大面积的改造，不可避免会产生严重的社会问题。为了维护社会稳定和维持产业运行，一方面，可以利用政府采购、税收优惠、价格补贴、职工补贴等政策对传统产业进行扶持；另一方面，在原有产业技术体系的基础上，依靠改良生产设备、应用先进技术、提高研发能力来实现产业技术体系的更新换代，以产业转型升级提高市场竞争力。此外，把改造传统产业与开发高技术产业相结合，将产学研有机结合，以优惠的政策、技术基础和优良的环境，吸引企业和人才，提升地方企业的技术水平，进而带动地方工业发展，振兴地区经济。

2. 发展潜在比较优势产业，推进产业结构多样化

老工业基地的历史地位，尤其是长期积累的物质基础、人力资本、技术优势以及巨大的沉淀成本是东北地区改造传统产业的有利资源要素。各地区需要根据自身禀赋和比较优势条件确定各自的内生潜力，从而量体裁衣确定发展产业，继续完善产业链结构，以潜在优势产业的生产集群为基础，通过价值链的延伸、空间的整合不断推进产业结构多元化。

本章选择石油化工、冶金、汽车、轨道交通和渤海船工等5个传统行业进行研究，一方面由于装备制造、石化、冶金等是东北地区的传统优势产业，也是东北老工业基地重工业的代表，对这些产业展开研究符合延续比较优势的观点；另一方面这些产业在东北国民经济中的占比较大，且国有企业在传统产业、产能过剩行业、重化工行业分布较多，从经济结构层面看，正是这些产业的衰退导致东北振兴不力，只有这些产业实现了转型发展，才能从根本上解决东北振兴的问题。

第二节　石油化工

一、产业现状

石油化工是20世纪20年代随石油炼制工业的发展而形成的，并于第二次世界大战期间成长起来。战后，大量廉价石油的开采，使石油化工行业得以高速发展，使大量化学品的生产从传统的以煤及农林产品为原料，转移到以石油及天然气为原料的基础上来。

近几年，全球石油化工产业空间分布呈现出"343"大格局，第一个"3"指三热，即亚太、中东、美国，这是炼化产业发展最快的三大区域；

"4"是指四冷,即欧洲、非洲、南美及苏联地区,这四大区域的炼化产能一直处在停滞与萎缩状态;另一个"3"指三强,即美国、欧洲、中国,当然中国离石化强国还有较大的差距。

我国已形成了长三角地区、珠三角和环渤海地区七大世界级石化产业基地。包括:上海漕泾、浙江宁波、江苏连云港、广东惠州、福建漳州古雷、大连长兴岛和河北曹妃甸。在最新的世界500强榜单中,中国有中石化、中石油、中国中化、中海油、中国化工、延长集团等石化企业上榜。近年来,我国石油和化学工业重大技术装备研制和创新水平进一步提高,千万吨炼油、百万吨乙烯、30万吨合成氨等形成了成套工程化技术,千万吨级炼油加氢反应器、循环氢压缩机等关键设备,部分接近或达到世界先进水平。但与此同时,国内多数石化产品产能过剩,而对二甲苯、乙二醇和苯乙烯等部分有机原料仍大量依赖进口,在高端及需要贴近市场提供技术服务的多元化、定制化领域,国内供给更是严重不足。

东北原油产量占全国的1/4,原油加工量和乙烯产量占全国近1/5,已形成大连、抚顺、吉林、大庆等具有国际先进水平的大型石化产业基地。

二、发展趋势及规划导向

从全球看,石化产业或将长期在中低油价背景下发展,原材料结构将轻质化、低碳化、多元化,产品将差异化、特色化、高端化,产业与技术创新将得到强化,更加注重绿色、节能和环保,更加注重清洁生产技术的应用以及安全生产的监控问题。

从国内看,在全球背景影响下,行业景气度可能有所回落,环保红利将充分释放,行业表现将高度分化,民营经济将迎来重大利好,开放步伐会更加坚实有力,稳中求进会更有底气、更有条件。目前,我国石油化工技术发展的新方向主要为新型催化技术,轻质烷氢活化技术等,如劣质重油加工技术、分子炼油技术,以及生物表面活性剂催化剂、新兴纳米分子筛催化剂等,以实现石油的更大效益。

三、已有基础优势与短板

（一）东北地区石油化工产业发展的优势

1. 国家政策支持

《石化产业规划布局方案》明确了辽宁省在国家炼油、乙烯、芳烃项目联合布局中的定位，提出继续推动中国兵器辽宁华锦乙烯改扩建工程，优化中国石油大连石化原油资源配置，将大连长兴岛（西中岛）石化产业基地列为重点建设的七大石化产业基地之一。

2. 资源优势

东北地区石油储量、开采量和产品产量均居全国前列。东北原油产量占全国的1/4，原油加工量和乙烯产量占全国的近1/5，已形成大连、抚顺、吉林、大庆等具有国际先进水平的大型石化产业基地。

3. 工业基础优势

中石油旗下的大庆石化公司、吉林石化集团公司、哈尔滨石化公司等企业继续发挥骨干、领军作用，辽宁沿海经济带又崛起新的增长极：在大连长兴岛，660万吨全球单体最大的PAT工厂已建成，恒力2000万吨炼化一体化项目已投产，200万吨乙烯项目、丙烷综合利用项目、轻烃综合利用等项目正加快推进。总投资530亿元的中海石化700万吨/年DCC项目在营口仙人岛开工建设，这一体量和技术"高位开局"的项目达产后，世界级石化树脂基地将在辽宁形成。此外，迄今最大的中外合资项目——总投资100多亿美元的"华锦阿美石油化工项目"落户辽宁盘锦，拟于2024年建成并投入运营。

4. 宏观石化产业发展趋势

全球石化产业持续向价值链高端延伸，大型跨国公司都致力于新能源、化工新材料、专用化学品、节能环保等新兴产业领域的科技创新，价值更高、性能更突出的高端化工新材料的开发和应用备受关注，特别是生物医药、包装材料、汽车轻量化、电子化学品等将加快发展，化工新材料的市场份额将持续扩大。从国内来看，《中国制造2025》为未来10年石化行业发展质量和水平提升做出了重大部署，国内对石化产品的市场需求依然稳定，据石油和化学工业规划院预测，今后一段时间，我国传统化工产品需求增速为5%左右，有机原料、合成材料需求增速在5%—10%之间，新材料需求增速将超过10%；汽车用材料和化学品、电子化学品、建筑化学品、生态环保化学品等高端产品市场需求旺盛。

（二）东北地区石油化工产业发展的劣势

1. 宏观经济形势的影响

原油价格低位徘徊。东北地区拥有大庆油田、辽河油田和规模全国前二的石油加工业，在未来一段时间内，这两个子行业的增长速度将放缓。石化产品需求不旺，大宗化工产品市场价格仍将低位徘徊，黑龙江和辽宁产品结构中大宗化工产品占比重较大，各项经济指标前景不容乐观。

2. 产能过剩

全国来看，石化行业中部分领域已处于结构性过剩的状态，中低端产品过剩但高端产品供给不足，部分中低端的大宗产品已进入低利润或者零利润时代，东北地区炼油、PTA、尿素、轮胎、氯碱、农药等产能过剩行业的转型升级和结构调整任务将非常艰巨。

3. 市场竞争更趋激烈

跨国公司产业逐渐渗透，中东廉价乙烯、北美页岩气等将会严重冲击我国乙烯市场，东北地区本来竞争力不强的乙烯行业也将遭受进一步冲击。日韩等国家逐步向精细化、高端化发展，东北地区精细化工企业普遍市场竞争力较弱，可能受到一定冲击。

4. 科技创新面临的挑战

发达国家和国内发达省份的石化产业不断加强技术创新能力，加强新产品研发和科研院所科技成果转化速度，东北地区自主创新能力不强，科技成果本地转化率也低，面对外部科学技术的迅猛发展，东北地区如何能够迎头赶上，突破制约产业发展的瓶颈，将面临巨大的挑战。

5. 结构性矛盾仍然存在

东北地区的石化产业产品结构不尽合理，总体上呈现"油头大、化身小、产业链短、附加值低"的状况。石油加工产品以成品油为主,产量占原油加工量的 60%,炼化一体化程度仍然较低,乙烯产量与原油加工量比仅为 2.5%。化学工业发展仍然滞后,传统产品多,新产品少;中低端产品多,高技术含量、高附加值产品少;三大合成材料以通用型为主,化工新材料发展缓慢,精细化学品以传统产品为主。

6. 安全环保形势日益严峻

石化企业的安全生产事故,严重影响了生态环境和人身安全,引起了民众的高度关注。随着新型城镇化的发展,安全环保要求越来越高,部分石化企业由于位于城市建成区已不能满足《石油加工业卫生防护距离》标准要求,环境风险隐患突出,急需搬迁至规范的化工园区。

四、重点领域与主攻方向

1. 优化调整国有经济布局,加快鞍本钢整合重组

从国际钢铁行业各国企业产能的集中度来看,通常是前 10 大公司占全国产量的 60% 左右。2019 年,中国的情况是前 4 家钢铁集团的集中度占 22.12%,前 10 家钢铁集团集中度占 36.82%,前 22 家千万吨级以上钢铁集团占比仅为 52.38%。而日本前两位的日本制铁和 JFE 粗钢产量达 7903 万吨,占全国比例达 79.6%,美韩和欧盟等国家和地区产量排名前 4 位的钢铁企业集中度均超过 60%。要在 2025 年前实现钢铁产业集中度达到 60% 的目标,只能通过更大规模的重组。

2019 年,在世界钢铁产能 50 强中,鞍钢和本钢分别排名第 7 位和第 19 位,东北地区至今没有超过 5000 万吨级产能的特大钢铁企业。鞍钢年产为 3500 万吨,本钢年产 2000 万吨,鞍本钢整合重组会形成 5500 万吨产能,占辽宁钢铁大省产能的三分之二以上。通过整合重组做大做强,有条件成为行业第二艘"钢铁航母",获得规模效益,实现专业化分工,提升运营效率,获得更好的生存和发展条件。

2. 统筹协调东北钢铁产业在氢能源领域延伸产业链

提高化工园区水、电、气等基础设施配套和垃圾、污水处理能力,为

发展石化和大型煤化工示范项目提供园区载体支撑，推动大庆、哈尔滨、牡丹江、绥化等地化工产业集群向精细化、规模化、绿色化方向转型。加快建设大庆石化炼油结构调整优化和转型升级项目，加大招商引资力度，深度开发乙烯及下游产品，重点发展合成树脂、合成橡胶、合成纤维、有机化工材料，把大庆建设成为集化工新材料和高端精细化学品为一体的石化产业基地。在双鸭山市、鹤岗市等煤城布局现代煤化工示范基地。合理优化煤炭资源配置，做好探采加一体化招标条件设计，引进大型煤化工项目的战略投资者，积极发展现代煤化工业。利用焦化等煤化工产业存量延伸产业链，开发精细化工产品，推动传统煤化工转型升级。

3. 全面建设大连、盘锦两大世界级石化产业基地

抢抓新一轮东北振兴、国家石化产业布局规划、"一带一路"等重大战略机遇，充分发挥地区雄厚的石化产业基础优势、沿海的区位优势及配套港口的交通运输优势等，借鉴国际先进经验，统筹规划，综合施策，规范化建设，深化对外开放，力争建成两大世界级石化产业基地。

大连市以长兴岛（西中岛）石化产业基地为核心，以松木岛化工园区和大孤山石化区为辐射，建设世界一流的石化产业基地。大连长兴岛（西中岛）石化产业基地依托恒力石化炼化一体化、中石油长兴岛炼化一期等龙头项目，打造完整的炼油—PX—PTA—聚酯—差别化纤维产业链；探索烯烃原料多元化，规划建设甲醇制烯烃、天然气制烯烃、丙烷脱氢制丙烯等龙头项目；通过芳烃、烯烃、氯碱等大型化龙头装置的带动，进行联合化和集中化生产，重点发展有机化工原料和化工新材料，构建循环经济产业体系。松木岛化工园区在优化升级现有合成气化工、特色石油化工的基础上，注重调整园区产业结构，依托现已形成的精细化工产业基础，进一步提高催化剂、医药中间体、高端涂料、电子化学品、橡塑助剂等高端精细化学品的产业集中度，将重点产业做出特色，做出知名度；通过精细化工技术研发公共服务平台，大力开发高技术含量、高附加值的精细化工产品，引领和支撑精细化工科技创新和产业发展。

盘锦市以辽东湾新区石化及精细化工产业园区为核心，建成世界级石化产业基地。利用华锦集团炼化一体化优化升级改造项目、精细化工及原料工程项目生产的烯烃、芳烃等原料，依托长春化工、联成化学、宝来集团、和运集团、瑞德化工等重点企业，向下游延伸发展有机化工原料、化工新材料和高端专用化学品，做大做细石化产业链条，打造"台湾石化及精细化工产业聚集专区"，提高地区石化产业丰厚度。

第三节　冶金产业

一、产业现状

冶金工业是指开采、精选、烧结金属矿石，并将其冶炼和加工成金属材料的工业，分为黑色冶金工业和有色冶金工业，前者包括生产铁、铬、锰及其合金，主要为现代工业、交通运输、基本建设和军事装备提供原材料；后者指非黑色金属炼制，如铜、铝、铅锌、镍钴、锡、贵金属、稀有金属等。

新中国成立以来，我国以钢铁为主的冶金工业为经济社会发展建设做出巨大贡献。钢铁产能从1949年的16万吨增长到2018年的9.3亿吨，增长700多倍；2018年，全球钢总产量18亿吨，其中中国产量以51%比例排名第一，利润4700多亿元；科技创新不断进步，吨钢能耗指标、环保排放指标、用水指标及高炉利用系数等与日本、韩国等国家先进水平保持一致。

在东北地区，在采选方面，已形成矿山、冶炼、加工的完整冶金工业体系，同时技术不断改进，鞍钢集团持续推进全流程工艺设备改造升级，本钢集团实施减量置换，完成炼铁系统改造。

但随着近年来经济下行压力加大，对钢材等主要冶金产品的需求回落，冶金行业快速发展中积累的矛盾问题逐渐显露。一是产能严重过剩，东北地区尤为突出，导致钢铁市场持续"冷态"。2013年，国家将钢铁和电解铝列为产能严重过剩行业，严控项目核准，严禁新增产能项目，并清理建成和在建项目。钢铁企业负债率居高不下，尽管铁矿石、煤炭、焦炭等原材料价格大幅下降，降低了生产成本，但由于企业新建改造项目多，贷款和财务费用增幅大，导致重点钢铁企业资产负债率多在70%以上，有些高达90%。同时，企业环保成本迅速增加，2015年开始实施的新《环保法》和排放标准，对冶金企业提出更严格要求，据测算，钢铁企业要实现排放达标，吨钢的环保投资成本需增加13%、运营费用约增加200元。有色金属冶炼加工企业困难重重。二是技术创新能力比较低下。虽然国家加大冶金工艺研发力度，但很多先进技术仍靠国外引进，很多高端钢材和设备不能自给自足。最近几年才在生产流程、优化工艺、提高质量等方面有所改善，如加大连铸连轧技术等新工艺研发、完善现有技术装备工艺等，使钢铁冶金工业进一步向集约化方向发展。

二、发展趋势及规划导向

在新一轮科技产业革命背景下，以钢铁为主的冶金行业的国际竞争越发激烈，产业发展出现新趋势，强调以资源环境友好为导向的高效流程工艺与生产制造技术研发，绝大多数企业都将发展重点转向了降低消耗、减少成本、增加品种、提高生产质量以及绿色环保等方面。主要表现为：

一是钢铁制造流程的高效绿色可循环。美国及欧洲一些国家以及亚洲的日本等发达国家和地区将研发重点放在流程改进和开发上，从事处理资源能源和环保回收以及满足客户需要的产品开发和应用技术研究。美国通过提高能源效率实现二氧化碳减排，利用熔融氧化物电解方式分离铁，利用氢或其他燃料炼铁技术等。欧盟投入巨资开展低碳技术研究，提高能源使用效率、增加可再生能源占比、低碳发电、温室气体减排等技术，实施超低二氧化碳炼钢项目。日本实施环境和谐型炼铁工艺技术项目，开展减少高炉二氧化碳排放量技术和从高炉煤气中分离回收二氧化碳等技术研发。

二是钢铁材料的高性能、低成本、高质量研发。未来钢铁材料的发展，将更加强调应用技术和应用环境的协调发展，全球钢铁企业都在积极推动工艺技术进步，研究开发高技术含量、高附加值、低成本产品，如高强度钢（HSS）和超高强度钢（AHSS）品种、少镍少钼的高耐蚀新型不锈钢、长寿命抗疲劳轴承钢和工模具钢等，以提高钢铁工业竞争力。

三是以两化融合驱动钢铁制造的智能化定制化。发达国家正致力于生产高度自动化，向"无人化""数字化""智能化"生产车间迈进，这是制造业由传统工业化向现代工业化转型的重要体现。此外，物联网和"云技术"已成为钢铁强国"必争之地"。发达国家已将物联网和"云技术"列为战略性新兴产业，并在冶金装备研发领域开始应用，借助先进物联网平台，企业可以自动实时、准确详细获取钢铁生产中各种信息并有效筛选集成，为企业提供系统化数据源，为管理与系统维护提供更精准服务。

在国家发展规划方面，国家发展改革委员会指出，东北地区要严格控制钢铁、煤炭等产能过剩行业新增产能，同时依托优势资源，延伸产业链，提高资源精深加工的比重，推动钢铁行业开发关键钢材品种及高端钢材产品，打造精品钢材基地。技术装备发展重点包括大型高效金属冷热轧机、钢铁高效精整设备、高产铁矿石焙烧设备、高端液压装备等，依托的主要产业基地如齐齐哈尔冶金成套装备、阜新液压产业、大连冶金装备制造、辽阳铝合金精深加工等。工业和信息化部也指出，东北地区要加大高端装备制造业所需钢铁新材料的开发生产，积极发展铜、铝、钼、镍、镁、钛等有色金属深加工产品。

三、已有优势与短板

（一）东北地区冶金行业发展的优势

一是工业基础优势。东北地区冶金工业经过多年的建设与发展，已形成包括矿山、冶炼和加工等完整的冶金工业体系。东北地区的主要钢铁企业包括鞍钢股份、本钢板材、东北特钢、建龙钢铁等大型企业。

表 7.1 东北地区主要钢铁企业名录（不完全统计）

序号	企业名称	序号	企业名称
1	鞍山钢铁集团有限公司	15	抚顺新钢铁有限责任公司
2	鞍山宝得钢铁有限公司	16	黑龙江建龙钢铁有限公司
3	鞍山源鑫钢铁有限公司	17	后英集团海城钢铁有限公司
4	建龙北满特殊钢有限责任公司	18	吉林吉钢钢铁集团有限公司
5	本钢集团有限公司	19	吉林建龙钢铁有限责任公司
6	本钢板材股份有限公司	20	西林钢铁集团阿城钢铁有限公司
7	本溪北营钢铁（集团）股份有限公司	21	辽宁大型钢管有限公司
8	本溪钢铁（集团）矿业有限责任公司	22	凌源钢铁集团有限公司
9	本溪参铁铸业有限公司	23	吉林金钢钢铁股份有限公司
10	鞍钢集团朝阳钢铁有限公司	24	首钢通化钢铁集团股份有限公司
11	东北特钢集团大连特殊钢有限责任公司	25	五矿营口中板有限责任公司
12	东北特殊钢集团股份有限公司	26	西林钢铁集团有限公司
13	海城市东四型钢有限公司	27	营口钢铁有限公司
14	抚顺特殊钢股份有限公司		

二是人才优势。东北大学的冶金工程专业是传统的优势学科，属东北大学国家级特色专业，师资力量雄厚，社会声誉好。设有冶金物理化学、钢铁冶金、有色金属冶金 3 个二级学科方向，均具有硕士、博士学位授予权，冶金工程为国家一级重点学科。培养的学生基础宽厚、理论扎实、技能全面，同时又具备冶金和金属材料加工等方面的知识和技能。每年向社会输送大量在冶金及相关领域从事研究、开发、设计、生产工作的高级技术人才和管理人才。

三是政策支持。国家发展和改革委员会振兴东北启动项目总投资 610 亿人民币，共 100 个项目，但这些项目多为重工业项目，要求"要鼓励骨干钢铁企业联合重组，建成具有国际一流水平的北方精品钢材生产基地"。2016 年 1.6 万亿的 130 个项目以基础设施为主，国家产业政策发生变化，从明显支持重工业向基础设施转变，要求东北地区"提升原材料产业精深加工水平，推进钢铁、有色、化工、建材等行业绿色改造升级，积极稳妥化解过剩产能"。

四是产能过剩问题得到缓解。根据辽宁省化解过剩产能相关计划，"十三五"钢铁去产能任务已全部提前完成。吉林省粗钢去产能完成计划任务目标；通钢集团完成分流安置任务。黑龙江省完成了"十三五"期间压减钢铁过剩产能任务。

（二）东北地区冶金行业发展的短板

1. 国有企业历史包袱重，推进化解产能过剩难度大

在东北地区，出于稳定社会就业等历史原因，国有企业兴办大集体较多，造成了企业办社会的现实状况。在大集体中国有企业不仅承担了"三供一业"的社会职能，还要承担在职职工和离退休人员的工资。根据中央文件要求，国有企业"三供一业"相关职能从2019年开始由企业移交给地方，2019年以后，不再增加企业成本。费用方面，中央企业承担50%费用，地方政府承担30%费用、接手公司承担20%费用。

东北地区的实际情况是，企业办大集体的在职职工和离退休人员的工资、社保资金拖欠问题严重。在东北地区整体经济下行压力较大的情况下，由于资金缺口压力较大、负担重，各级政府财力有限，国有企业能力不足，社保资金压力大，导致部分国有企业"三供一业"剥离难度大，离退休人员的社会化管理难度大，"壳企业"处理过程中的职工安置难度大。此外，按现有政策在"三供一业"的转移过程中，地方企业愿意接受相关资产和业务，但不愿意接手相应的职工，又造成了新的职工安置困难问题。

2. 企业转型发展压力大，缺少核心竞争力

从钢铁冶金行业来看，呈现出了一定程度上的结构性过剩的趋势，显示出了低端产品过剩和高端产品短缺之间的矛盾。具体来说，粗钢产量的过剩和特钢的供不应求，以及被广泛报道的圆珠笔头也只能大量依靠进口。

供给侧结构性改革将促进钢铁行业加快发展智能制造、绿色制造，不断提升钢铁产品的有效供给水平。流程型智能制造、网络协同制造、大规模个性化定制、远程运维等智能制造新模式有望在行业内得以进一步推广；

钢结构建筑应用将会加强；高技术船舶、海洋工程装备、先进轨道交通、电力等领域所需的关键品种产品将持续突破和产业化。

从当前整体推进供给侧结构性改革的工作来看，对于产能过剩的相关行业而言，这将是一个难得的历史机遇，只有在这一轮的改革中对产品进行转型升级，才能够从根本上找到化解过剩产能的方法，而不断提高企业的核心竞争力，是在配置资源中起到决定性作用的市场中保持企业生存能力的重中之重。所以在当期化解产能过剩的工作中，要不断引导、帮助企业进行技术升级改造和研发新的生产工艺、技术和产品，树立起企业的核心竞争力。

四、重点领域与主攻方向

1. 优化调整国有经济布局，加快鞍本钢整合重组

从国际钢铁行业各国企业产能的集中度来看，通常是前10大公司占全国产量的60%左右。2019年，中国的情况是前4家钢铁集团的集中度占22.12%，前10家钢铁集团集中度占36.82%，前22家千万吨级以上钢铁集团占比仅为52.38%。而日本前两位的日本制铁和JFE粗钢产量达7903万吨，占全国比例达79.6%，美韩和欧盟等国家和地区产量排名前4位的钢铁企业集中度均超过60%。要在2025年前实现钢铁产业集中度达到60%的目标，只能通过更大规模的重组。

2019年，在世界钢铁产能50强中，鞍钢和本钢分别排名第7位和第19位，东北地区至今没有超过5000万吨级产能的特大钢铁企业。鞍钢年产为3500万吨，本钢年产2000万吨，鞍本钢整合重组会形成5500万吨产能，占辽宁钢铁大省产能的三分之二以上。通过整合重组做大做强，有条件成为行业第二艘"钢铁航母"，获得规模效益，实现专业化分工，提升运营效率，获得更好地生存和发展的条件。

2. 统筹协调东北钢铁产业在氢能源领域延伸产业链

氢能源是传统钢铁石化冶炼的一种副产品，通常作为废料和废气进行处理。随着日本氢能源再利用与开发技术的日渐成熟，氢能源逐步用于新

能源汽车等新型动力燃料领域，2021年东京奥运会将集中展示日本丰田的氢能源电动汽车。据辽宁战略性新兴产业课题研究组的调研材料，东北地区拥有鞍山钢铁、本溪钢铁等大型钢铁企业，在钢铁的冶炼过程中产生大量的氢气资源，占全国氢气资源比重超过10%，是我国重要的氢气资源集聚地。此外，作为新中国重要的石油化工加工基地，东北地区每年产生煤焦油超过100万吨，通过碳中和等清洁再利用技术，将使得东北地区煤焦油资源得到再利用和开发，成为新兴的战略性资源。为此，东北地区钢铁企业应重视对氢能源和煤焦油等传统资源衍生品的再利用和开发，以占据新能源领域的有利位置，保障国家未来能源安全。

第四节 汽车产业

一、产业现状

汽车行业是当今世界规模最大的产业之一，已经成为美、日、德、法等发达国家的支柱产业。其产业关联广泛、技术要求高，综合性强、附加值大，对工业结构和相关产业发展具有很强的带动作用。

我国已经成为世界汽车生产及消费大国。但与此同时，我国汽车产业技术"短板"还十分突出：整体技术水平依然落后，2013年我国汽车技术水平仅占世界的37.5%；核心技术更为落后，发动机及关键零部件开发一直制约汽车产业的发展；各环节企业数量多，布局分散，严重阻碍产业集聚。伴随着国家政策支持、经济社会发展，特别是人民生活水平提高，我国汽车产业在今后较长时间内将保持增长态势。

随着我国汽车工业的快速发展，国内已形成六大汽车产业集聚区，分别为长三角集群、珠三角集群、京津冀集群、中三角集群、成渝西部集群、东北集群。东北地区是新中国诞生之后当之无愧的汽车产业"龙头"地区，虽饱经沧桑，但东北的汽车产业至今仍在国家汽车制造业中占有重要地位。不过，东北三省汽车产量占全国比重已由鼎盛时期的26%下降到近几年的13%左右。尽管如此，东北的比较优势仍比较突出：该产业集群和关联产业相对发达且空间分布比较集中；产业基础和配套体系比较完善；相关科研机构和高校数量排名全国前列，但东北在新能源电动汽车及智能网联汽车研发方向明显滞后。目前东北汽车产业的骨干企业主要有：一汽大众汽车、一汽解放汽车、一汽轿车、华晨汽车，分别位居东北百强企业排名第一、二、五、十三位。随着国家新一轮东北振兴战略的实施，以及当地汽车产业的现代化升级，外资及民企"深耕"该产业及其市场，加之东北经济社会发展水平的持续提升，东北汽车产业在全国的地位有望进一步提升。

二、发展趋势及规划导向

从世界看，一是全球新能源汽车前景看好；二是"互联网+汽车"模式逐渐兴起；三是智能汽车受到更加广泛关注；四是零部件材料及技术更新步伐加快。从国内看，一是电动化：新能源电动车及充电桩加速普及；二是动力电池技术提升：续航能力增强；三是未来技术进步：轻量化、智能化、环保化；四是新兴汽车科技公司成为汽车产业发展的主力。就当今全球汽车产业竞争的大格局看，西方发达国家仍占据该领域的"制高点"；这些国家的相关技术总体朝着低碳化、信息化、智能化方向演进。

工信部《产业转移指导目录（2018年本）》要求，以沈阳、长春、哈尔滨、大庆为龙头，做大做强汽车全产业链，重点发展新能源汽车及智能网联汽车。《东北振兴"十三五"规划》提出，支持新能源和清洁能源汽车产业发展壮大，鼓励提高汽车产业研发能力和发动机等核心零部件的配套能力。东北三省均把拥有自主品牌的汽车作为发展重点，并大力支持纯电动汽车、混合电动汽车等新能源汽车的设计与制造，力争在关键汽车与零部件领域形成系统开发能力与制造能力。

三、已有优势与短板

（一）东北地区汽车产业发展的机遇和优势

1. 雄厚的汽车产业发展基础

东北地区是我国的工业基地，拥有良好的汽车产业发展历史和产业链基础，拥有大量经验丰富的产业工人。东北地区汽车产业集群以长春为中心，拥有一汽集团、一汽大众、华晨宝马、哈飞集团等车企，传统汽车工业深厚。

2019 年，在国内各大车企产销同比下滑的大环境下，长春总计生产销售 280 万辆，红旗品牌全年销售突破 10 万辆，同比增长率超 200%；奔腾品牌全年销量 12.05 万台，同比增长了 33.4%。长春也相应提出建设两个万亿级产业链，一个是汽车产业链，一个则是电子信息产业链，并在长春西南位置规划建设国际汽车城，长春已准备好成为国家智能造车中心，步入经济发展的快车道。哈飞汽车在经历一段低迷期后，正面临复兴机遇；长安集团旗下自主品牌和福特品牌的产能建设即将为哈尔滨汽车产业再次腾飞奠定基础。哈工大、吉林大学、东北大学、大连理工大学等知名高校强大的科研实力和丰富的人才资源为汽车研发创新提供支撑。

2. 东北地区汽车保有量低于全国水平，有较大消费市场提升空间

东北地区人均汽车保有量不仅远低于发达国家，也低于全国平均水平，区域汽车消费还有较大的上升空间。在经历了 10 多年高速增长后，转入平稳增长的中国汽车市场增速逐渐放缓，但在国民经济稳定增长以及国内消费升级的支撑下，今后较长时间内，国内汽车消费仍具有良好增长空间，但将进入微增长期。未来随着消费者需求的多样化以及二次购车者增加等因素影响，汽车消费需求逐渐向 SUV、新能源汽车、中高端乘用车、商用车等市场转移；随着智能控制、移动互联网等技术发展，互联网不断深入到汽车制造、销售、售后等各个环节，智能互联成为未来汽车行业发展的趋势，将带动车载终端、导航、通信、安全控制等汽车电子产品的升级发展，以及整车设计理念发生变革。

3. 面向东北亚和俄罗斯远东地区市场的区位优势

东北地区是我国与东北亚地区、俄罗斯远东地区和蒙古国的陆路门户。这部分广阔区域拥有较大的汽车需求增长潜力。通过中国境外投资和境外务工人员开发上述区域市场，是东北地区发展汽车产业独具的区位优势。

4. 东北振兴国家战略为汽车产业发展创造了良好的政策环境

国家扶持东北老工业基地发展等一系列政策为东北地区的汽车产业发展创造了良好的环境。东北地区开展寒地汽车和新能源汽车的研发、检测、推广应用等工作带来得天独厚的条件。北京冬奥会的举办为东北地区现代服务业和产业链条延伸方面迎来机遇。

5. 地域特点可为"寒地新能源汽车"推广应用做出有益探索

中国幅员辽阔，秦岭、淮河以北大部分地区冬季气候寒冷，对于温度条件要求较高的新能源汽车推广应用是不利条件。但发展新能源汽车不能忽视广大北方市场，开展寒冷气候下新能源汽车的适应性研发和示范运营是整个汽车行业共同关注的课题。哈尔滨、长春等北方城市有条件针对这一课题的解决方案做出有益探索，也应抓住这一市场细分领域谋求本地新能源汽车产业的独特发展方向和竞争优势。

（二）东北地区汽车产业发展的劣势

1. 行业竞争越发激烈，区域内存在汽车产业资源争夺

我国汽车行业的快速发展态势使得汽车产业项目成为各地竞相追逐的重点。很多地方政府将汽车产业作为经济增长新的突破口，不惜一切代价争取汽车和新能源汽车项目，特别是合资企业的整车项目。目前，除长三角、珠三角、京津、武汉、重庆、成都、长沙、西安、保定、郑州等汽车产业重要基地外，区域内的长春、沈阳、大连等地也相继成长为重要的汽车产业集群，为了争取到汽车产业的发展机遇，这些产业集群之间争取优秀汽车项目的难度明显增加。东北区域内支持汽车产业发展的有效资源本就薄弱，在内部争夺下如出现分力，将继续错失产业发展的机遇。

2. 体制机制落后，多元化开拓能力不足

东北地区在改革开放后发展速度趋缓，主要原因是体制机制和文化的落后，进而造成商业氛围不够浓厚，缺乏多元化开拓发展能力。长春市的汽车产业主要依靠一汽集团的带动，沈阳市汽车产业主要依靠华晨宝马的带动，哈尔滨市汽车产业长期依赖于哈飞汽车的带动作用，忽视了市场的多元化发展。例如，哈飞汽车纳入长安汽车体系后，发展规划主导权旁落，导致哈尔滨整车制造业错过了国内自主品牌乘用车快速发展和新能源乘用车爆发式增长的良好机遇。整车企业主导权的旁落还导致本地零部件配套体系丧失了发展带动力量，甚至趋于解体。

3. 产业配套能力不均衡，高端零部件缺失，跟不上整车发展

主要存在两方面问题，第一，总量不大，本地零部件企业生产规模偏小，产品技术含量偏低，自主研发能力不足，核心技术和关键技术的自主创新较少。零部件企业的配套产品开发仍依赖主机厂或购买国外技术，开发手段落后，周期较长。在汽车产业内部，由于长期存在"重整车、轻配件"的倾向，零部件工业处于比整车生产更落后的局面，这已成为东北汽车工业，甚至是全国汽车工业发展的软肋。第二，多数汽车零部件产品技术含量不高，缺乏系统集成和模块供货的能力。合资企业偏重生产制造，精加工产品和总成件少，技术含量和附加值低。在长安集团、一汽丰田和华晨宝马等系列合资品牌产能建设过程中，零部件配套的本地化比重严重不足。

4. 核心企业与跨国集团相比实力较弱

近年来，一汽集团的产销量虽然有了较大增长，但无论是产量、销量还是销售收入都与跨国公司有很大的差距，坐落于沈阳的华晨集团也存在同样的问题，华晨宝马项目的实施并未实质上增强华晨集团的实力。随着2022年股比开放期限越来越近，届时会进一步增强汽车产业的竞争程度。

5. 新能源汽车产业发展面临着困难

依托一汽集团及深厚的机械制造基础和完善的配套体系，东北地区的传统造车工业从长春辐射到整个东北地区。但相对传统汽车来讲，新能源汽车产业的发展就较为落后。目前，东北地区汽车产业集群中布局的分别有位于沈阳的华晨宝马新能源汽车产业园、位于沈北地区的一汽普雷特集团和华工集团新能源汽车核心零部件产业基地，整体新能源汽车整车制造项目相对过少。2019年6月，沈阳市政府与恒大集团签约，恒大投资1200亿元在沈阳建设新能源汽车三大基地，整车研发生产基地落户浑南、轮毂电机研发生产基地及动力电池超级工厂落户铁西，但项目落成投产仍需时日。

导致这种现象出现的原因有四：一是东北地区是传统能源资源富集地区，对新能源没有迫切的发展需求，所以东北地区部分地方政府对新能源汽车发展需求不强，有的地方发展新能源汽车尚停留在规划和准备阶段。二是东部地区整体处于高纬度地区，冬季气温较低，对新能源汽车的电池、电瓶使用条件要求高，新能源汽车在东北地区的推广和使用将面临很大挑战。三是产业发展环境有待进一步优化，东北地区相对较差的产业环境，制约了新能源汽车产业分工体系的形成与发展。四是民营经济发展相对落后，东北地区规模较大的新能源汽车产业基地中仅有沃尔沃和中能东道集团两家为民营企业，其他均为央企或者合资企业。

四、重点领域与主攻方向

1. 立足沈阳的汽车产业基础，发展智能网联汽车

智能网联汽车是汽车与信息通信技术等融合发展的产物，已成为汽车产业技术变革和转型升级的战略制高点。智能网联汽车产业链的上游由芯片、传感器和操作系统等组成，中游为智能网联汽车整车，下游由智能网联汽车测试区、车辆运维服务和信息内容服务等组成。

沈阳市拥有华晨宝马、上汽通用、华晨金杯等7家整车企业、14家专用车企业以及251家汽车零部件企业，围绕传统燃油车建立了完善的汽车产业体系，优势产品包括发动机、车桥、内外饰件、冲压件、线束、智能网联中控等200余个品种。智能网联汽车目前尚处于起步阶段，东软睿驰正在积极布局操作系统、辅助驾驶、车联网、动力电池、智能充电等领域，中科一唯拥有整车控制器、智能网联中控等产品，并已正式为一汽等国内一流整车厂供货。

加快智能网联汽车关键技术创新。发挥沈阳市汽车产业、软件产业的优势，建立智能网联汽车创新平台，推动产学研紧密合作，围绕智能网联汽车关键共性技术展开联合攻关，依托东软睿驰、中科一唯布局车载操作系统、辅助驾驶、车联网、动力电池、智能充电，实施V2G技术的研发和产业化，探索可再生能源和智能电网技术在智能网联汽车领域的试点应用。

完善智能网联汽车产业配套体系。以七大整车企业为依托，带动智能网联汽车关键配套企业快速发展，大力培育和引进车载操作系统、激光雷达、车载互联终端、集成式控制器等智能网联汽车关键零部件企业，加快完善产业链配套体系。

开展智能网联汽车示范运营和推广应用。加快开展智能网联汽车测试区建设，部署新一代车用无线通信网络5G-V2X，实施道路基础设施信息化改造，利用沈阳机场、中德高端装备产业园等区域，开展智能网联汽车示范运营和推广应用。

2. 以长春国际汽车城建设为核心，发展东北集合优势

东北汽车产业长期发展的劣势非常明显，优势又不十分突出，所以要想致力发展，实现跨越赶超，必须要以整个东北这一高位做整体规划。

2020年2月，吉林省正式批复长春国际汽车城国土空间规划。长春国际汽车城是长春市着眼于新时代高质量发展需要，贯彻落实吉林省"一主六双"空间布局，确定的率先发展、优先发展、加快发展"四大板块"之一，将以一汽集团为龙头，以红旗绿色智能小镇为重点，全面打造世界级汽车整车及零部件研发、生产和市场服务基地，汽车产业高质量发展示范区。

与其坐等东北汽车被长三角、珠三角各个击破，三省不如抱团发展，吉林占整个地区产能的74.7%，辽宁2019年更是下滑了16.56%，黑龙江产能微乎其微，面对以上不利形势三省应该借鉴当年河北省钢铁衰败教训，先一步成立东北汽车联合集团，集中各家所长和优势，朝汽车互联网、新能源等未来方向发展。

首先，以降低整车制造、运输成本为重点，发展集约配套产业。一是着重发展零部件企业。2018年中国汽车零部件市场有4万亿元规模，中国最大的 6 家汽车零部件企业，没有一家在东北，在东北地区发展一批大型汽车零部件企业，可以完善自身产业链，降低整车制造成本。

二是着重实施钢铁技术升级。东北汽车企业现在大部分使用宝钢等外部企业，只使用少许鞍钢企业，从政府层面应加大鞍钢、通钢等企业的技术升级支持，降低钢材运输成本，进一步降低整车制造成本。

三是着重打通交通运输。可借鉴邯郸到秦皇岛钢铁专线经验，建设一条长春到丹东的汽车专线，从长春一汽厂物流园出发途经辽源、清原、宽甸至丹东，运输距离由走大连的 650 公里，下降到 440 公里，避免了哈大线的拥堵，又降低了物流成本。

其次，以互联网智能造车为战略方向，发展电子信息产业融合。长春提出建设两个万亿级产业链，一个是汽车产业链，另一个则是电子信息产业链，两者相辅相成，2019 年下半年一汽相继与华为、中兴达成合作协议，2019 年 8 月华为在长春设立研究所，研究的主项是智能汽车、人工智能等；2019 年 10 月，中兴与一汽签订战略合作协议，双方共同探索 5G、C-V2X、云计算、边缘计算等技术与智能驾驶、智能制造等技术，并要将中兴北方运营中心落户在长春。

最后，以汽车品牌战略为出发点，发展国内急需特殊型汽车。中国的商务客车长期被丰田考斯特垄断，豪华 MVP 长期被丰田埃尔法垄断，如果红旗凭借自身品牌优势，制造中国红旗版的考斯特和埃尔法，还有中国的高端消防车长期被奔驰等品牌垄断，运钞车、救护车、洒水车、武警车等，尤其是军用功能特殊汽车，国家有需求市场潜力大。

3. 哈尔滨应推动汽车产业智能化产业链升级、加快新能源汽车推广应用

充分发挥沃尔沃、长安福特等整车企业的龙头带动作用，深化实施"以龙头引企业、以原料招企业、以要素聚企业"，积极引进和扶持汽车配套企业，围绕乘用车和特种车，构建研发设计、整车制造、零部件配套、销售及服务于一体的汽车产业全链条发展格局。加快建设沃尔沃生产平台改造升级、长安福特汽车有限公司哈尔滨乘用车生产基地、东安中高端发动机（变速器）基地、天有为电子汽车仪表智能显示终端等项目。

鼓励沃尔沃、长安福特等龙头企业搭建网络化协同制造平台，强化供应链上下游企业在产品设计、制造、管理和商务等领域的异地协同，积极推广应用企业间网络协同设计、协同制造模式。发展大规模个性化定制，构建顾客对工厂（C2M）的产品定制平台，实现数据驱动的智能研发、生产执行、物流配送及客服运营。

依托寒地新能源汽车技术创新联盟、中国寒地新能源车辆研发制造检测应用基地，开展高寒地区新能源汽车的适应性研发和运营，加快推进新能源汽车研制和推广应用。逐步拓展新能源汽车在公务用车、公交客车、环卫、执法、物流、邮政、旅游等领域的推广应用。

第五节 轨道交通

一、产业现状

轨道交通是指运营车辆需要在特定轨道上行驶的一类交通工具或运输系统。目前，我国轨道交通装备制造业企业主要分布在19个省（区）市，其中销售收入超100亿元的省（区）市有11个，排在前10名的省（区）市分别是江苏、辽宁、河南、湖南、山东、北京、四川、河北、山西、吉林，这10个省（区）市的轨道交通装备制造业企业数量占全国77.7%。在城市分布上，主要分布在长春、大连、株洲、常州、青岛、南京、唐山等地，这些城市已形成较完整的产业链条，基本完成产业、人才、技术、资金等要素聚集。在整车制造方面，主要是北车和南车集团所属的株洲电力机车、南车时代电气、大连机车车辆、齐齐哈尔机车车辆、青岛四方车辆、长春轨道客车、唐山机车车辆、大同电力机车、南京浦镇车辆等企业，主导着国内机车、地铁、轻轨、高铁、动车组的研发和制造。

东北地区轨道交通产业有着深厚的基础，拥有我国最大的铁路客车和城市轨道车辆的研发、制造和出口基地——长客股份，我国最大的内燃机车设计制造和出口基地——大连机车，形成了集研发、设计、制造、试验和服务于一体的轨道交通装备体系。

二、发展趋势及规划导向

随着新型城镇化步伐的不断加快，人口流通量急剧增加，加之能源和环保压力的日益加大，传统的公共交通工具已经无法满足群众出行日常需求，运量大、速度快、污染小的绿色交通已成为解决交通出行问题的必由之路。近年来，为适应经济社会发展，我国大力推动轨道交通建设，作了一系列重大安排部署。《全国城市市政基础设施规划建设"十三五"规划》提出，"十三五"期间全国将新增城市轨道交通运营里程3000公里以上;《铁路"十三五"发展规划》提出"十三五"期间全国铁路营业里程达到15万公里。由于受疫情的影响，2020年底，全国铁路营业总里程达到14.6万公里，基本完成规划目标。

东北地区轨道交通产业正在向着规模化、结构网络化、制式多样化、装备智能化方向发展，特别是在全国轨道交通爆发式增长的背景下，轨道交通产业面临巨大发展机遇。轨道交通装备的产业发展重点是：高速动车组、新型内燃机、铁路货车、现代有轨电车、市域快轨车等轨道交通装备，以及城市轨道交通控制系统，机车微机控制系统、机车信号设备等关键设备和零部件。建设发展长春、哈尔滨、齐齐哈尔、大连、辽阳轨道交通装备制造基地等。

三、已有优势与短板

（一）东北地区轨道交通产业发展的优势

1. 研发能力

长客股份和齐轨公司拥有国内最大、最强的国家级企业技术中心和一支由国内知名专家、铁道部有突出贡献专家、拔尖人才、政府特殊津贴获得者为技术带头人的一流产品研发队伍。掌握了世界先进水平的铁路货车主要核心技术，研发能力和水平始终处于国内乃至国际先进水平。

2. **制造能力**

黑龙江省有齐齐哈尔交通装备有限责任公司等 21 家轨道交通装备制造企业。产品有敞车、桐车、平车、涌斗车、特种车、罐车、长大货车、铁路起重机、车钩和其他联结器、缓冲器及零件的制造，敞车、平车的检修等，产量保持世界前三名。现已形成齐齐哈尔、大连、哈尔滨、牡丹江 4 个制造基地，以齐齐哈尔轨道交通装备有限责任公司为研发制造主体，金车公司辅助配套，哈尔滨轨道交通装备公司修理货车及新造出口货车和企业自备车，牡丹江金缘公司配套关键部件的完整产业配套集群。已形成较为完整的研发、制造、配套和服务体系，具备年新造货车 15000 辆、修理货车 10000 辆、修造起重机 30 台、生产关键核心配件 25000 辆份的生产能力，铁路货车国内市场占有率 20% 以上。

轨道交通装备制造业是吉林省的传统优势产业，经过多年的积累和发展，形成了以长客为龙头企业的轨道交通产业链，集研发检测、生产制造、销售服务为一体。依托轨道客车产业，吉林省成立了长春轨道交通装备产业园区，目前已建成国内产业规模最大、生产能力最强、产品品种最多的长春轨道交通装备生产基地，形成以轨道客车技术研发、整车制造、零部件生产、检车服务为主的产业链，长春已成为一个集研发、生产、出口为一体的铁路客车和城市轨道车辆基地，轨道交通装备制造业总规模已达近 650 亿元。作为北车集团的核心企业，长客股份公司生产的高速动车组、城轨车辆分别占到全国市场份额的 32% 和 42%。吉林省忠旺集团是全球领先的铝加工产品研发制造商，忠旺集团是目前国内少数几家能够研发制造时速从 300km/h、350km/h 到 400km/h 高铁车体铝挤压产品的企业，一些大截面的产品，如高铁车头部分的宽板，目前国内只有忠旺等两三家企业能够生产，其中复兴号动车组列车车体就是在这家企业生产的。

3. 政策及环境

轨道交通装备制造产业符合国家战略性新兴产业政策，列入国家重点支持发展领域，将会得到政策支持。黑龙江省和吉林省分别与中国北车集团签订了战略合作协议，双方形成合力共同支持轨道交通装备制造产业的发展。同时，轨道交通装备制造产业被列入黑龙江省重点支持的十大产业，省市全力支持该产业项目建设。汽车及零部件、农产品加工和轨道交通装备制造业是吉林省的传统优势产业，吉林省正在不遗余力地打造世界级轨道客车产业基地。

4. 轨道交通装备需求维持高位

在新型城镇化建设推动下，轨道交通作为公共交通和大宗运输的重要载体，发展不断加速，带动装备需求持续保持高位。2019年全国铁路固定投资完成额为8029亿元，国家铁路完成7511亿元，投资总体较为平稳，较2018年的投资总额8028亿元相比基本持平。自2014年来，国铁集团已连续六年维持在每年8000亿元的投资水平，达到一个高位企稳的状态（如图7.1所示）。

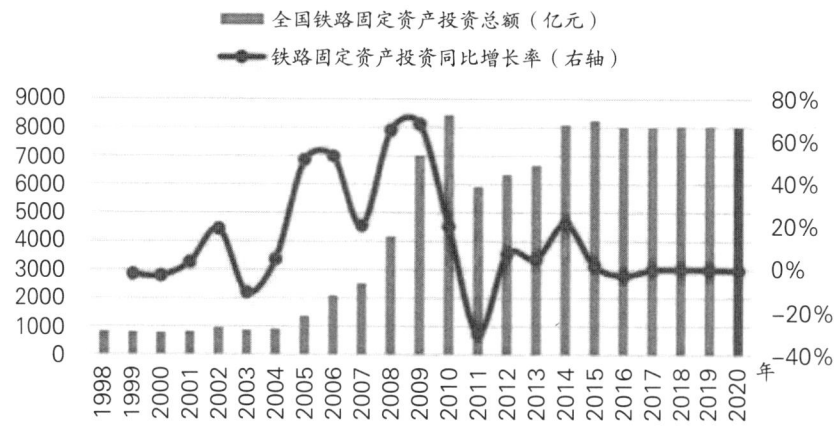

图7.1 铁路固定资产投资总额及增速

截至2019年底，全国铁路营业里程达到13.9万公里以上，其中高铁3.5万公里。根据此前铁路发展中长期目标：到2020年，全国铁路营业里程达到 15 万公里，其中高铁 3 万公里；到 2025 年，铁路网规模达到 17.5 万公里，其中高铁 3.8 万公里左右。未来 5 年，全国还将新建超过 2.5 万公里铁路，总投资不低于 3.5 万亿元，此外有超过 50 个城市将启动城市轨道交通建设，城轨车辆年需求超 5000 辆。此外，"一带一路"倡议带动的沿线及辐射区域的基础设施互联互通也将为国内轨道交通装备制造业带来可观的市场需求。预计到 2025 年，全国轨道交通装备市场规模有望超过 10000 亿元，境外业务比重超过 30%。

（二）东北地区轨道交通产业发展的劣势

1. 高端人才匮乏，研发能力受制约

随着轨道交通装备行业的不断开发和发展，对人才需求方面提出了人才总量不断扩大、人才结构不断优化的要求，而现实中人才远远不能满足轨道交通装备行业发展的需要。特别是产品开发和生产方面缺乏高、精、尖的专业科技人员，这样就导致总体产业研发能力不强，关键系统和核心零部件研发基础薄弱，缺乏深入系统的理论研究，难以满足发展的需要，还未完全摆脱对国外核心技术和关键零部件的依赖，产品的安全性、可靠性和使用寿命等方面与发达国家相比仍存在一定差距。

2. 产品技术标准体系有待完善

轨道交通装备在设计、制造和认证等方面缺乏规范、统一和完善的适合于我国轨道交通运输特色的装备标准体系，标准的适用性、配套性和时效性有待进一步提高。轨道交通装备产品目前主要以国内市场为主，国际营销网络构建仍处于起步阶段。在全球范围内配置人才、技术、研发、制造等能力不足，制约着我国轨道交通装备产业的发展。

3. 产业配套能力薄弱

轨道交通装备很多关键零部件、元器件我国无力自主研发，技术掌握在发达国家企业手中，例如高铁轴承系统的市场被德国占据。轨道交通装备的基础零部件、基础制造工艺、基础材料的发展水平相对较低，配套产品性能质量和可靠性与国外差距明显，基础工业体系对轨道交通装备产业的支撑不足，产业基础配套能力不能适应轨道交通装备的发展。产业链条

短，上下游产业发展不协调，缺乏集聚效应和集群优势。

4. 管理体系不健全，产业市场竞争激烈

不少省市都把轨道交通列为当地"十三五"智能制造的重点产业，导致轨道交通装备制造业重复建设、无序竞争的现象时有发生。比如，当前成都正依托国家中心城市建设将轨道交通产业作为五大突出发展产业之一，强化轨道交通引领城市发展新格局，打造"世界轨道交通之都"。

各个城市轨道车辆的招标采购受地方政府干预和产业政策导向影响较大，本省内凡有城轨车辆制造基地的，一般都采购本省制造基地的车辆，如南京地铁车辆都由中车浦镇车辆厂制造，长春地铁都由中车长春客车厂制造等。同时，随着相关企业制造能力提升和生产企业数量增加，市场饱和度增加，市场竞争更加激烈。

四、重点领域与主攻方向

1. 将长春打造成世界级轨道客车产业基地

以绿园经济开发区、装备制造产业开发区为核心，以长江路经济开发区、合隆经济开发区、皓月清真产业园区、西部新城开发区为支撑，重点发展轨道客车整车及零部件产业，培育发展现代物流、商贸服务等现代服务业，打造世界级轨道客车产业基地。

依托长客股份、长客装备、研奥电器、新金享、日立永济等重点企业，以绿园区轨道交通装备产业开发区和宽城区装备制造产业开发区为载体，加快提升自主创新能力和重大装备集成能力，努力扩大国内外轨道客车市场份额，做大做强整车制造，强化提升本地零部件配套实力，着力培育铁路信号系统、通信网络等高端环节，打造轨道交通综合服务体系，建设"生产能力第一、产品水平第一、试验检测能力第一、维修能力第一"的集整车制造、零部件生产、车辆维修及售后服务、研发检测试验于一体的世界级轨道客车研发制造基地。

整车制造领域。全力打造"长客造"品牌，支持长客股份运用铝镁合金、自动驾驶系统等新材料、新技术、新工艺，壮大提升高速动车组、电气化铁路客车、城市轨道客车、新型地铁客车、出口专用客车、现代有轨电车以及高速综合检测列车等产品，培育发展城际快速动车组、低地板有轨电车、中低速磁悬浮系统等新型产品，打造轻量化、智能化、谱系化产品体系。以自主化为标准、以标准化为前提、以需求为牵引推动建设中国标准高速动车组技术平台，研究动车组标准化、系列化、模块化以及整车联调和试验验证等相关技术，大力发展中国标准高速动车组。

配套装备及零部件领域。围绕强化配套支撑、推动产业升级，以"绿色、智能"为导向，加强技术合作、招商引资，鼓励企业集聚发展、协同发展，优先发展列车网络控制系统、高性能转向架及传动系统、制动及连接系统、城轨客车安全及电子系统、牵引及动力系统、轨道客车内饰六大配套体系，培育发展新型车体、储能与节能技术及产品，不断提升轨道配套装备及零部件研发、设计和制造水平，进一步推进配套装备及部件产品的本地化生产和属地配套率。

综合服务领域。结合物联网、先进制造等新技术、新工艺，拓展轨道车辆检修以及运维服务业务，探索建立以智能轨道交通车辆为移动终端，集车载智能化状态监测、故障灾害检测系统等网络化、智能化技术的"基于物联网的轨道交通装备全寿命周期服务体系"，培育发展第三方专业检验检测及认证机构，鼓励龙头企业牵头研究制定国际标准，以收购、合资、入股等形式，推动轨道客车制造技术和维修维护等技术的海外输出，打造长春品牌、长春标准。

2. 支持齐齐哈尔轨道交通装备基地做大做强

重载快捷铁路货车。完善快捷系列棚车、平车等产品核心技术，攻克大轴重货车低动力作用转向架和高可靠性轮轴等关键技术。开展国际高端产品的研发及技术标准研究，建立国际领先水平的国内铁路重载货车标准体系。

轨道交通配套装备。建设货车修理及出口车基地和关键配件制造基地，加强铁路起重机、特种集装箱等产品的技术升级和新产品开发，完善救援铁路起重机和高铁救援起重机技术，打造世界级铁路起重机产业制造基地。

第六节　船舶海工

一、产业现状

船舶海工产业素有"综合工业之冠"的称谓，在全球经济发展格局中既是重要的增长极，又是经济发展的"风向标"。近几年来，全球船舶海工市场受国际经济与外贸影响走出了"过山车"般的行情，市场呈现前高后低走势，船舶制造量、价均出现"断崖式"下跌，2019年开始呈现回升势头，但其市场仍面临深度调整。受低油价大潮的冲击，全球海上油气开发热情减弱，钻井装备销售与租赁处于低位水平，部分船东开始向传统油气服务业务以外的领域拓展，寻找新的发展方向，如开发海底多金属结核、介入风电系统安装领域。总体上，船舶海工市场处于供过于求的局面，建造企业面临结构调整、转型升级的压力。

船舶和海洋工程是我国建设"海洋强国"的重要基石。近年来，我国造船量稳居世界第一，成为船舶和海工装备制造大国，但仍存在"大而不强"的痼疾，在国际市场温和复苏、尚未真正回暖的情况下，缺乏核心竞争力的问题持续显现，经济效益表现仍不乐观。目前，全球海洋工程装备市场呈现出"欧美设计、亚洲制造"的格局。国内企业在自主研发、设计等关键领域仍处于落后位置，尚未进入本领域产业链的上游位置。当前，我国船舶和海工装备主要集中于船体和钢结构的生产和制造，总体装备国产率不足30%，重要核心装备，如水下生产系统、发动机、DP系统主要依赖进口。

东北地区船舶和海工装备产业主要集中在辽宁沿海经济带，其中又以大连的船舶工业更为抢眼。大连重工、大连船舶工程和大连船舶工业均已跻身船舶海工装备制造的"国家队",大连新加坡万帮集团海工项目、韩国 STX 造船项目均是外资投资项目的"代表作"。营口依托北钢管业,年产 25 万吨大口径无缝钢管项目,大力发展海洋工程装备、工程船舶制造、港口物流机械和海洋石油勘探装备产业。盘锦重点发展海上自浮式钻井平台等高端海洋装备制造业。东北船舶海工产业正成为国内该领域新的增长极。

二、发展趋势及规划导向

在信息技术革命推动下,全球船舶海工领域呈现新的发展趋势:船舶海工生态体系加速重构,智慧航运突破传统航运思维,智慧船舶海工装备成为必争之地,科技创新模式及资源要素加速全球化。未来我国船舶海工装备产业的发展,根本上还是需要构筑体制与技术研发优势,亟须在新兴化、智能化与大型化、重复利用以及安全环保方向上持续发力,进而推动我国从船舶海工装备大国向强国的转变。

"中国制造 2025"把海工装备和高新技术船舶确定为十大重点发展领域之一。船舶与海工产业发展的重点为:高技术船舶、大型远洋船舶、海洋矿产资源开发装备等,并将大连船舶与海工装备基地、哈尔滨海工装备基地确定为主要基地。以船用柴油机、推进器、曲轴等传统优势配套产品为依托,加强节能环保船型的核心配套产品研发制造、提高船舶配套水平,加快自升和钻井平台、深水钻井船、三用工作船等海工产品开发,重点突破深远海油气勘探装备、钻井装备、海洋工程船舶等工程技术开发。

三、已有优势与短板

(一)东北地区船舶海工产业发展基础

1. 船舶海工装备产业总体情况

东北地区船舶和海工装备产业主要集中在辽宁沿海经济带,辽宁省共拥有规模以上造、修船企业 28 家,配套企业 200 余家,10 个船舶配套产业园区,主要集中在大连、盘锦、葫芦岛等沿海六市。其中:大连船舶重工、渤海船舶重工、大连中远船务、大连中远川崎、STX 大连造船 5 家企业占辽宁省造船总量的 98% 以上。

2. 产业布局

大连湾造船基地。大连湾造船基地，是大连船舶工业的发源地，占地面积 8 平方公里，岸线 1.7 公里。积聚了大连船舶重工、船用柴油机、船舶推进器、大连中远船务、松辽船厂、大连船舶重工海洋工程等企业。现有 30 万吨造船坞 8 座，年造船能力 600 万载重吨。

长兴岛造船基地。长兴岛造船及海工基地面积 28.6 公顷，岸线 17.1 公里。集聚了韩国 STX 集团所属的包括造船、海洋重工、重工、造船海洋技术、发动机等 12 家企业以及大连船舶重工船务工程公司、联众造船厂等造、修船及海洋工程项目。现有 30 万吨船坞 2 座，10 万吨船台 4 座，年造船能力超过 100 万载重吨，年产钻井平台 3 座，年修船 86 条。区域内现有大连船舶配套园和韩国船舶配套园，入驻配套企业超过 50 家。

旅顺口船舶基地。旅顺口造船基地占地面积 6.3 公顷，岸线 4.5 公里。集聚了中远川崎和今冈船务（日本独资）两家大型船舶企业，30 万吨级船坞 1 座，年造船能力 100 万载重吨。

盘锦、营口地区是辽宁省中小船舶产业基地，集聚了辽河海洋石油装备、辽宁宏冠船业、首一造船等一批造修船、海洋工程、游艇制造、船舶配套企业。现有 2 万—5 万吨级船台 7 座，年造船能力 20 万载重吨。现正依托辽宁海洋石油装备公司，打造海工产业基地。

葫芦岛地区。积聚了渤海船重工有限公司、东宝造船、渤海造船、葫芦岛渤船重工修造船公司、华越重工等一批造、修船及配套企业，大型造船基础设施主要有 30 万吨船坞 2 座，5 万吨级以上船台 3 座，年造船能力 200 万载重吨。

其他地区。丹东地区与韩国大宇集团合作造、修船及海洋工程项目已经签约。锦州地区正在积极筹备发展游艇产业。

3. **重点企业**

大船重工和渤船重工隶属于中国船舶重工集团控股的上市公司——中

国船舶重工股份有限公司。

大船重工是目前国内唯一汇聚军工、造船、海洋工程装备、修/拆船、重工等五大业务板块的装备制造企业集团，是我国水面舰船研制生产实力最强、为海军建造舰船最多的船厂。大船集团作为辽宁船舶工业的龙头企业，拥有一工场、二工场、三工场等三大主厂区，山海关修造船基地、大连湾海工基地、长兴岛修船、三十里堡装备制造、香炉礁湾渔轮建造、长兴岛工程船建造等专业化产业基地以及钢材加工、舱口盖制作、舾装件制作、船用吊机、甲板机械、爆炸加工、分段制作、上层建筑建造等专业化配套基地，支撑起大船集团现代化的总装造船、数字造船、社会化造船模式。其建有船坞18座，其中30万吨级船坞8座，船台9座，舾装码头近18公里，员工总数近15000人。

渤船重工是我国集造船、修船、钢结构加工、冶金设备和大型水电设备制造为一体的大型现代化企业和国家级重大技术装备国产化研制基地，是我国核潜艇唯一生产基地。现民用船舶建造已后来居上，年造船总量已超过200万载重吨。

大连中远船务隶属于中国远洋集团船务工程集团，以船舶修理、改装、制造为主业，年修船能力200余艘，年造船能力150万载重吨。

大连中远川崎船舶工程有限公司是中远造船工业公司继南通中远川崎船舶工程有限公司之后，同日本川崎重工合资兴建的第二家现代化大型船舶企业。主要建造18万吨级以上散货船、VLCC油船、VLOC矿砂运输船和10000TEU以上集装箱船等大型高附加值远洋船。

STX大连集团位于大连市长兴岛经济技术开发区，总占地面积为550万平方米，现有员工总数3万人，由全球排名第四位的造船企业STX集团投资建设。拥有集成化的生产系统，涵盖了从原材料加工、分段制造、船用发动机组装、船舶建造以及海洋工程等领域。具备自主生产船用发动机、螺旋桨推进器、船用曲轴的能力，具备一条龙式垂直产业链的综合性造船海洋生产基地。

（二）东北地区船舶海工产业发展存在的问题

1. 科技自主创新能力需进一步提高

辽宁虽是造船大省，但与日韩甚至国内先进省份相比还有差距，高技术、高附加值船型技术储备不足，自主设计的船型经济性指标偏低，缺乏具有国际竞争力的世界品牌；高端海工装备研发依赖国外设计的局面没有得到根本改变；LNG船实船建造方面仍属空白。

2. 船舶配套业发展严重滞后

辽宁省船舶配套本土化率平均只有40%左右。全省拥有配套企业200多家，但普遍规模较小，科技创新不足，抗风险能力差；大部分企业只能围绕总装船厂进行配套加工和服务，没有自主产品。

3. 接单难、交船难成为当前主要矛盾

由于新船价格大幅下挫，部分新船价格跌破船厂成本线，加之融资困难，新船成交不多，特别是2012年辽宁新接订单量仅148万载重吨，创历史最低水平。

4. 企业成本上升，效益水平大幅下滑

国际海事组织新规范、新标准的陆续出台，对船舶的环保性和经济性提出了更高要求，加大了船舶企业的设计成本、建造成本及管理成本，兼之人民币升值，大大压缩了企业盈利空间，使企业效益水平大幅下滑。

四、重点领域与主攻方向

1. 重点发展大连、盘锦、葫芦岛高技术船舶和海洋工程产业集群

提高节能、环保、安全高技术船舶研制能力，提升液化天然气船、大型集装箱船、液化石油气船、大型汽车运输船、远洋渔船等船舶制造水平，开展北极新航道船舶、新能源船舶、超级生态环保油船、散货船、集装箱船等国际航线、支线船舶等高端船型研制，多渠道突破节能、降耗、降排放技术，应用信息化技术提升船舶的智能化水平。加快发展船舶动力、通信导航、甲板机械、舱室设备等船用配套设备。提高自升式钻井平台、深水、超深水半潜式钻井平台、浮式钻井生产储卸装置、深水、超

深水钻井船等重点产品自主研发设计和制造实力,提高液化天然气浮式生产储卸装置、浮式储存再气化装置等高端装备集成制造能力,提高智能控制、动力定位、海水淡化设备、海工压力容器、钻井包等核心配套部件研发能力和产业化水平。加快建立集设计、生产、销售和服务为一体的游艇制造产业链,培育豪华游艇、旅游观光艇、公务艇、商务艇等品牌产品。

2. **发挥哈工大研发能力,发展舰船动力装置和海洋工程配套装备**

依托哈工大人才优势,推动舰船动力装置研发设计、产品制造和远程运维等加快发展。发展大功率舰船燃气动力、蒸汽动力装置,发展双燃料发动机、LNG动力船动力装置等。发展互联网航运平台系统,实现舰船的远程监控、专家诊断、发动机数据分析、碳排放在线监测以及航运管理等。

发展海上平台用双燃料燃气动力发电机组。发展海洋定位系统、导航、探测等海洋工程关键配套装备。面向海域目标搜索、海底管线搜索、特种水下目标探测、海洋开发、科研等领域,发展自治式水下无人航行器。面向科学考察、风力安装平台、铺管船、钻井平台等,发展动力定位系统。突破水下采油井口、采油树、管汇、无人遥控潜水器及开启工具等水下生产系统关键产品及控制系统技术。加快通信导航和机电控制设备等自主品牌产品开发和产业化。

第八章

东北振兴中的产业结构调整

东北地区新兴产业结构调整的重点行业和重点领域选择

本章首先提出东北地区新兴产业结构调整的整体思路，选择航空航天、高端数控机床、智能制造、新一代信息技术、新材料、生物医药健康和新能源等7个能够代表未来产业发展趋势的新兴产业进行研究，在详细介绍产业发展现状的基础上，结合产业发展趋势及规划导向，分析这7个新兴产业发展中存在的优势和不足，最后提出这些产业发展的重点领域和主攻方向。

第一节 东北地区新兴产业结构调整的总体思路

传统产业的大面积改造，势必造成大量的传统产业工人失去工作岗位，形成大量失业人口。为吸纳就业，增强地区的经济活力，应不遗余力地将扶持新兴产业作为继传统产业改造之后的工作重点。新兴产业的不断成长，不仅有利于吸纳传统产业转移的过剩劳动力，而且有利于推动老工业基地的产业转型升级，更重要的是新兴产业技术的发展，对调整产业技术体系、推动区域产业技术体系变革能够起到至关重要的作用。东北地区新兴产业发展过程中应遵循以下思路：

1. 结合区位优势，因地制宜促进新兴产业发展

国外老工业基地转型的经验表明，新兴产业集群的发展是老工业基地高质量发展的根本路径。但各地区的区域禀赋不同，如果要求所有资源型城市都采取高新技术转型路径，很可能导致更严重的资源错配和经济停滞问题。在发展新兴产业时，应依托原有的产业发展基础，就近发展接续产业，拓展产业链，实施多元化生产。

2. 在不放弃比较优势的基础上，高起点发展替代产业

产业规划不仅要立足于当下，也要考虑未来。日本九州老工业基地在改造过程中，抛开原有产业基础，将 IC 产业、环保产业以及机器人制造产业作为发展重点，不仅迅速培育起了地区的后续产业发展基础，也在最短的时间内摆脱了产业发展对不可再生资源的依赖，克服了产业的发展瓶颈。

本章选择航空航天、高端数控机床、智能制造、新一代信息技术、新材料、生物医药健康和新能源等 7 个新兴产业进行研究的原因有两点：一是国家战略支持，我国制定了"中国制造 2025"战略等战略性新兴产业发展规划，国家发展改革委 2016 年启动的《东北地区培育和发展新兴产业三年行动计划》专项支持东北地区培育新兴产业发展；二是东北地区正处于新旧动能转换的接续期，延续传统产业的发展路径越来越难，通过发展新兴技术等未来产业，可以为新一轮东北振兴提供强劲动力，最终实现弯道超车。

第二节　航空航天

一、产业现状

航空航天工业是一个国家的战略性产业，也是一个国家技术经济实力和工业化水平的重要标志。世界主要经济发达国家均具有发达的航空航天工业。据统计，2017 年全球的航空航天制造业市场规模达到了 8380 亿美元，年均增速达到 10% 以上。美国仍是全球航空航天产业的主导，约占全球的 49%。其次是法国约占 8%。中国已超越德国和英国成为全球前三，市场份额约为 7%。在全球该产业总量中，飞机制造业最高，约为 54%；其次是围绕航空航天制造的维修升级服务，约占 27%；卫星和空间占比 7%；导弹和无人机占比约为 5%。

我国航空航天产业始于20世纪50年代，逐渐形成了以中航工业、中航科工、中航科技等三巨头引领的航空航天制造业体系，现已初步跻身全球航空航天大国行列。虽然和美国的4080亿美元相比，还有一定差距（中国2017年测算规模为610亿美元），但我国无论从政策上还是资金上都在向发展自主创新的航空航天产业持续发力，不断收到从量变到质变的明显效果。近些年"神舟"飞船上天、"嫦娥登月"计划、国产大飞机试飞、北斗卫星的发展、歼-20的服役等，印证了我国航空航天事业取得的长足发展。但同时也应该看到，我国航空航天产业发展的总体水平与我国经济快速发展的需求还不适应。在航空制造领域，我国每年需进口百余架大型客机，大量航空发动机需要进口；在航天领域，我国航天制造技术与国际先进水平尚有不小差距，卫星通信主要依靠外星。

东北航空制造业有深厚的基础，拥有中航沈阳飞机工业（集团）有限公司、沈阳黎明航空发动机（集团）有限责任公司、中航工业哈尔滨飞机工业集团有限责任公司等知名航空航天设备企业，有人才、技术等方面的储备，对民航产业发展有重要的支撑作用。但近些年来，东北地区航空航天产业在全国格局中的地位有所下降。

二、发展趋势及规划导向

从全球看，本行业将继续保持稳定增长态势，主业更加突出，军民融合成为重要发展途径，研发创新更受重视，丰厚的获利将得以维系。鉴于本领域具有的高柔性和适应性、产品加工精度高以及高可靠性要求等技术特点，未来将呈现高速加工技术、选择先进制造模式以及以绿色环保为特征的绿色制造等制造技术发展趋势。从国内看，除顺应全球发展趋势外，构建相应的自主创新体系，加大科技研发投入力度，深化军民融合以及布局国际化的工业网络等势必成为新趋势。

《东北振兴"十三五"规划》、《产业转移指导目录（2018年本）》提出的航空航天装备发展重点主要是是：直升机、通用飞机、轻型多用途飞机、支线飞机、无人机、卫星、航天器，以及新型航空发动机、飞机传动系统、大型精密模锻专用件等关键零部件；主要基地为：哈尔滨航空航天装备制造基地、吉林通用航空产业基地、沈阳航空装备制造基地、大连通用航空产业基地等。《辽宁"十三五"规划》要求，大力发展通用飞机研发设计、总装制造和航空零部件制造，促进军用、民用飞机融合发展；推进沈阳波音公司完成中心、庞巴迪Q400飞机总装等重大项目，打造国内先进航空装备研制基地。《吉林"十三五"规划》要求，大力发展航空制造、航空维修、民用航空运输、通用航空运营、航空培训服务等"围航经济"，加快构建重点突出、特色鲜明的航空产业体系，形成较为完备的上下游产业链，努力打造经济发展的新引擎。

三、已有优势与短板

（一）东北地区航空航天产业发展的基础

黑龙江省的航空航天制造加工企业历史久远，造就了"神舟"航天器、嫦娥探月工程、C919大飞机等一批"国之重器"。以哈尔滨航空汽车产业城为重要的航空产品加工基地，生产制造直升机、直升机传动系统、支线飞机等，另外生产直升机处于全国领先地位的哈尔滨东安发动机有限责任公司作为航空发动机的重要制造企业，其研发能力、技术创新能力均处于全国先进水平。但黑龙江的航空航天制造资源相对短缺，尤其是人才资源相对匮乏，没有形成一批创新性人才队伍，基础设施仍不完善且固定资产水平较低。

辽宁省主要的飞机制造企业是中航沈阳飞机工业（集团）有限责任公司，负责研制生产多种型号的歼击机和通用飞机，是歼-5、歼-7、歼-8、歼-11、歼-15、歼-31的设计生产基地。沈阳市的通用航空产业拥有联航神燕、沈阳中体、锐翔、无距科技、壮龙科技、天之翼等一批具有技术实力的企业，主要产品有固定翼通用飞机、多用途通用飞机、新能源通用飞机、轻中重型单旋翼无人机、多旋翼无人机、飞控系统、双目测距模块、专用吊舱和挂载等产品。沈阳民用航空产业园主要进行发动机制造和装配、支线飞机、公务机、通用飞机总装、大部件转包、零部件配套、飞机维修、改装等。

这些具有垄断性质的大型航空工业企业和先进的航空航天工业园区不仅能带动地区航空航天制造行业从业人员数量、固定资产总额等有形资源的增长,而且促进专利拥有量、研发机构数量等无形资源的发展,同时推动形成一批具有自主创新能力的创新性人才队伍,提高航空航天制造业资源竞争力,同时有利于促进R&D人员投入强度和R&D经费投入强度、新产品开发经费等的指标的增加,提高航空航天产品的研发能力及航空航天制造的科研水平,提升该产业的技术竞争力,进而推动其航空航天产品的销售份额,甚至扩张了航空航天产品的出口份额,使得航空航天制造业市场竞争力不断提高。

此外,东北在航空航天产业领域具有雄厚的科研实力。哈尔滨工业大学综合实力在国内理工科高校中可以排在前列,航空航天领域是哈工大的主要特色。还有中航工业沈阳发动机设计研究所、辽宁通航研究院、沈阳航空航天大学、辽宁通用航空研究院、沈飞民机公司、中航工业飞机设计所、气动院等研究院所,可以为东北地区航空航天产业的发展提供人才和技术支撑。

(二)东北地区航空航天产业发展存在的问题

1. 东北地区通用航空基础设施不齐全

东北地区通航基础设施不齐全,具体表现为通航机场数目仅仅有20余个,通航城市少,通航起降基础设施与相关技术人员配备不齐全等。而基础设施的投入大、回报周期长的特点使得以往国家在通航事业的投入始终不高,而通航机场数目的不足使得各个通航基地之间的运输很难通达,甚至会增加不必要的成本,难以形成商业能力。

2. 航空制造技术相对落后,人才储备不足

虽然东北地区有许多航空飞行器研究所,如中航工业沈阳飞机设计研究所(601所)、中航工业沈阳发动机设计研究所和中航工业沈阳空气动力研究所(626所)等,但是许多关键性航空制造技术仍没有取得突破性进展,如航空发动机的研发等。因此,航空制造技术仍是限制通航事业发展的因素之一。另外，通用航空活动的专业性较强，需要一些具备专业知识的人才来进行不同的航空作业，而现阶段，我国在通航事业方面的人才储备不足，一定程度上限制了通航事业的发展。

3. 通用航空事业发展缺少规划

通用航空的发展仍处于起步阶段，受制于以前经济投入的限制，许多程序与进程受到了限制，对于通航事业发展造成了阻碍。通航产业许多方面的工作都缺少合理的规划，如对于航线的规划、对于航空运输过程的简化等。

加强对于通航产业的规划是发展通航事业的必要手段之一。规范航运路线，简化航空运输程序可以有效地提升开展航空作业的效率，节约不必要的成本。另一方面，从政府的层面讲，出台并且大力推行规范航空运输等通航产业的相关文件，推行新兴通航服务，不仅对于通航事业发展大有裨益，更有利于带动区域经济的发展。

4. 东北通用航空产业面临激烈竞争

目前，全国31个省市自治区都制定了通用航空发展规划或通用机场建设规划，截至2017年底，包括辽宁在内5家航空产业基地，全国各类通用航空产业园已达40个，在建和规划中的87个。最近，苏、浙、冀、鲁、陕等省市已经相继出台优惠政策，积极承揽项目、抢抓人才、加大投资。可以预见，未来通航产业发展的竞争态势将极其严峻。对此，东北应认清加快发展通用航空产业的重要性、必要性和可行性，切实统一思想认识，增加紧迫感和危机感。可以说，如不抢抓机遇，加快推进步伐，东北航空产业就会丧失新一轮的发展机遇和已经确立的强势地位。

四、重点领域与主攻方向

1. 将沈阳打造成"北方通用航空之都"

推动通航制造水平升级。重点推进干支线飞机整机装配和关键装备研发生产，加强干支线飞机大型结构件制造技术的研发及产业化应用。重点发展通航飞行器研发、零部件和关键系统配套、发动机制造、总装制造、试飞适航等，促进通用飞机研发、制造、运营、培训一体化的通航全产业链协同发展。推进沈飞民机新能源通用飞机、直升机、无人机制造等重点项目，加快浑南、沈北航空零部件产业园及法库通航产业基地建设。

加强通用航空技术创新。依托沈阳航空航天大学、辽宁通用航空研究院、沈飞民机公司，以及中航沈阳飞机设计研究所、中国航空工业六二六研究所等研发资源，支持建设高端研发中心、技术孵化中心，立足自主创新，进一步提高通用飞机制造全产业链的技术研发设计能力和通航产业基础理论研究。发挥区域优势，联合院校、科研院所和企业共同打造科技创新平台，提升通用飞机研发制造能力水平。

促进通用航空产业集聚发展。通过引优培强，加快中小型固定翼通用飞机、公务机产品、新能源通用飞机以及无人机等企业培育，提升科技成果转化效率，提高品牌价值和行业影响力，进一步延伸产业链条，搭建通用航空配套生产平台，推动产业集聚发展。

推进通用航空应用示范。推动沈阳低空空域管理改革各项政策落地，推广法库低空飞行航空服务站和通用航空 ADS-B 安全运行试点经验。支持企业主体在示范区内发展多种形式的通航业务，探索通用航空发展模式，培育本地及区域通航消费市场。通过技术和管理输出，引领国内通航产业发展，树立通航产业品牌，确立沈阳市在国内通航产业发展的龙头地位。

2. 提高航空航天装备和航天信息服务能力

加快中民投通用航空产业园、中航集团长春科技产业园和榆树通用航空产业园的规划建设，重点引进中小型通用飞机、直升机、无人驾驶飞机等整机制造项目，尽快实现新机型及飞机零部件制造项目突破。依托长光卫星公司，重点推进推扫成像遥感卫星、视频成像遥感卫星、网络卫星等中小型卫星的研制、生产，强化遥测相机、反作用飞轮、大容量固态存储、星敏感器等星上部件支撑，打造卫星制造全产业链。

丰富航天、航空、地面及室内光学、雷达、激光等多途径遥感数据获取，形成较为完整的测绘，遥感航天数据信息获取、处理、应用产业链，重点加强航天信息与大数据、云计算、物联网等新一代信息技术融合，鼓励研发基于地理信息的航天信息软件，推进国土、农业、规划、公安、应急、生态、统计等领域应用软件开发。

3. 依托哈飞设计研究所（中心），组建通用航空产业研发平台

哈尔滨作为我国为数不多的航空航天产业集聚区，产业基础良好、产业链条完整，具有得天独厚的先发优势。在飞机整机方面，以先进直升机、通用飞机等系列产品为重点，打造国内直升机、通用飞机生产基地，发展 Y12F 系列通用飞机。在核心部件与技术方面，研发先进民用直升机发动机、航空传动、辅助动力装置、涡桨发动机机械系统研制技术，发展航空复合材料、航空轴承及零部件，巩固现有国产飞机、直升机和通用飞机材料研制能力。在航天装备方面，加快推进航天器、应急空间飞行器等新型航天装备及核心技术的研发应用。

第三节　高端数控机床

一、产业现状

机床是"工业之母"，是先进制造技术的载体和装备制造业的母机，主要为汽车、军工、农机、工程机械、电力设备、铁路机车、船舶等行业服务，是国家基础性和战略性产业。数控机床是国家工业化水平和综合国力的体现，是能源装备制造产业升级的根本保障。2019 年，全球数控机床产业主要集中在亚洲、欧盟、美洲三大区域，其中，日本、中国和德国是机床的主要生产国家。2019 年中国数控机床产业规模略低于日本，产业规模为 3270 亿元，占全球比重约 31.5%。但是，美、德、日的数控机床技术处于领先地位，我国与之相比还存在一定的差距。

东北地区曾经是我国数控机床、量刃具的主要开发生产区。2012年，沈阳机床有限责任公司、大连机床有限责任公司机床产值占全国机床产值的26%。齐重数控装备有限公司生产的大、重型数控车床产量约占全国48%，齐齐哈尔二机床的大、重型数控镗床产量约占全国的35%，哈尔滨市已成为全国工具和特种复杂工具的生产基地。东北地区的金切机床产值约占全国31.7%，对全国金切机床行业发展影响巨大。

目前制约我国和东北地区数控机床产业发展的瓶颈问题是：国内国际市场对机床需求总量下降，但对高端数控机床的需求快速上升。国内机床与国外机床技术水平差距依然很大，产品竞争力不强，主要体现在加工精度、可靠性、机床内部电气控制等配置方面。对数控机床关键技术的试验、消化、掌握及创新能力较差，机床的许多重要功能部件、自动化刀具、数控系统仍然依靠国外技术支撑，不能独立发展。国产数控机床始终处于低端产品迅速膨胀产能过剩、中端产品进展缓慢、高端产品依靠进口的局面，使我国及其东北机床行业发展面临严峻挑战，迫切需要调整优化机床产品结构，加快转型升级。

二、发展趋势及规划导向

由于机床行业对国防军工和制造业竞争力的关键作用，我国已将机床行业提高到了前所未有的战略高度，把发展大型、精密、高速数控设备和功能部件列为国家振兴的重要目标之一。目前，国内数控机床技术正向高速、精密、融合、智能、绿色、服务发展，机床产业以数字化、自动化、智能化、网络化、绿色化为主攻方向，积极谋划传统机床的升级换代，为中国机床工业在未来世界同行高端产品的竞争中占有一席之地、提升高端市场份额做准备。

三、已有优势与短板

（一）东北地区高端数控机床产业发展的优势

1. 国家政策的扶持

《中国制造 2025》将"高档数控机床"列为未来十年制造业重点发展领域之一。国家制造强国建设战略咨询委员会发布的《〈中国制造 2025〉重点领域技术路线图》对未来十年我国高档数控机床的发展方向做出规划。未来十年，我国数控机床将重点针对航空航天装备、汽车、电子信息设备等产业发展的需要，开发高档数控机床、先进成形装备及成组工艺生产线。

2. 具有较好的发展基础，产业体系较为完善

东北地区装备制造业具有良好的发展基础，产业体系较为完善，自我配套能力强，近些年结合国家的重大工程取得了一批重大技术装备自主化成果，形成了若干个特色鲜明的优势产业。具有比较优势的装备制造业包括汽车制造业、通用设备制造业、专用设备制造业、铁路船舶航空航天设备制造业等行业。其中，辽宁装备制造业涵盖了以机床和轴承为代表的基础类装备，具备较强的重大技术装备研发、设计和制造能力。

3. 具备较好的科研基础，对国家重大战略提供有力支撑

东北地区科研基础比较好，拥有高档数控国家工程研究中心、特高压变电技术国家工程实验室等科研支撑。东北地区的一重、沈鼓、北方重工、沈阳机床等一批国有重点企业的技术装备水平、生产能力、产品质量有了显著提高，对国家重大战略提供了有力支撑。随着国家"一带一路"战略的不断推进，中国的高铁、工程机械等产品将会加大走出去的力度，东北地区将会在这些方面发挥更大的支撑作用。

4. 龙头企业优势突出，集群化发展态势明显

经过多年发展，东北地区在装备制造业领域形成一批在行业内具有重要地位的龙头企业，并培育了一批具有广泛市场影响力的知名品牌，促进了装备制造业集群化和基地化发展。比如沈阳机床、一重集团、哈电集团、特变电工沈变集团等，围绕上述龙头企业，相关的配套企业在周边集聚，形成了集群化的发展态势。

（二）东北地区高端数控机床产业发展的劣势

1. 低档数控机床的产能过剩和高档数控机床的供应不足

由于低档数控机床行业门槛低，进入企业多，且近几年低档数控机床市场有效需求不足，该领域已经出现产能过剩的现象；另一方面，随着国民经济的发展以及产业结构的升级，高档数控机床的应用越加普及，产品需求越来越大，供给却难以满足需求。由于我国高档数控机床起步较晚，目前国产产能不能满足国内需求，国内大多数高档数控机床依赖进口。国产数控机床国内市场占有率相对较低，其中附加值较低的简单经济型数控机床占比重较大。

2. 创新能力不强，产学研结合不紧密

东北地区高端数控机床制造业存在单机制造能力强、系统集成能力弱等突出问题。东北地区科研资源比较密集，除了有众多的科研院校之外，大型国有企业大都拥有自己的科技研发机构，有相当数量的科技研发人才，但是政产学研之间衔接不紧密，科技资源配置不合理，利用效率低，大量的科研成果不能转化为应用技术的问题十分突出，大众创业、万众创新的氛围还不是很浓厚。

3. 效率效益不高，发展方式比较粗放

东北地区是我国重要的装备制造业基地，但由于体制机制不活以及历史包袱问题没有彻底解决，致使东北地区的装备制造业整体效率效益不高，大部分工业行业的资金利税率低于全国平均水平。东北地区的装备制造业发展主要依赖传统生产要素的投入，还停留在量的扩张层面，发展方式比较粗放，集约型的发展方式尚未形成。尤其是自2010年以来，东北三省的工业增速持续下滑，对经济发展的支撑能力不断弱化，而新的经济增长点尚未形成规模，进一步加剧了东北地区经济企稳回升的压力。

以沈机集团为例，2001—2018年资产负债率一直居高不下（见图8.1）。机床行业自2012年后开始进入下行周期，竞争加剧，规模扩张时代彻底结束。而沈机的产品结构以量大面广的通用类机床为主，受冲击最大。另一方面，沈机负债率原本就偏高，在经营出现风险时依然在数控技术及共享模式上持续投入，让负债率持续上升。市场在萎缩，投入在持续，入不敷出的同时又面临银行抽贷，即便国家曾数次出手，资金问题也始终没有解决且愈演愈烈，经营所得几乎都得用来偿还银行利息。

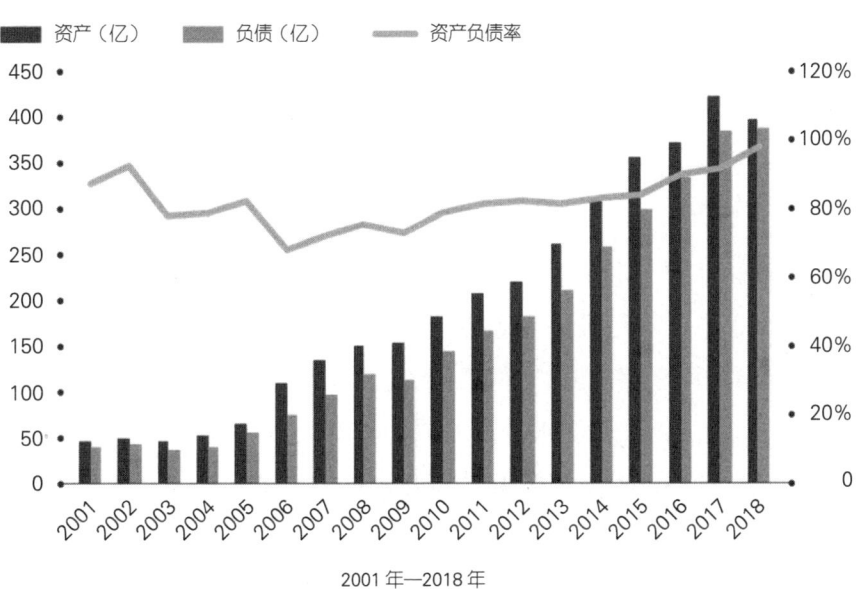

图 8.1 沈机集团资产负债率（2001—2018 年）

4. 国有企业转型缓慢，民营经济活力不足

东北地区装备制造业国有企业集中，在国有企业由计划经济向市场经济转型的过程中，面临的矛盾和问题也格外突出，尽管国家出台了振兴东北地区等老工业基地的政策，在很大程度上缓解了老工业基地的历史遗留问题，但是转型进程相对缓慢，妥善解决厂办大集体、分离企业办社会职能、离退休人员社会化管理等历史遗留问题依然需要一定的时间。东北地区国有企业高度集中的历史事实在一定程度上挤压了民营经济的发展空间，呈现"大树底下难长草"的尴尬局面，而简政放权的滞缓又进一步压制了当地民营经济发展的活力。

四、重点领域与主攻方向

1. 建设国家级机器人和高端数控机床创新研究中心

发挥辽宁省在中高端数控机床、柔性制造系统、自动化成套装备等方面的优势,依托东北大学、中科院沈阳自动化研究所、新松机器人、沈阳机床、东软集团等,以骨干企业为主体,以重点工程为依托,采用新体制新机制,建设国家级机器人和高端数控机床创新研究中心。

加快高档数控系统及成套技术的工程化和产业化研究,掌握高档数控系统关键和共性技术,提高高档数控技术的自主创新和系统集成能力,为用户设计制造智能加工生产线和提供系统解决方案。重点针对航空航天装备、汽车、电子信息设备等重点产业发展的需要,加快高档数控机床、铝、镁、钛高温合金等难加工材料用多轴联动龙门数控铣床、五轴联动卧式车铣复合加工中心、立卧转换加工中心等关键产品和高精度双摆角铣头、电主轴等核心部件的研发和产业化。以提升可靠性、精度保持性为重点,加快 i5、DMTG 等数控系统的研发和市场化应用,推进自主设计的高档数控机床在重点领域形成应用示范。

2. 打造区域性高端装备协同创新平台

依托哈尔滨工业大学、哈工大机器人集团、齐重数控、齐二机床、省科学院自动化研究所等重点企业和科研院所,打造区域性智能制造协同创新平台。开发高速、精密、智能、复合、多轴联动并具备网络通信功能的高档数控机床,突破稳定性、可靠性、一致性等关键技术。面向航空航天、船舶及海洋工程、轨道交通、汽车以及钢铁检测等行业,发展重型数控立卧车床、铣镗床、钢材试样检测专用机床、洁净钢检测系统等。发展基于先进焊接工艺的高端焊接装备。

3. 开放长春市工业级嵌入式系统

依托一汽兰迪、长春数控机床、中冶京诚等企业,围绕工业研发设计、集成协同、生产管理、生产控制等领域,对接汽车电子、工业装备、智能交通、医疗电子设备、智能识别装置、通信网络、数控机床等行业嵌入式系统发展需求，重点发展产品生命周期管理（PLM）、计算机辅助设计/制造（CAD/CAM）、制造执行系统（MES）、计算机集成制造系统（CIMS）、过程控制系统（PCS）等工业软件；支持企业开发用于汽车电子、工业装备、智能交通、医疗电子设备、智能识别装置、通信网络、数控机床、广播电视设备、物联网及其他电子应用产品等领域的嵌入式软件，以及面向教育、汽车、农业、通信、金融等领域的商业应用软件。

第四节　智能制造

一、产业现状

智能制造是基于新一代信息通信技术与先进制造技术深度融合，贯穿于设计、生产、管理、服务等制造活动的各个环节，具有自感知、自学习、自决策、自执行、自适应等功能的新型生产方式。智能制造在全球范围内快速发展，已成为制造业重要发展趋势，对产业发展和分工格局带来深刻影响，推动形成新的生产方式、产业形态、商业模式。美国、德国和日本走在全球智能制造前端，欧盟、加拿大等地区和国家也正积极布局该领域发展。近年来，中国智能制造推进体系正初步形成，关键领域实现重要突破。2018年，我国已成为全球最大的智能制造市场，预计未来几年我国智能制造行业将保持10%左右的年均复合增速，预计到2024年行业市场规模将突破3万亿元，行业增长空间巨大。

东北地区是我国重要的装备制造业基地之一，近年来，东北装备制造中低端产品的生产能力不断扩大，但高端产品供给不足，尚需进口。制造业的精密化、数字化和智能化程度不足，装备性能分析与优化设计自主可控软件、高性能制造工艺与技术等关键共性技术问题尚未解决。在产业体系方面,整装企业规模较大,功能零部件企业规模普遍较小,功能部件行业发展缓慢,关键零部件企业的发展更显滞后,依赖整机组装、缺乏技术创新和品牌的产业体系已经不适应外部需求环境的变化,研发和创新能力的"瓶颈"制约日益凸显。

二、发展趋势及规划导向

当前,全球制造业转型升级的大格局,为东北智能制造业发展带来三大重要机遇:一是互联网、大数据、人工智能与制造业的深度融合,新能源、新材料、智能制造等新兴工业科技不断涌现,由此带来全球产业格局的重大调整,这为东北智能制造业带来新的广阔发展空间。二是我国数字经济快速发展,为传统制造业转型升级、新型制造业发展提供了技术支撑,这为东北智能制造业发展奠定了坚实基础。三是制造业服务化将推动制造业创新发展,这为发挥东北制造业的人才优势提供了重要机遇。

智能制造装备的产业发展重点是高精度高性能精密测量设备、高精度数控设备、3D打印设备、机器人以及关键零部件等。主要基地有哈尔滨智能装备制造基地、齐齐哈尔数控机床制造基地、长春高端智能装备产业基地、沈阳高端智能装备产业基地、沈阳机器人产业基地、大连智能制造装备基地、抚顺智能装备基地、鞍山激光电子及自动化装备产业基地等。

东北地区素有"共和国装备部"之称,拥有良好的智能制造基础和比较优势。东北地区高校在服务智能制造产业发展方面,也具备相当的学科科研资源优势。

三、已有优势与短板

(一)东北地区智能制造产业发展的优势

1.国家产业政策支持

当前,国家对资源节约、环境友好型工业发展重视程度越发提高,智能化、绿色化成为发展必然趋势,智能装备作为工业升级的支撑和保障,成为各国竞争焦点。《中国制造 2025》提出，将"加快推动新一代信息技术与制造技术融合发展，把智能制造作为两化深度融合的主攻方向；着力发展智能装备和智能产品，推进生产过程智能化，培育新型生产方式，全面提升企业研发、生产、管理和服务的智能化水平"。2016 年工业和信息化部、国家发展和改革委员会、财政部联合发布的《机器人产业发展规划（2016—2020 年）》针对我国机器人产业现状，提出经过 5 年的努力，形成较为完善的机器人产业体系。"十三五"末期，我国自主品牌工业机器人年产量达到 10 万台，六轴及以上工业机器人年产量达到 5 万台以上，市场占有率达到 35% 以上。国家将通过基础能力建设、示范专项开展以及人才、资金扶持等一系列举措推动智能装备的发展，到 2025 年，形成完善的智能装备产业体系，打造具有国际竞争力的先导产业。东北地区装备制造业基础较好，推动装备制造业智能升级是东北地区实现工业升级的重要抓手。

2. 具有相关产业基础

东北地区具有良好的智能制造产业研发能力和发展基础。拥有中科院沈阳自动化研究所、国家机器人创新中心、机器人学国家重点实验室、机器人国家工程研究中心等国家级创新资源，以及新松机器人、通用机器人、众拓机器人等多家骨干企业，能够代表我国机器人研发和生产的最高水平。

其中沈阳新松机器人股份有限公司是内资机器人企业中销售量最大的本体制造和自动化系统集成商、科技部机器人产业技术创新战略联盟理事长单位、国内第一家机器人上市公司，其产业技术水平、产业链完善程度均在国内同行中名列前茅。此外，中国科学院沈阳自动化研究所、东北大学、大连理工大学、哈尔滨工业大学等科研力量雄厚，能够为机器人产业培养大批复合型人才。

（二）东北地区智能制造产业发展的劣势

1. 产业链发展缓慢，品牌认知度不高

虽然拥有新松这样的国内龙头企业，产品种类也较国内其他城市有显著优势，但辽宁机器人产业规模整体尚小，本地化应用不多，品牌认知度也不高。相对于各地竞相实施"机器换人"，东北制造业对产业变革的危机感不强，由于缺乏明晰的产业政策和健全的金融体系支持，未能有效形成机器人产业发展的良好氛围。

在产业链条方面，核心部件自给率低，被迫以高价从日、德等国进口，大大削弱了本土机器人产品的价格竞争力；精密加工能力尚不能满足本地市场需求，配套和采购大部分依靠南方城市进行，尚未形成集群化发展态势。此外，产学研用协同创新效应不明显、机器人研究成果市场融入度偏低等因素也影响和制约了辽宁机器人产业的快速发展。

2. 竞争日趋激烈

随着国外机器人市场日趋成熟，美国、日本以及欧洲几个机器人强国加紧中国机器人市场布局。目前，机器人领域第一梯队的四大家族均已在国内设厂，ABB（Asea Brown Boveri Ltd.）在我国销售的90%机器人已实现本土化生产；库卡（KUKA）在中国已有三大工业机器人制造工厂，分别为上海松江一期工厂（5000台已投产）、二期工厂（2.5万台已投产），以及广东顺德基地（2018年3月投建），到2024年，库卡在中国境内的年产量将超过10万台；安川电机（YASKAWA）在常州建设了产能为18000台的机器人工厂；2020年，发那科（FANUC）在上海宝山建设三期"超级智能工厂"，预计实现年产值达100亿元，我国机器人企业的生存空间受到严重挤压。同时，长三角、珠三角等地已率先大力推进机器人产业发展，国内机器人市场竞争日趋激烈。

四、重点领域与主攻方向

智能制造系统集成的产业链上游包括工业机器人、数控机床、增材制造装备等智能制造装备和产品设计、工艺仿真、工业控制、业务管理、数据管理等工业软件；中游包括行业系统集成商、自动化系统集成商、工程实施承包商和系统咨询服务商等；下游为汽车、电子信息、生物医药、家电等各个制造业领域。

1. 将沈阳市打造成智能制造系统解决方案供给高地

沈阳市在智能制造系统解决方案方面具备较好的发展基础，新松机器人、东软集团、云科智能、中科院沈阳自动化研究所等单位都具备为相关行业提供智能制造系统解决方案的能力，新松机器人、中科院沈阳自动化研究所已入选工信部《第一批智能制造系统解决方案供应商推荐目录》。

依托新松机器人、中科院沈阳自动化研究所、云科智能、东软集团、沈阳机床等智能制造系统解决方案供应商，加强技术、工艺、生产、销售、服务的产业集成能力。推动装备、数控机床、自动化、软件和信息技术等领域企业的协同创新，培育形成一批具备整体设计能力、解决方案提供能力和工程总承包能力的智能制造系统解决方案供应商，提升以顶层设计为核心，以制造业大数据为基础，以先进技术到工艺、生产、销售、运营各节点为要素的系统集成能力，为重点行业提供智能制造系统解决方案，并加速向周边地区拓展市场，将沈阳打造成为我国智能制造系统解决方案供给高地。

一是培育智能制造系统解决方案供应商。依托新松机器人、云科智能、东软集团、中科院沈阳自动化研究所、沈阳机床等单位以及相关的制造业企业，以技术和资本为纽带，组建产学研用联合体，以顶层设计为核心，开展与智能制造相关的技术创新、方案研发和实施工作，培育形成一批面向行业的智能制造系统解决方案供应商。

二是打造一批典型行业的智能制造系统解决方案。依托现有优势资源，推动制造业企业与装备供应商、软件供应商、自动化企业、科研院所等以技术和资本为纽带，组建产学研用协同创新联合体，在做好企业自身智能化改造的基础上，不断总结成功的经验和模式，打造汽车、航空、电子信息、食品、生物医药、家电等典型行业的智能制造系统解决方案。

三是突破智能制造核心工业软件。依托新松机器人、沈阳机床、中科院沈阳自动化研究所等单位，开展信息物理系统（CPS）的顶层设计，研发制造执行系统（MES）、产品全生命周期管理软件（PLM）、商业智能软件（BI）等业务管理软件和智能测控装置及核心智能制造装备嵌入式组态软件等工业控制软件，建设工业软件稳定性、可靠性测试验证平台和重点行业信息物理系统CPS测试验证平台。

2. 打造长春特色的智能制造装备产业集群

依托一汽兰迪、长春数控机床、中冶京诚等企业，以支撑东北地区工业转型升级为导向，以提升可靠性、精度保持性为重点，加快高档数控机床、增材制造等前沿技术和装备的研发，重点发展精密、高速、高效、柔性数控机床与基础制造装备及集成制造系统，大力发展满足东北地区制造业转型升级需求用工业机器人，满足社会民生消费升级需求用服务机器人，构建以系统集成应用为引领，以整机、核心部件、功能模块制造为主体的智能机器人产业体系。重点突破高档数控系统、伺服电机、减速器、传感器、驱动器、精密轴承等主要功能部件及关键应用软件，推进完善气动元件、液压元件、特种泵阀、精密模具等关键基础件配套，培育一批精、专、特、新的智能制造系统集成企业，着力打造长春特色的智能制造装备产业集群。

第五节 新一代信息技术

一、产业现状

新一代信息技术主要分为六个方面：下一代通信网络、物联网、三网融合、新型平板显示、高性能集成电路和以云计算为代表的高端软件。当前，全球正处在一个由信息技术引领的技术大变革、产业大升级的时代，新一代信息技术已经成为世界各国实现创新发展的突破口。近年来，随着我国将新一代信息技术确定为七个战略性新兴产业之一，不断加大财税金融等扶持政策力度，信息技术产业正在由大变强，已进入由"跟随并跑"向"并跑领跑"转变的战略机遇期。据智研咨询发布的《2017—2022年中国互联网+信息安全市场研究及投资前景分析报告》估计，2021年中国新一代信息技术产业销售收入将达到25.4万亿元。

东北地区工业互联网产业具有较好的发展基础，中科院沈阳自动化研究所、东北大学、中科博微等在工业互联网领域具有较强的创新能力，云科智能是国内领先的工业互联网平台，中科院沈阳自动化研究所等承担了"工业软件定义网络基础标准与试验验证"等多个国家工业互联网创新发展工程项目。

二、发展趋势及规划导向

全球新一代信息技术产业化正呈现新的发展趋势。一是信息技术创新日益加快。以云计算、物联网、大数据和人工智能、区块链为代表的新一代信息技术蓬勃发展，新阶段的技术和产业演进脉络日渐清晰，并不断产生新的平台、新的模式。二是全球信息技术产业格局进入深度调整期。全球信息技术产业并购整合规模、频度、范围屡创新高。传统设备、软件巨头整合"云计算"、大数据和物联网资源，正在抢占人工智能等新一代信息技术发展先机。三是互联网普及进入拐点。当前全球互联网普及进程逐渐开始减速，接入网络的设备数量呈现逐年递增趋势。在国际大趋势背景下，我国本领域将会呈现系统技术的纵深化和融合化、信息处理的泛在化和云集化、信息服务的个性化和共性化趋势。

目前，国内新一代信息技术产业主要聚集在四大板块：以北京、天津、山东等省市为代表的环渤海地区，以上海、苏州、杭州等城市为代表的长三角地区，以广东、深圳等省市为代表的珠三角地区以及以重庆、成都、西安为代表的中西部地区。在东北地区大力发展新一代信息技术产业，既能有效带动东北地区产业转型发展，也有利于优化我国新一代信息技术产业的区域布局。

三、已有优势与短板

（一）东北地区新一代信息技术产业发展的基础

1. 科研基础与人才优势较强

辽宁电子信息产业形成了较为明显的优势，并具有较好的国际合作基础。拥有大连理工大学、东北大学等60多所高校，中科院自动化所、中科院计算所和中国电子科技集团第四十七研究所等十几所从事信息技术研发的科研院所；拥有一批与信息产业发展相关的国家级研发平台，如计算机软件国家工程研究中心、软件新架构国家重点实验室等，具备较为雄厚的研发力量以及较强的人才培养能力。

2. 若干信息产业领域发展位居国内前列

智能制造和工业软件依托辽宁装备制造产业基础，相关技术和产品在国内具有很大影响力。在物联网和传感器产业方面，提出并制定了一系列工业物联网相关国际标准，承担了一大批国家重大项目，开发了一批工业物联网产品并应用到国家大型企业和重点工程，同时拥有一批RFID芯片生产、阅读器和配套产品开发生产规模化企业。在医疗电子产业方面，东软熙康、沈阳新松医疗产业布局早，国内影响大，产品和服务国内市场占有份额大，并已批量进入国际市场。在信息安全方面，东软集团的高端防火墙、安全运维管理平台、集成安全网关等Net Eye系列产品，以及大连国御科技有限公司的拟态安全产品，在国内网络信息安全方面具有一定的优势。在LED产业方面，大连是国家七个半导体照明工程产业化基地之一，大连路明科技在半导体发光芯片、工程亮化照明等技术和产品方面具有较好的基础和知名度。

（二）东北地区新一代信息技术产业发展存在的问题

1. 大型企业品牌缺失

东北缺少能够引领地方口碑的大型企业品牌。品牌关系着一个企业的发展水平，也同样对企业所在的领域，以及所在区域经济水平都能够产生一定的影响。像华为、腾讯等高科技企业扎堆深圳，阿里巴巴根植杭州，这些企业都被誉为全球最有价值的企业，在自身发展的同时，也成为了城市的名片，而东北没有能够叫得上名的这类企业。

2. 技术进步需求与投入比例严重失调

当前，在东北区域内形成了一批新一代信息技术企业，由于这些企业起步较晚，盈利能力偏弱，使得部分企业在短期时间内无法实现健康发展，要想扩大现有的集群规模难度更大。以沈阳芯原微电子有限公司为例，尽管在早期便已经实现了盈利目的，但是投资扩大规模所耗费的资金更多，不得不需要借助政府的力量，否则资金很难满足需求。这样直接导致创新能力无法及时跟进技术的发展要求，导致企业缺乏相关的核心技术，长久以来，地段市场产品过于膨胀，导致技术停留在原有的层面之上。

3. 各区域同质化发展与低水平重复建设问题突出

目前，全国约有28个省市提出要发展新一代信息技术产业，而且把相同领域作为发展重点。大多数地方政府均没有充分考虑自身的发展条件和市场环境，而是采取一哄而上，盲目进行投资，从而导致了恶性竞争、资源的极大浪费和一系列的低水平重复建设，最终带来了巨大的投资风险。以"云计算"产业为例，2010年以来中国"云计算"市场快速发展，投资活跃，各地"云计算"产业园、"云计算"数据中心、"云计算"应用工程等纷纷揭牌成立。但在这些投资热潮中，有些投巨资建成的所谓"云计算"平台，实质性应用非常少，设备利用率普遍较低，甚至有的云计算中心沦为仅供参观的"展示中心"，还有部分"云计算"中心只是在规模和硬件设备上大做文章，并没有提供真正的"云计算"应用服务。

4. 区域间缺乏合作互补的协调发展机制

当前，我国不同区域之间在新一代信息技术产业发展定位、结构调整等方面的互补性和协同性较差，各区域为争夺同质的稀缺性资源，相互展开恶性竞争，造成了有限的资源不能被有效利用。例如在平板显示产业领域中，在CRT时代，我国通过组织实施"彩电国产化一条龙专项"，以整机和关键部件为龙头，带动相关原材料和装备产业发展，构造起完整的产业链，建立了我国自主的彩管和彩电工业体系，为20世纪90年代起国产彩电的辉煌奠定了坚实的产业基础。目前，我国从事平板显示的企业遍布全国，但是国内的资源并没有得到有效的整合。各地都想通过引进大的项目来带动本地经济发展，却没有从如何壮大我国平板显示产业整体实力的角度来推动区域间的产业合作。

四、重点领域与主攻方向

工业互联网是新一代信息通信技术与现代工业技术深度融合的产物，通过构建连接机器、物料、人、系统的通信网络，实现工业数据的全面感知、动态传输、实时分析，形成科学决策与智能控制，提高制造资源配置效率。工业互联网平台产业发展涉及多个层次、不同领域的多类主体。在产业链上游，云计算、数据管理、数据分析、数据采集与集成、边缘计算五类专业技术型企业为平台构建提供技术支撑；在产业链中游，装备与自动化、工业制造、信息通信技术、工业软件四大领域内领先企业加快平台布局；在产业链下游，垂直领域用户和第三方开发者通过应用部署与创新不断为平台注入新的价值。

依托哈尔滨工业大学、中科院沈阳自动化研究所、东北大学、新松机器人、云科智能、东软集团等单位，引进西门子、华为、清华紫光等国内外领先的工业互联网平台，突破数据集成和边缘处理技术、IaaS 技术、平台使能技术、工业数据建模与分析技术等关键共性技术，发展基于 IPv6、5G 移动通信、短距离无线通信和软件定义网络（SDN）等新型技术的工业互联网设备与系统，构建工业互联网标识解析系统与企业级对象标识解析系统。依托东北地区制造业智能化改造，加快生产设备和工厂内外网络升级，推动工业企业上云，大力培育工业 APP，开展工业互联网集成创新应用示范，打造一批具有国际竞争力的工业互联网平台。

一是突破工业互联网关键技术。依托哈尔滨工业大学、中科院沈阳自动化研究所、东北大学等科研机构，研究建立哈尔滨工业互联网研究院、长春工业互联网研究院和沈阳市工业互联网研究院，突破工业数据采集、边缘数据处理、并行计算、负载调度、资源调度、多租户管理、数据存储与管理、多语言与工具支持、微服务架构、图形化编程、数据分析算法、机理建模、工业防火墙、加密隧道传输等工业互联网关键共性技术，为东北地区工业互联网发展提供有力支撑。

二是培育工业互联网平台。依托新松机器人、云科智能、东软集团、中科博微等单位，积极对接工业互联网产业联盟，引进西门子 Mind Sphere、海尔 COSMO Plat、东方国信 BIOP、树根互联根云、航天云网 INDICS、富士康 BEACON 等国内外领先的工业互联网平台，推动物理、化学、机械、控制多学科知识与大数据、机器学习、人工智能等智能化分析技术的有机融合，转化为解决工业生产痛点问题的特色服务，打造一批具有国际竞争力的工业互联网平台。

三是组织开展工业互联网应用推广。把握制造业智能转型的发展机遇，组织开展东北地区工业互联网集成创新应用示范行动，遴选一批先行先试、成效显著的工业互联网集成创新应用示范项目。实施工业企业上云专项行动，推动工业企业上云和工业 APP 培育。

四是依托长春光机所、长光卫星技术有限公司，以星载一体化技术为核心，重点发展普查、立体成像、多光谱等载荷系统，打造以星载一体化技术为核心，卫星遥感、航天信息集成应用两大产业链为主的民用航天信息产业链；围绕航天信息、工业大数据、物联网、智慧城市、金融大数据、文化大数据等领域，重点发展信息系统设计、集成、运维等大数据服务，大力培育高水平、专业化信息服务企业，推动大数据技术、产品和服务的一体化协同发展；把握国际汽车产业升级转型的最新动向，以提升长春汽车工业核心竞争力，推动光电信息与汽车制造业融合发展，重点发展智能网联汽车光电关键组件，推动构建智能互联的汽车光电子产品体系。

第六节 新材料

一、产业现状

新材料已应用到全球所有领域,是 21 世纪发展最快、最具有潜力的领域之一。从全球范围看,日本企业处在技术领导者的地位,美国、德国处于技术提升阶段,而中国则处于技术攻关阶段,较日、美、德都有较大差距。

我国新材料产业起步晚、底子薄、总体发展慢,仍处于培育发展阶段;核心技术与专用装备水平相对落后,关键材料保障能力不足,产品性能稳定性亟待提高;缺乏有效整合产业资源的运行机制,以企业为主体、市场为导向、专家团队为支撑、产学研紧密结合的技术创新体系尚未形成,创新能力及科技成果供给能力不强。

东北地区依托原有老工业基地奠定的传统材料基础,主要有以哈尔滨为中心的高性能纤维及先进复合材料产业基地、以长春为核心的光电材料生产基地和以沈阳、大连为主的轻体节能镁质金属材料和新型建筑材料产业集群。近年来,黑龙江省新材料产业发展迅速,初步形成先进高分子材料、高性能纤维与复合材料等多个领域产业集群。

二、发展趋势及规划导向

当前,东北地区新材料产业的发展趋势呈现新特点:新材料开发已经由结构材料向非结构材料领域扩展,低维材料发展加快,全新材料体系不断涌现及发展,信息材料走向多功能,集成化,超大规模集成电路发展。

新材料产业发展的重点目标方向是：坚持加快先进基础材料工业转型升级、加快关键战略材料应用突破、加强前沿新材料布局。将着力推动新材料与制造业加速融合，不断提升新材料产业竞争力。重点优先发展先进基础材料、关键战略材料、重点前沿新材料、石墨新材料等。

三、已有优势与短板

（一）东北地区新材料产业发展的基础

东北地区储能材料产业发展具有一定的基础，目前国科金能、汇晶纳米科技、伊斯特化学科技等企业正参与其中，中科院金属所、东北大学等高校院所在高能量密度、高功率密度碳基电极材料及电化学储能器件等方面具有较好的研究实力。沈阳市拥有涵盖高温合金研发、关键零部件设计与制造、下游应用的完整产业链条，具备良好的发展基础。其中，中科院金属所是我国高温合金研究领域的领军者，建立了较为完备的高温合金研发体系，研制的多种高温合金材料已得到广泛应用；此外，还拥有606所等关键零部件设计单位，黎明、沈飞等下游应用企业。

新材料产业行业前景广阔。新材料产业不仅是战略性新兴产业的重要组成部分，也是国民经济其他产业发展的基石。"十三五"期间，新材料产业作为战略性新兴产业中"国民经济的先导产业"，获得政策的高度关注和支持，实现了较快发展。据国家新材料产业发展专家咨询委员会2020年11月7日在中国先进材料产业创新与发展大会上发布《中国新材料产业发展年度报告2019》称，中国新材料产业市场规模快速扩张，从2011年的0.8万亿元增长到2019年的4.57万亿元，年平均增速保持在25%左右。其中，稀土功能材料、先进储能材料、有机硅、超硬材料、玻璃纤维及其复合材料等产能位居世界前列。未来，随着社会的进步和新兴产业的快速发展，高端金属结构材料、先进高分子材料、高性能复合材料、墙体新型材料、无机防火保温材料等新型材料，在节能环保、新一代信息技术、生物、高端装备、新能源汽车等各个领域的应用将进一步拓展，新材料市场需求将保持快速增长。预计未来半导体材料、纳米材料、防腐材料等前沿先导性材料，或将成为新材料产业发展亮点。

（二）东北地区新材料产业发展的劣势

1. 重点不够聚焦，生产与应用脱节

大专院校、科研院所、企业的创新资源、平台分散，产业链的上下游尚未形成协同创新能力；各部委所支持的领域、产品和技术等尚未聚焦，或者支持面太广，需要进一步聚焦。近年来，在各部门、各级政府的支持下，新材料研发成果频出，但是因为稳定性、可靠性和一致性等原因，导致生产与应用脱节，"有材不敢用，有材不好用"等现象突出，市场未给国内新材料提供应用机会，难以迭代改进，陷入恶性循环，急需出台政策来打破。虽然中科院金属研究所、东北大学、沈阳硅基科技在半导体材料、纳米材料和防腐材料等领域具有较强的研究实力，但相关科技成果产业化较慢，沈阳市目前还未形成上规模的防腐材料企业。

2. 产业供给结构矛盾较为突出

中低端产能过剩与高端产品及关键材料保障不足并存，无法适应消费结构升级变化，特别是高品质、个性化、高端、高附加值的产品供给能力不足，产品质量水平和稳定性亟待提升。同时也存在某些领域过度炒作、盲目扩张、一哄而起、低水平重复建设等问题，地区产业雷同、企业小、散、弱等问题已经凸显。关键零部件、核心工艺和基础材料等相当大的比例仍然依赖进口，国产新材料也难以融入全球新材料供应体系，如大飞机、高铁、核电等所需的高温合金、高性能纤维、高性能钢材等关键材料仍然依赖进口，这也导致我国资源及能源利用效率低，资源优势不能有效转化为产业优势。

3. 核心技术与专用装备相对落后

不仅研发能力相对薄弱，新材料的核心技术与专用装备水平也相对落后，仍以引进、消化和吸收为主，核心技术受制于人。科研机构重研发，轻应用，产学研用相互脱节，成果转化率低；企业创新动力不足，研发投入少；创新体系不完善，创新产业链条不完整，产业链上下游缺乏有效沟通，新材料推广应用困难。没有建立统一的国家新材料重大专项和新材料

产业基金。这些因素成为制约新材料和相关产业发展的瓶颈。

4. 缺乏高水平的新材料创新人才

由于长期以传统产业为主，缺乏新材料的下游应用场景和相应的人才。如处于产业初创期的第三代半导体产业，缺乏有经验的高端领军人才，还没有形成大规模、高水平的创新团队，人才的匮乏导致新材料产业的创新能力不足。

5. 标准、计量和管理体系等不健全

新材料所涉及的品种和领域广泛，而且新材料和传统材料尚无严格界定，国家层面一直未出台新材料的标准、统计体系，不易与现行统计体系对接并获取真实、可靠的数据。"十二五"和"十三五"对新材料的分类变化，也导致统计标准体系难以建立，也难以历史比较。由于新材料的标准、计量和管理不健全等问题没有得到根本解决，不利于决策部门和企业掌握产业发展全局，给后续相关扶持措施的出台和未来发展重点的部署带来较大困难。

四、重点领域与主攻方向

1. 辽宁省新材料产业发展实施路径

加快推动先进基础材料工业转型升级，以基础零部件用钢、高性能海工用钢等先进钢铁材料，高强铝合金、高强韧钛合金、镁合金等先进有色金属材料，高端聚烯烃、特种合成橡胶及工程塑料等先进化工材料，先进建筑材料、先进轻纺材料等为重点，大力推进材料生产过程的智能化和绿色化改造，重点突破材料性能及成分控制、生产加工及应用等工艺技术，不断优化品种结构，提高质量稳定性和服役寿命，降低生产成本，提高先进基础材料国际竞争力。

紧紧围绕新一代信息技术产业、高端装备制造业等重大需求，以耐高温及耐蚀合金、高强轻型合金等高端装备用特种合金，反渗透膜、全氟离子交换膜等高性能分离膜材料，高性能碳纤维、芳纶纤维等高性能纤维及复合材料，高性能永磁、高效发光、高端催化等稀土功能材料，宽禁带半导体材料和新型显示材料,以及新能源材料、生物医用材料等为重点,突破材料及器件的技术关和市场关,完善原辅料配套体系,提高材料成品率和性能稳定性,实现产业化和规模应用。

以石墨烯、金属及高分子增材制造材料,形状记忆合金、自修复材料、智能仿生与超导材料,液态金属、新型低温超导及低成本高温超导材料为重点,加强基础研究与技术积累,注重原始创新,加快在前沿领域实现突破。积极做好前沿新材料领域知识产权布局,围绕重点领域开展应用示范,逐步扩大前沿新材料应用领域。

依托中科院金属研究所、东北大学等单位,围绕新能源汽车、智能电网、消费电子、医疗电子等重点领域的需求,加大研发投入力度,组织高校、科研院所、新材料生产企业、新材料应用企业等联合攻关,在储能材料、航空材料、半导体材料、纳米材料、防腐材料5个重点方向,加强科技成果转化,打造新材料产业集群。力争在新一轮科技和产业革命中抢占先机,在新一轮区域竞争中实现跨越式、引领性发展,将沈阳市打造成为新材料产业发展的先行区、示范区和引领区。

2. 吉林省新材料产业发展实施路径

依托亚泰集团、大力纳米、长春应化所、中科英华公司、富士康科技、龙德高新公司、德固赛聚醚醚酮、天顺硅藻材料等企业,立足为区域内汽车、轨道客车、先进装备、光电信息、新能源等产业提供先进实用材料,以"高效节能、绿色低碳"为导向,鼓励对集成计算材料工程(ICME)等国际先进开发技术的探索应用,加快提高产品技术含量和附加值,提升产业规模和核心竞争力,重点推进高端金属材料、新能源材料、纳米材料、特种塑料、复合材料等新材料的研制及应用。

针对汽车零部件、航空航天、轨道交通等领域节能、轻量化需求,重点开发和利用新一代优质特钢、高强高韧轻质合金、不锈钢、稀土铝、镁合金、汽车用超高强度钢、仿生功能金属等材料,扩大铝镁合金应用领域,增强配套能力。

新能源材料。重点发展光伏原、辅材料的制备技术,培育非晶硅、化合物和染料敏化薄膜太阳能电池材料等制备技术,积极引进动力电池正极、负极、隔膜、电解液等核心关键材料落户,推进磷酸亚铁锂、三元材料等动力电池正极材料的工程化开发、产业化推进。

纳米材料。依托吉林大学研发仿矿化原位合成技术,利用双阳区石灰石矿藏资源储量优势,推进纳米碳酸钙产业化项目建设,推动面向橡胶、塑料、涂料、油漆、造纸等应用需求的下游产品开发。

特种工程塑料。面向市场应用新趋势,推动车用高性能聚碳酸酯/ABS树脂、尼龙/ABS树脂和涤纶树脂/ABS合金等升级发展,重点培育聚乳酸原料及塑料购物袋、聚乳酸无纺布制品,以及二氧化碳基可降解塑料、聚乳酸可降解塑料及可降解塑料制成品等新型生物基材料。扩大聚醚醚酮、聚酰亚胺、聚乳酸等产品的产业规模。

复合材料。重点发展碳纤维复合材料及制品、完全可循环利用工程塑料,支持纤维增强聚合物力学性能的关键技术的工程化开发,支持以碳纤维、碳化硅纤维等纤维为增强材料,以合成树脂、碳、石墨、陶瓷、橡胶等非金属材料或铝、镁、钛等金属材料为基体,推进各种复合材料的应用开发。

3. 黑龙江省新材料产业发展实施路径

加快培育新材料早期应用市场。开展重点材料应用示范保险补偿试点,鼓励保险公司创新险种,通过保险补偿机制支持石墨、钼、钛等新材料首批次应用示范,降低下游用户使用风险,突破"不敢用、不好用"瓶颈。推动新材料与关联产业联动发展,围绕汽车、石油石化装备、新能源、生物医药等行业应用需求,建设新材料产业联盟和应用平台,为用户提供新材料解决方案,实现材料与终端产品同步设计、系统验证、批量应用与供货等多环节协同促进。

推进新材料产业协同创新。充分发挥黑龙江铝镁合金新材料产业技术创新战略联盟、石墨产业技术创新联盟、石墨烯产业技术创新战略联盟等作用,促进企业与大学、科研机构等深度对接,突破核心技术,促进知识产权共享,加速科技成果就地转化,形成一批中高端领域重点产品和产品群。鼓励有条件的企业和科研院所在发达国家以及国内新材料领域创新资源丰富地区设立创新机构,柔性引进关键基础材料领域的国内外权威专家学者,开展跨区域、跨企业的协同创新。

打造重点新材料产业链。发挥鸡西、鹤岗、牡丹江等地石墨资源优势,依托奥宇集团、哈尔滨电碳厂、贝特瑞、普莱德、唯大、浩市、万鑫石墨谷等龙头企业,重点打造"石墨材料—石墨精深加工—石墨制成品"产业链。围绕钢铁、铝、镁、钛、钼、铜等金属材料生产及应用企业需求,依托东安发动机、建龙钢铁、建龙北满特钢、航天海鹰哈钛等企业,重点打造"金属矿石—金属材料加工—合金材料—合金材料应用"产业链。发挥哈工大、哈尔滨玻璃钢研究院等创新资源优势,依托骨干企业打造"复合材料设计—加工—部件组装—应用"产业链。加快推进豫港龙泉铝合金加工材项目、建龙西林钢铁焦化项目、唯大新材料(鸡西)石墨烯产业园项目、建龙北满特钢升级改造项目、紫金铜业铜冶炼项目、多宝山同业铜矿开发项目。

建立新材料综合性公共服务平台。培育发展专业化的第三方服务机构,充分发挥新材料行业检验检测中心、科技金融平台、中介服务等平台功能,开展新材料的技术转移、政策咨询、融资支持、检验检测、标准制定等服务。加强新材料行业的监测分析,及时发布产业政策信息,引导、促进新材料产业规范、有序发展。

第七节 生物医药健康

一、产业现状

生物医药健康产业具有高科技、高投入、高风险、高回报的特点。从新药研发、临床试验，到药品生产，再到已上市品种的二次开发，产业链上每一个环节都离不开科技创新的引领和支撑。东北是我国生物医药产业发展较早的地区，在产业方面，具有哈药集团、吉林修正药业、东北制药等国内领先制药企业，具有通化东宝的胰岛素、长春金赛的生长激素、沈阳三生的干扰素拳头产品。长春是亚洲最大的基因工程药物和疫苗生产基地，有长春生物制品所为代表的国家重要疫苗生产企业。在药材资源方面，盛产人参、鹿茸、北五味、黄芪等地道药材。2018年，我国东北三省人参产量总计约为45148吨，占全球总量70%以上，占全国90%以上；其中，吉林省人参产量36103吨，在东北三省人参总量中占地约80%。生物医药产业作为高科技、低能耗、少污染的绿色技术产业，可成为东北新一轮振兴战略性新兴产业发展的"领头羊"。

二、发展趋势及规划导向

2017年国家发展和改革委员会发布的《"十三五"生物产业发展规划》提出，至2022年我国生物产业规模将达到8万亿—10万亿元，产业增加值占GDP的比重超过4%，成为国民经济的主导产业。规划重点领域方向包括：一是把握精准医学模式推动药物研发革命的趋势性变化，立足基因技术和细胞工程等先进技术带来的革命性转变，加快新药研发速度，提升药物品质，更好满足临床用药和产业向中高端发展的需求。二是把握智能、网络、标准化的新趋势，大力发展新型医疗器械，提供现代化诊疗新手段。三是推动生物基材料、生物基化学品、新型发酵产品等的规模化生产与应用，推动绿色生物工艺在化工、医药、轻纺、食品等行业的应用示范。四是实施惠民工程，推广基因检测、细胞治疗、高性能影像设备、生物基材料、生物能源、中药标准化等新兴技术应用。五是打造创新发展新平台，围绕生物产业链，打造一批创新基础平台、成果转化平台以及检验检测平台，推动我国产业更多依靠创新驱动发展。

要充分利用哈尔滨、沈阳、长春、通化、牡丹江等地医药产业基础，提升医药产业质量和水平，推动专业园区或基地集聚发展。依托东北本地特色资源优势，打造"大连—本溪生物医药产业集群"，"长春—吉林—延边生物医药产业集群"、"通辽—赤峰蒙药及生物医药产业集群"、"通辽—赤峰生物制造产业集群"等生物医药重点产业基地。

三、已有优势与短板

（一）东北地区生物医药健康产业发展的优势

1. 自然资源丰富

东北盛产大豆、玉米，为合成药材提供了丰富物产的资源，同时由于昼夜温差大、作物生长期长，药材有效成分聚集度亦极高。黑龙江省有856种中药材，辽宁丹东地区有近120万亩满族药材种植基地，年产值近百亿元，已研发出复方木鸡颗粒等带有国药准字号的药材。

2. 科研实力雄厚

东北地区有沈阳药科大学、哈尔滨医科大学、吉林大学等"智囊团"，其中哈尔滨医科大学拥有世界上第一个把微小核苷酸转移至心脏、肺、脑技术，由哈尔滨医科大学附属第一医院自主研发的亚砷酸氯化钠注射液是世界上第一种细胞凋亡诱导药物，投产后已累计实现经济效益1.67亿元。"本溪药都"、哈尔滨利民生物医药产业园等区域优质孵化器，为科技成果转化持续铺路。近十年来，沈阳药科大学向200多家省内企事业单位提供科技服务或转化科研成果700多项,省内转化数量占转向全国的39.2%,与之长期科研合作的沈阳红旗制药有限公司已成为全国最大的抗结核药物研发、生产基地。

3. 医药健康子产业门类齐全,产业链结构丰富

医药产业已成为东北三省的优势产业之一,主要包括化学原料药及制剂、中药饮片、中成药、生物制药、医疗器械、制药机械、卫生材料和药用包装、中药种养殖业、医药商业等九大门类。东北三省涵盖了九大门类中的所有领域,并且在一些领域处于全国领先地位。在生物制药领域,吉林省作为我国生物技术产业的发源地,产品种类涵盖菌苗、疫苗、单克隆抗体等诸多类型,占全国现有生产品种的63%。在生物技术领域,沈阳市拥有沈阳药科大学、中国医科大学、辽宁中医药大学等高等院校,三生制药、远大诺康、成大生物、东北制药、三九药业等一批骨干企业,生物医药和健康医疗产业集群是国家级创新型产业集群试点。在中成药领域,东北已经形成"中药材采集、种植—中药材的初加工—中药饮片和中成药的生产—机械行业和包装印刷行业提供必要的设备和辅料"一条完整的产业链,这一产业链较长,在国内中药市场尤其是人参保健品市场拥有极大优势。

4. 产生了一批知名医药品牌

医药产业是吉林省的特长,修正药业、通化东宝药业、吉林敖东药业均为享誉全国的知名药企,长春国家生物医药产业基地是吉林省医药健康产业发展核心区。辽宁作为东北老工业基地之一,生物医药产业目前已经形成大连、本溪等产业集群,成大生物、东北制药、三九药业等一批骨干企业,生物医药和健康医疗产业集群是国家级创新型产业集群试点。此外,沈阳市在智能诊断、智能健康管理等领域处于全国领先水平,拥有东软熙康、东软医疗等骨干企业。生物医药是黑龙江省重点发展的战略性新兴产业之一,哈药集团、庆安制药、乌苏里江药业集团等20余家企业年产值过亿元,医药行业龙头哈药集团,旗下拥有2家上市公司和27家全资、控股及参股公司。

5. 未来生物仿制药市场发展空间巨大

国家发展改革委员会经济研究所指出，2020年我国医药工业达到10万亿元规模，成为全球第二大医药生产国，但仿制药仍将占据主导地位。随着新的生物药不断获得批准，很大一部分现有生物制剂专利即将到期，以及国内老龄化和城镇化进程的加快，医药市场对高品质生物仿制药的需求急剧增加。我国生物仿制药发展前景广阔，但仿制药的质量以及生产工艺水平与被仿制药还存在很大差距。东北三省未来生物仿制药市场空间巨大，应抓住这一有利机遇。

（二）东北地区生物医药健康产业发展的劣势

1. 市场同质化竞争严重

市场同质化竞争加剧，这不仅仅是东北地区的问题，也是全国医药行业存在的问题。在GMP改造过程中大部分制药企业都不约而同地进行了产能扩充。为了使新增的产能充分发挥出功效，企业常常选择仿制，以期达到"周期短、投入少"的经营效果，致使同种产品生产企业数量众多，企业之间大打价格战，恶性竞争现象日趋频发，医药行业盈利空间被进一步压缩。这导致了一些物美价廉的临床常用廉价药和小品种药由于利润有限，无法得到经销商、生产企业和医院的青睐，不得不退出市场，经典廉价药物面临临床短缺的危机。

2. 医药企业两极分化，大型龙头企业带动不足

医药企业出现两极分化，中小企业资金不足、经营困难，在药厂有很多医药品种处于休眠状态，存量资产的使用效率也很低。以吉林省为例，吉林省有277户企业已经通过GMP认证，其中98%的企业都是中小企业，只有东宝药业、敖东药业和修正药业三家企业产值在10亿元以上。由于GMP改造加大了资金的投入，使得一些中小企业的资金严重不足，发展困难，处于半生产状态。尽管吉林省药品批准文号的数量很多，居于全国首位，但是其中至少有30%多的品种没有被生产，这样使得一些比较优良的药品品种长期处于休眠的状态，使药品品种优势变得不明显，优势并没有得到充分的发挥。

除了大小企业分化严重的情况外，虽然东北已有哈药集团、修正药业、万通集团等一批知名企业，但这些龙头企业在全国医药市场上仍不具有较强的竞争力。在2020年由中国企业联合会、中国企业家协会发布的《2020中国企业500强榜单》中，排名前100的企业辽宁只有10家，吉林2家，黑龙江仅有1家，远低于山东、浙江、江苏等省份。

3. 从研发到流通各领域面临全新挑战

在药品研发领域，东北区域内生物制药企业多是中小规模，整体创新能力不强，缺乏重量级、有竞争力，尤其是缺乏具有自主知识产权的项目和产品，药品大多属于普通药物和仿制药物。研发活动缺少足够的资金支撑，R&D经费投入强度较低，与国内生物医药产业发达的省份差距明显，这也是导致创新能力较弱的重要原因之一。生物药品研发时间长、投入大、风险高，目前辽宁省生物制药企业研发投入的资金主要依靠政府划拨、银行贷款和企业自筹这几种方式，获取经费有限，生物医药产业的研发特点更适于通过风险投资的方式获得大规模资金，但由于资金回笼慢、缺乏专业投资机构、研发产品原创性不足等原因，不受风险资本的青睐。另外，在营销环节，制药企业主要通过降价方式获取竞争优势，加上产品营销观念落后，很多企业长期依靠现金回扣、降价等手段争取市场地位。随着医疗体制改革的不断深入，旧有营销观念和手段已不能适应当前的市场环境；长此以往，企业利润空间有限，难以扩大生产规模、改进生产技术，妨碍了创新能力的提升，企业很难研发出拥有自主知识产权的高精尖产品获取市场竞争优势。

4. 产学研协同机制作用发挥有限

高校和科研院所往往拥有比较先进和完善的设备，也建有大型的研发中心或平台，但多数情况下进行的都是基础性研究，很多企业在科研实力和设施等方面都不如高校和科研院所。虽然很多高校和科研机构的大型仪器都设有共享机制，但多数企业由于各种原因无法有效利用这些平台。企业尚未成为创新活动的主体，高校和科研院所成为科研成果的主产地，但其进行的研究活动一则与企业的市场化开发需求相脱节，二则自身的成果转化能力较弱，难以实现科研成果的产业化。既造成了科研资源的浪费，企业的现实需求也无法得到满足，高校、科研院所和企业之间的合作机制没有得到有效发挥是造成上述情况的根本原因。

四、重点领域与主攻方向

围绕"科学发展，加快振兴"的总目标，依托东北地区生物医药产业现有产业基础和科研优势，维持快速发展态势，应继续坚持以提高发展质量和经济效益为中心，以创新驱动为方向，鼓励企业开展资源整合、技术创新和市场拓展，重点推动生物中药、生化类药物及中间体等现代制药以及高性能医疗器械做大做强，积极培育基因工程类药物、保健药，推动医疗健康服务业延伸发展。

1. 现代制药

推进哈药总厂、哈药六厂升级改造，依托沈阳药科大学、中国医科大学、三生制药、远大诺康、三九生物制药、长生生物、生物制品所、修正药业等企业，以严重危害我国人民健康的重大疾病为重点，突破一批重大核心关键技术，自主研制一批创新性强、科技含量高、市场前景好、拥有自主知识产权的重大生物技术产品，并加强与工业、环保等领域的深度融合，打造具有国际影响力的生物技术产业创新平台，推动制药产业的升级发展。

2. 做大做强中药产业链

重点推进水飞蓟、人参、紫苏、沙棘、五味子、刺五加、板蓝根等大宗中药材的产地初加工基地建设。以规范化产地初加工提高中药材附加值，带动上游中药材的合理种植，为下游深加工及商业流通奠定基础。重点发展人参、五味子、刺五加、板蓝根等道地中药饮片集约化、高端化生产，提高中药饮片的科技含量。重点培育中药新品种，研发具备中药活性成分的现代中药产品，支持中药经典名方复方制剂生产试点。加速培育中药大品种，加强以大宗、道地中药材为主要原料的经典名方的开发，推进中成药生产工艺、流程的标准化。鼓励大宗、道地中药材的基础研究，重点推进以人参、鹿茸等为基础原料的养生保健用品的研发及推广。

3. 推动医药企业重组，实现医药产业集聚发展

鼓励优势企业实施收购兼并和联合重组，促进品种、药号、技术、渠道等资源向优势企业集中，实现全产业链、规模化、集约化发展。推动哈药集团深化改革，优化股权结构，推进体制和机制转变，增强企业市场竞争力。引入社会资本和先进管理运营模式，加快医药产业园区基础设施建设。探索医药产业园区代建厂房，由医药企业租赁使用，按约定价格和年限回购产权，为制药企业进入产业园提供便利。

4. 打造高性能医疗器械特色产业集群

围绕健康风险监测、疾病预测预警、疾病诊疗与康复等环节，加强基于医疗卫生健康大数据的人工智能技术研究，培育发展智能诊断、智能治疗、智能养老、智能健康服务等新业态、新模式，提高医疗大数据资源开发应用水平，缓解医疗资源供给难题，提升供给质量。依托迪瑞医疗、博迅生物、东软熙康、东软医疗以及相关的医院、体检中心、养老院等，组织开展智能诊疗、智能辅助治疗、个性化诊疗决策支持、智能家居养老、智能健康管理等新业态、新模式的应用示范，探索建设智慧医院、智慧体检中心、智慧养老院，打造高性能医疗器械特色产业集群。

第八节 新能源产业

一、产业现状

电力作为社会经济发展的基础和引擎，不仅保障了我国社会经济的高速发展，而且结构也向着多元化、清洁化的方向迈进，可再生能源取得了

长足进步,有力地推动了我国能源供给侧革命。在电力绿色发展的时代大潮下,东北地区立足自身风能、太阳能资源较为丰富的能源资源特点,大力推动可再生能源多元化发展,形成了以风电、光伏发电发展为重点,水电发展为辅,其他可再生能源为补充的发展道路。

作为发电的主要方式,煤、石油、天然气以及大中型水电都被看作常规能源,而把太阳能、风能、现代生物质能、地热能、海洋能以及氢能等作为新能源,新能源一般是指在新技术基础上加以开发利用的可再生能源。

东北地区在新能源领域拥有得天独厚的优势:一是东北作为全国粮食的主产区,有大量的玉米秸秆可做生物能源资源。二是东北属全国风能资源丰富的"三北"地区之一,发展风能产业区位和资源优势明显。三是东北云量少、日照充足,发展光伏产业具有天然优势。

二、发展趋势及规划导向

随着经济社会的发展,环境问题和常规能源耗竭问题日益突出,为促进经济社会的可持续发展,以环保和可再生为特质的新能源越来越受到世界各国的重视,全球新能源发展迅猛,如风电装机、光伏装机以及风电、光伏发电量均大幅增长。

近年来,中国东北区域新能源发展成效显著。风电、光伏实现跨越式发展;常规水电发展平缓,抽水蓄能电站蓄势待发;除此之外,生物质发电也取得了一定发展,但总量相对较低。当前,东北地区新能源产业面临良好的发展机遇,一些相关产业核心技术、产品推广得到较大突破,具备进一步加快发展的条件和基础。

新能源产业发展的重点是:大功率风力发电机组、高转化率太阳能电池组件、并网电站、分布式光伏光热电站等。主要基地有哈尔滨新能源、牡丹江风电、黑河风电、佳木斯风电装备产业基地,白城风电装备产业园区,大连风电核心零部件研制、朝阳新能源产业、锦州光伏产业基地等。

三、已有优势与短板

（一）东北地区新能源产业发展的优势

1. 风能自然资源丰富

中国 80 米高度风资源可开发量为 42 亿千瓦，主要分布在三北地区、东南沿海、青藏高原、云贵高原、华南和山西等地区。东北是非常好的资源分布区。其中，黑龙江是风能资源最丰富的省份，2/3 的区域属于较丰富区，1/3 属于丰富区。吉林风能资源分为丰富区和可利用区，两种类型的分布区域面积大抵相当。辽宁省的风资源主要分布在辽河平原和辽东半岛。

2. 风电、光伏实现跨越式发展

东北地区风电发展最早可以追溯到 20 世纪 50 年代，吉林省白城市安装的风力机被认为是我国第一台风力机。1978 年至 2005 年，东北区域风电一直处于探索实验阶段，发展较为缓慢，2005 年风电总装机和总发电量仅为 34 万千瓦和 5.1 亿千瓦时，占总装机和总发电量比分别为 0.8% 和 0.2%。随着 2006 年《可再生能源法》的正式实施，东北区域风电发展进入快车道。"十一五"末实现了总装机突破 1000 万千瓦，超越水电成为东北区域第一大可再生能源，而"十二五"仅用三年时间就实现了总装机突破 2000 万千瓦。到 2017 年，风电总装机和总发电量分别达到 2762 万千瓦和 534 亿千瓦时，分别是 2005 年的 81 倍和 105 倍，占总装机比和总发电量比分别为 20% 和 12%。

东北地区光伏发电的发展历程与风电类似，但起步较晚，改革开放之初东北区域光伏发电装机为零，到 2013 年光伏发电容量仅为 5 万千瓦，发电量仅为 0.16 亿千瓦时。随着 2013 年分类光伏标杆电价的落地，光伏发电开始出现井喷式增长。到 2017 年，光伏发电总装机和总发电量分别达到 635 万千瓦和 51 亿千瓦时，分别是 2013 年的 127 倍和 319 倍，占总装机比和总发电量的比例分别为 5% 和 1%。

(二)东北地区新能源产业发展的劣势

1. 水电发展缓慢

东北地区水电在我国水电发展史上曾经留下过许多辉煌印记,特别是丰满水电站为我国培养了大量的水电建设和运行人才,被称为中国"水电之母"。受水资源分布及气温因素影响,东北区域水电发展较为平缓,是我国水电装机相对较低的区域。1980年东北区域水电装机约为180万千瓦,到2017年水电总装机和总发电量分别为812万千瓦和151亿千瓦时,占总装机比和总发电量比分别为6%和3%,其中装机仅是1980年的4.5倍。由于东北区域常规水电资源十分有限,常规水电发展空间不大。

2. 电力发展与用电需求不匹配

从2006年开始,发电能力增速大大超过负荷增长。2006年到2017年总装机年均增速为10%,而最大用电负荷年均增速仅为5.9%。电力供大于求,影响了可再生能源本地消纳。导致这种情况的原因归根结底是市场机制的不完善和电力规划科学性不足。电力规划在落实过程中不能及时根据经济社会发展形势对电力规划目标和进程进行修正,造成规划发展目标与电力需求不能很好匹配。

3. 营商环境影响补贴退坡政策下的企业盈利能力和竞争力

补贴退坡直至平价上网是风电、光伏行业的发展趋势,有利于项目优胜劣汰,优化电源结构,缓解补贴不足。面对补贴退坡,降低企业投融资和运营管理成本是保持盈利、提高竞争力的重要手段。由于东北区域的营商环境有待进一步改善,各类非技术成本推高了风电、光伏的投资成本,影响了企业在补贴退坡下的盈利能力和竞争力。

四、重点领域与主攻方向

从资源禀赋看,东北地区风能资源开发潜力大,技术可开发潜力超过5亿千瓦,多地处于太阳能辐射源资源较丰富带和很丰富带。丰富的资源为未来东北地区发展风电、光伏发电提供了有力的资源支撑。总结过去的经验教训,未来东北区域可再生能源发展将迈上更加重视消纳,同时兼顾速度的高质量发展道路。

1. 科学有序发展可再生能源，统筹制定相关电力规划

制定相关电力规划的过程中，要综合统筹考虑电源、电网、用电需求及供热需求，做好地方经济发展与电力发展规划之间，电源规划、电网规划、供热规划之间，地方规划与国家规划之间的相互衔接。规划的实施过程中要充分利用大数据和互联网，及时反馈经济社会发展形势，并对规划目标和进程进行及时合理修正，最终确保电力供给与需求相匹配。

2. 可再生能源发展应更加重视发展分布式电源

由于东北区域风、光资源与电网及负荷呈现逆向分布，未来风电、光伏等可再生能源在适度发展集中式大规模电站的基础上，应将开发重点放在分布式电源上，并对配电网及农网加大改造力度，推动市场化交易，促进可再生能源就地就近消纳。

3. 进一步改善地区营商环境

习总书记在东北考察期间就推进东北振兴提出了6个方面的要求，其中第一条就涉及优化营商环境。对于推动未来东北区域可再生能源高质量发展而言，进一步改善地区营商环境首要就是要降低可再生能源发电企业的融资成本，减少和规范不合理的行政收费，为企业创造更加良好的投融资环境。

4. 协调区域电力发展，强化执行情况监管

鉴于东北地区各省市间电力系统耦合性越来越强，考虑省级电力实时平衡在各市也要进行平衡等多种因素，在电力规划编制过程中，可充分发挥能源派出监管机构可以统筹安排整个区域电力规划的优势，从大的范围协调平衡省级规划，进一步加强对规划执行情况的监管。

第九章

东北振兴中的产业结构调整

东北地区服务业发展的重点行业和重点领域

虽然过去二十年我国第三产业占GDP的比重有了很大提升，但与美国、日本和德国等发达国家在第三产业占比方面仍存在较大差距，未来10—20年，中国服务业仍具有非常大的增长空间。2019年我国第三产业占GDP比重约为53.9%，美国第三产业占比为77.4%（2017年），中美之间这一比例相差二十多个百分点，如果在未来15年中国达到与美国类似的产业结构，中国第三产业占GDP的比重需要以每年1.5%的比例进行调整，那么服务业将会成为中国发展最快速的行业。我国服务业的快速发展为东北产业结构调整提供了重要机遇（见图9.1）。

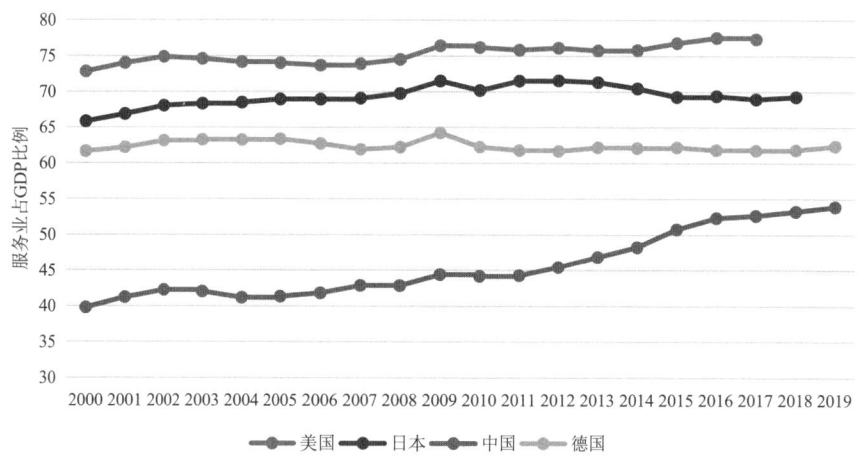

注：美国数据截至2017年，日本数据截至2018年。
资料来源：World Bank。

图9.1 中日美德四国第三产业占比走势（%）

本章首先提出东北地区服务业发展的整体思路，选择旅游业、生产性服务业、金融业和大健康产业等四个服务业进行研究，提出这些产业发展的重点领域和主攻方向。

第一节　东北地区服务业发展的总体思路

一些学者认为，老工业基地要实现高质量发展，必须摆脱对资源的依赖。然而，资源不应局限于煤炭、矿产等实物资源，地理、历史、文化等无形资源也是资源，文化、旅游、康养等服务业的发展或许是老工业基地转型升级的一个重要方向，不仅能够解决就业、塑造城市形象，还能解决经济发展不可持续的问题。

本书认为，东北地区的服务业发展应遵循以下思路：

1. 以制造业为导向，大力发展生产性服务业

提升装备制造业和服务业融合水平。推动装备制造企业向系统集成和整体解决方案提供商转型。支持市场化兼并重组，培育具有总承包能力的大型综合性装备企业。发展辅助设计、系统仿真、智能控制等高端工业软件，建设铸造、锻造、表面处理、热处理等基础工艺中心。用好强大的国内市场资源，加快重大技术装备创新，突破关键核心技术，带动配套、专业服务等产业协同发展。

2. 将改造东北老工业基地与服务业发展有机结合

把改造老工业区与发展第三产业结合起来。在传统产业转型升级导致用工人数急剧减少的情况下，大力发展包括零售、金融、通信、旅游、医疗和航空服务等服务业，以推动经济增长和吸纳人员就业，避免技术工人和人口外流，为复兴提供稳定的人口和市场基础。一方面，服务业中的通信、信息、计算机网络服务、科研服务和综合技术服务业的迅速发展，能够促进老工业基地的调整改造；另一方面，信息服务、环保服务、科技服务、通讯服务等服务业资源需求的上升，可以促进服务业的健康发展。

3. 推进服务业的市场化改革，引入竞争机制

电信、银行、保险等服务行业垄断经营严重、市场准入限制过严、透明度过低，不仅破坏了正常的公平竞争秩序，而且导致服务业创新不足、效率低下。应加快铁路运输、电力、通信等公用事业垄断行业的体制改革，减少行政干预，创造公平、公正的市场环境。通过充分的竞争来鼓励创新，为东北地区的服务业发展创造有利条件。

第二节 东北地区旅游产业发展的重点领域和主攻方向

习近平总书记考察东北地区时指出"绿水青山就是金山银山，冰天雪地也是金山银山"。东北地区地处中国的寒温带和温带湿润、半湿润地区，以冷湿的森林和草甸草原景观为主。东北地域广阔，气候四季分明，主要气候类型为温带季风气候。雨量集中于夏季，冬季长达6个月，冰雪期长，降雪量大，拥有冰雪项目的天然优势。一方面，东北山水相连，旅游资源丰富，境内拥有长白山天池、本溪水洞、松花湖、五大连池、扎龙保护区等国家级旅游景区，东北东部各市生态良好、名山大江汇集、自然风光壮美、独具边疆风情，拥有冰雪、森林、史迹、民俗等共性旅游资源；另一方面，东北也曾联手成立了振兴东北旅游合作联盟和东北文化旅游推广联盟。但整体品牌知名度不高，跨省线路连接不畅，使品牌优势和市场影响力远没有发挥出来。应以满足公众个性化、多样化的旅游消费需求为目标，以健康旅游、生态旅游为重点的跨区域合作，对别具北方特色的旅游资源进行统一整合，打造国家级的"冰雪旅游带"。

1. 发挥东北冰雪资源优势，大力发展冰雪旅游经济

东北地区在国内滑雪旅游市场具有得天独厚的地缘优势，冰雪产业具

有较好发展基础。吉林北山四季越野滑雪场、亚布力体育训练基地、齐齐哈尔碾子山奥悦国际滑雪场、齐齐哈尔市冬季运动项目中心等长期作为我国高水平运动员的训练场地。2000—2016年，仅黑龙江省冬季项目运动员就获得480个世界冠军，中国冬奥会上获得的12枚金牌中9枚归属黑龙江籍运动员。此外，退役运动员充实到本地运动场馆中，对普及冰雪运动、提高冰雪业余爱好者和中小学生技术水平发挥了关键作用。铁岭以北的地区气候寒冷，应突出东北地区的地理资源优势，在黑龙江和吉林大力发展冰雪经济。做大做强东北冰雪产业，加快普及提高冰雪运动，是推动我国经济结构调整、满足人民群众高品质生活需求的重要举措。

2. 推动东北旅游经济一体化进程

为防止东北各省市各自为政、恶性竞争，需要加强东北三省内部的联络与沟通，强化联合推广运行的机制建设，对别具北方特色的旅游资源进行统一整合，联手策划统筹推出精品线路，共同打造东北旅游整体品牌，进一步做大做强东北旅游市场。在这个基础上，要进一步推动编制区域发展规划，实现资源共享、信息互通、客源交流，加快推动东北旅游一体化进程。

3. 促进并融入东北亚旅游合作圈

2012年以来，东北亚旅游论坛已经在珲春连续举办八届。疫情后区域旅游合作有望成为东北亚经济一体化最具潜力的领域之一。进一步加大开发开放力度，充分利用"大图们倡议"框架下东北亚地区旅游合作圈多边合作机制，开发跨国旅游产品与线路，抓好边贸旅游，深化与俄罗斯、日本、韩国、朝鲜、蒙古等周边国家、地方间的合作力度，打造东北亚区域旅游合作新亮点；推动东北亚区域共同简化旅游签证与通关手续，提高旅游通关效率，提升旅游服务便利化水平；推动各国在旅游标准对接、人员跨境流动、跨境旅游线路设计等领域尽快实现重要突破。

4. 加快冰雪装备产业发展，建设冰雪装备产业园

围绕雪上运动装备、冰上运动装备、冰雪场地装备等重点领域，推动企业集聚、技术研发、项目建设，突破制约冰雪装备制造的核心技术和关键环节，加快信息技术与冰雪装备制造产业深度融合，开发、生产多档次、适合不同人群需求的冰雪运动装备产品，加快产业层次向中高端迈进。

坚持培育壮大区域内企业和引进知名企业并重，积极引入国际先进生产工艺、技术和知名品牌，大力发展满足不同层次需求的雪上运动装备，打造具有国际国内市场竞争力的品牌生产企业。在大众冰刀产品提质扩能的基础上，积极开发研制高端冰刀产品，拓展冰球、冰壶运动装备产品生产，打造冰上运动装备全产业链。依托现有冰雪场地装备生产企业和寻求转型发展的优势装备制造企业，加强冰雪场地装备开发生产，发展冰雪场地装备制造服务业，提升经营规模和效益。

推进冰雪场地装备研发和产业化。推动区域内现有骨干企业和科研机构合作，创办冰雪装备科研和集成企业，加强技术研发，引进消化国际冰雪装备先进技术，努力培育冰雪装备集成制造商。支持科研机构与寻求转型发展的优势装备制造企业合作，加快智能临时滑雪场、压雪车、电动浇冰车等产品研发和产业化，尽快形成成熟产品，扩大市场推广，形成产业规模。鼓励国有大型装备企业利用"混改"机遇，参与冰雪场地装备研发制造。培育小企业，围绕大型冰雪装备开展配套产品和关键部件研发生产，尽快形成"小精尖"拳头产品，提升生产规模和技术实力。

加快建设冰雪装备产业园。一是在哈尔滨、齐齐哈尔、牡丹江等地，依托已有产业园区，完善园区基础设施，研究制定土地使用、厂房租赁等方面的扶持政策，推动冰雪装备企业和研发资源整合和集聚发展，打造冰雪装备产业园。二是支持在产业园内建立冰雪装备企业孵化器，为处于初创期的企业提供便利条件，降低冰雪装备企业创业成本。鼓励冰雪装备产业园建设研发设计、检验检测、营销展示、人才培训等各类公共服务平台。

第三节 东北地区生产性服务业发展的重点领域和主攻方向

生产性服务业是指渗透到经济部门的各类企业和其他组织生产过程中（与家庭和个人相对应）的活动，是一种中间需求的服务业。主要功能是为生产中不同阶段提供服务产品，并且贯穿于企业生产的上游、中游、下游。生产性服务业是一、二产业向第三产业延伸并加速融合的关键，是全球产业竞争的战略制高点，也是引领产业向价值链高端提升的关键环节。当前发达国家经济结构普遍存在"两个70%"现象，即服务业增加值占GDP比重达70%，生产性服务业增加值占整个服务业比重达70%。

根据《国民经济行业分类》（GB/T 4754-2017），生产性服务业包括交通运输、仓储和邮政业，信息传输、计算机服务和软件业，批发与零售业，金融业，租赁和商务服务业，科学研究、技术服务和地质勘查业等6个行业门类、22个行业大类，共包括148个行业小类的分类标准。按照业务活动特点，生产性服务业可划分为金融服务、信息服务、科技服务、商务服务、流通服务五大类别，涉及部分新兴服务领域。其中，金融服务包括银行业、证券业、保险业、其他金融活动；信息服务包括电信和其他信息传输服务业、软件业、计算机服务业；科技服务包括地质勘查业、专业技术服务业、科技交流和推广服务业、研究与试验发展；商务服务包括租赁业、商务服务业；流通服务包括铁路运输业、道路运输业、水上运输业、航空运输业、管道运输业和其他运输服务业、仓储业、邮政业、批发业。把大力发展生产性服务业作为推进产业结构优化升级的重要举措，应针对不同类别的生产性服务业，充分发挥生产性服务业重点领域的产业特点和潜在优势，着力破除影响现代服务业发展的体制障碍，推动生产性服务业向规模化、专业化和高端化发展，增强促进经济提质增效升级的支撑作用。

结合国家生产性服务业发展重点，根据东北地区产业基础和比较优势，综合考虑产业转型升级发展需要，东北地区的生产性服务业发展重点集中在研发设计、现代物流、信息技术服务、人力资源服务和品牌建设等5个领域。

1. 研发设计

加快科技服务平台建设。加强科技创新基础平台建设，重点打造创业孵化综合科技服务平台、大型科学仪器开放共享服务平台、产权交易服务平台、检验检测科技服务平台、科技金融服务平台、中小企业公共服务平台等"六大平台"；布局发展省级创新中心，在碳纤维、智能农机、生态纺织、燃料电池、合成生物等高端制造和重点领域建设技术创新中心、产业创新中心；建立区域级创新信息共享平台，依托大数据，打造东北地区一体化的信息平台，推进创新公共服务资源互联互通。

打造创新创业支撑载体。鼓励探索创新孵化、产业引导、投融资等新模式；持续推进高校院所产学研基地建设，有效提升省部级重点实验室、国家工程研究中心、国家企业技术中心，培育若干国内一流科研机构，建设一批高水平研究基地和优势学科；引导科技企业孵化器与生产力促进中心、技术转移、科技金融等科技服务机构组建孵化服务联盟，培育以双创示范基地、创客空间、网上创新工厂为代表的新型创业孵化载体，构建"人才链+产业链+资金链+创新链"全要素集聚的创新创业高地。

培育科技服务骨干企业。提高企业自主创新能力，引导企业专注发展新技术、新产业、新业态、新模式，加快推动创新成果转化应用，提高核心竞争力；围绕产业链、创新链、价值链、财税链的核心环节，在特种设备等专业细分领域汇集国内外创新资源，培育多元化、专业化的服务创新主体；以市场化方式整合现有资源，通过上市、并购、联合等方式做大做强，打造服务专业化、发展规模化、运行规范化的科技服务集团。

2. 现代物流

推进物流主体发展壮大。引导物流企业转型升级，加快向物流金融服务、保税物流业务等功能延伸，加强与制造业企业建立供应链战略合作，形成一体化、网络化运营的大型物流企业集团；开展省级物流园区示范工作，引导分散、自用的各类工业和商业仓储配送资源向物流园区集聚，建设一批功能集成、经营集约的生产服务型物流园区；推动跨境电商构建完整的产业链和生态圈，建设"公共海外仓"，完善跨境分拨配送和运营服务体系；布局发展以无车承运试点企业为代表的第三方物流，鼓励发展第四方物流，推动物流业向价值链高端延伸。

推进信息化标准化建设。支持物流企业建立面向上下游客户的信息服务系统，促进区域间和行业内信息共享，支持大宗商品交易平台建设，形成集国际采购、数据交换、智能分析等功能为一体的物流信息服务中心，实现物流、资金流和信息流的有效结合；提升物流配套设施设备和服务标准化水平，重点在快消品、电商、工业零部件等适用领域推广应用标准托盘，推进周转箱、集装箱、货运车厢等物流载具的标准衔接；发展单元化物流，实现一体化运输，提高供应链各环节运作效率。

推进多式联运。构建与铁路、机场和公路货运能力匹配的集疏运网络系统，鼓励发展海铁联运、铁水联运、公铁联运、陆空联运；鼓励大型集装箱、船运、货代、铁路运输、公路运输企业拓展经营网络，完善联运功能；鼓励"港口—铁路—公路"门到门集装箱多式联运实体化运作，实现集约化、规模化经营；鼓励搭建跨国多式联运直达通道，增开国际货运列车班次，密切沿途及口岸部门间的信息互换、监管互认与跨区域通关协作。

3. 信息技术服务

提升信息技术服务能力。支持重点信息技术企业加快发展。积极引导信息技术服务企业承接生产性企业的信息化项目外包。在"宽带中国"战略推进实施基础上，加快推动移动互联网、云计算、大数据、物联网等在生产领域的应用，积极培育信息产业新业态，促进云计算等战略性新兴产业发展。支持沈阳和大连创建"中国软件名城"；依托辽宁软件产业联盟平台，开展形式多样的对接活动；推动软件产业服务化进程，支持企业承接政府购买的各类信息技术服务。

培育信息产业发展新技术。以软件基地为载体，重点围绕汽车、石化、农产品加工、医药健康、装备制造等支柱和优势产业，加快共性基础技术突破，发展面向新型智能终端、智能装备等基础软件平台和集成应用平台，提升共性基础技术支撑能力；加强前沿技术研发，支持人工智能、虚拟现实、3D打印、区块链等领域技术研究和创新；提升"互联网+"综合集成应用水平，加快发展位置服务、数字内容等在线运营服务，建设数字化营销、互联网金融等技术服务平台。

构建信息产业发展新体系。构建软件驱动制造业智能化发展体系，以高端工业软件及系统为核心，建立覆盖研发设计、生产制造、经营管理等智能制造关键环节的工业云和大数据平台；构建智能生活支撑产业体系，以智能终端操作系统、云操作系统为核心，面向移动智能终端、智能家居、智能网联汽车等新兴领域构建生态体系；构建软硬件产业体系，以基础软件平台为核心，形成软件、硬件、应用和服务一体化。

4. 人力资源服务

优化发展环境。完善人力资源政策体系，加大专项资金对人力资源服务业发展中的公共性、公益性、基础性领域扶持力度，支持人力资源服务产业园建设、人力资源服务机构培育和标准化建设；鼓励各市通过设立人力资源服务业发展基金等多种方式，扶持创新能力强、市场前景好的优质人力资源服务企业快速发展，培育一批有核心服务产品、成长性好、具有国际竞争力的综合性人力资源服务龙头企业；推动人力资源服务行业信用体系建设，强化规范管理；推动人力资源服务行业协会建设，构建政府、行业互通桥梁。

推动融合发展。加强行业跨界融合，支持人力资源服务企业创新服务模式，推动关键技术的研发和应用，开展与金融、教育、医疗等行业融合发展；搭建行业人力资源服务创新发展平台，举办人力资源服务供需对接、服务产品推介等活动；推动公共人力资源服务信息开放共享，实现互联互通，促进人力资源服务业创新融合发展；支持人力资源服务企业开展高级人才寻访、管理咨询和服务外包等业务，促进人力资源服务业向价值链高端转型。

推进特色教育。加快特色职业学校建设，围绕服务大众创业、万众创新，优化调整专业设置，创建职业教育特色名校品牌；规范职业教育准入机制，提高全社会对职业教育的认可度和公信力；深入实施"高等学校协同创新计划"，完善高校技术转移机制，推进高校科研平台开发共享；构建终身教育体系，发展教育培训新业态，满足产业发展对多层次、多样化教育的需求。

5. 品牌建设

加强自主知识产权品牌建设。继续实施品牌战略，加大对拥有自主知识产权的服务机构的支持力度。鼓励知识创新、技术创新和模式创新，支持生产性服务机构注册和使用自主商标，建立健全商标管理制度，提高商标知名度，推动形成具有东北各省市地方特色的著名商标，申请中国驰名商标保护。完善品牌评价机制，突出民族特质、文化特质，打造一批具有一定影响力的服务业高端品牌。鼓励通过科研创新团队的引进，带动高水平科研项目和产品的研发与转化。

加强品牌整合。明确品牌角色，形成品牌合力，打造地区或集群主品牌，积极争创"全国知名品牌创建示范区"，形成主品牌的全局和战略化管理，避免品牌之间恶性竞争，降低企业推广费用，提高推广成功率，发挥主品牌和子品牌的关联协同效应。

第四节 东北地区金融产业发展的重点领域和主攻方向

金融在现代经济中占据着核心地位,金融业的健康发展直接影响着经济建设的进程,而且与社会发展状况存在很大关联。金融是现代经济中调节宏观经济的重要杠杆。现代经济中市场机制对资源配置起决定性作用,金融是国家宏观调控体系中重要的调控工具。

2015—2019年的五年中,东北地区第三产业增速约为5%,低于全国第三产业约7%—9%的增速。在第三产业中,金融业发展尤为滞后,东北三省金融业增加值占地区生产总值比重约为5%,占第三产业比重约为10%,而全国金融业增加值占GDP比重大约8%,占第三产业比重约为15%。说明东北地区金融业发展还很不充分,作为现代经济的核心,金融业在优化资源配置、促进产业结构调整等方面作用明显,应大力推动东北地区金融发展,夯实东北经济发展中这一相对薄弱领域。

此外,东北地区供给侧结构性改革任务艰巨,而去产能、去库存、去杠杆、降成本、补短板,除了要依靠深化改革外,还必须有金融的积极支持,大力发展金融业能够促进东北产业结构的进一步优化。

1. 支持把沈阳建成东北亚重要金融中心

2020年9月,沈阳市发布《沈阳区域金融中心发展规划(2020—2030)》,提出到2025年,全市金融业增加值达到650亿元以上,占GDP比重达到8.5%以上;到2030年,基本建成东北亚地区功能突出、创新力强、开放度高的重要金融中心。需要通过优化社会信用体系、创新金融支持路径、强化金融科技创新、加快发展直接融资、深化金融机构改革、大力发展特色新兴金融、优化金融空间布局、创新金融发展促进机制等路径与措施，支持把沈阳建成东北亚重要金融中心。

2. 打造区域金融核心集聚区

支持东北四个副省级城市申报国家级金融支持新旧动能转换创新发展试点和载体建设，加快实施"金融机构壮大、资本市场提升、产融结合创新、空间布局优化、金融生态打造、金融开放推进和金融人才培育"等战略工程，发展成为金融支持新旧动能转换和实体经济发展的改革创新示范区；支持大连市加快集聚优质财富管理资源，着力拓展开放合作格局，有效搭建人才培养平台，积极营造良好生态环境，早日建设成为面向国际的财富管理中心。

3. 优化区域金融发展环境

健全现代金融产业发展协调推进体系，加强对金融产业发展的统筹谋划和组织协调；鼓励金融机构积极开展组织创新、业务创新、服务创新和产品创新，提升服务实体经济水平；实施金融人才培育引进工程，加快金融人才队伍建设，加强金融知识培训，提高防控金融风险的能力；推进东北地区统一征信平台建设，促进信息互联互通与共享。

4. 防范化解金融风险

提升区域金融风险防控能力，密切关注经济结构调整和化解过剩产能过程中可能出现的各类风险隐患，做好金融风险监测预警，加强对担保圈、融资平台、房地产和产能过剩行业等重点领域和薄弱环节的风险排查；逐步健全与中央配套的地方金融监管体系，改进完善金融监管协调机制，明确各方监管责任，依法逐步将各类金融业态纳入监管范围，完善地方金融立法，加快推动地方金融监管法制化进程；加强金融行业自律，建设东北三省金融业联合会；维护金融消费者合法权益，营造安全、有序的金融业发展环境。

第五节 东北地区大健康产业发展的重点领域和主攻方向

大健康产业是与人的身心健康相关的一切产业活动的总称,包括与健康相关的生产和服务产业,由健康制造业、健康农业和健康服务业三大板块组成,涵盖养老、医药、医疗器械、医疗服务、养生保健、健康管理等产业形态,具有产业链条长、内容丰富、带动能力强、科技含量高、环保低碳等特点。

随着人民生活水平的提高,健康越来越受到人们的重视。习近平总书记提出,"没有全民健康,就没有全面小康"。国务院出台了《关于促进健康服务业发展的若干意见》,各个城市已把发展健康产业列为城市发展的重要战略举措。

西方经济学家认为,健康产业将成为继IT产业之后全球"财富第五波"。比尔·盖茨把健康服务业喻为"未来能超越信息产业的重点产业"。许多发达国家都把发展健康产业提高到国家发展战略的层面。美国的健康产业增加值占GDP的比重为16%,超过汽车和石油两大行业。加拿大,日本等国家健康产业占GDP的比重也在10%以上。

从传统健康产业发展情况看,东北医疗卫生等健康产业发展相对平稳,能够基本满足群众基本健康需求。近年来,吉林省充分利用得天独厚的区位优势、中药资源优势以及生物医药领域先发优势等,医药健康产业取得了长足发展。辽宁省已形成沈阳医药产业集群、大连医药产业集群、本溪生物医药产业集群、丹东满族医药及健康产业集群、西丰鹿及保健品等六大健康产业集群,其中辽宁本溪石桥子生物医药产业科技园是目前国内最大的生物医药产业集聚区。健康产业整体呈现出巨大潜力。从战略性新兴产业的角度看，受资金、人才、居民收入水平、人口结构特点以及部门协作机制等诸多因素制约，产业发展不均衡问题比较突出。目前，随着生物技术、生命科学等方面不断取得重大突破，数字化医疗、基因检测等新兴健康产业形态不断涌现，赋予健康产业更加广阔的发展空间。东北地区的大健康产业应围绕健康养老、健康医药和健康食品三个方向展开。

1. 医养结合，健康养老

随着国内老龄化和城镇化进程的加快，对健康养老的需求在持续增加，东北地区人口老龄化加速递增趋势明显，高于全国平均水平。根据2019年全国人口变动情况抽样调查样本数据测算，全国65周岁及以上人口占比12.57%，远超国际标准。东北地区2017年65周岁及以上人口占比为14.52%。其中，辽宁老龄化最为严重，60周岁以上人口约占总人口的1/4，65周岁以上人口约占总人口的1/6，吉林、黑龙江65周岁以上人口占比分别为13.29%、13.78%。

东北各省市应结合自身优势，促进人工智能、物联网、云计算、大数据等新一代信息技术和智能硬件等产品在养老服务领域深度应用，积极探索"医养结合"新型养老模式。推进医疗卫生产业与养老服务业相结合，强化投融资、用地等支持，鼓励社会力量兴办医养结合机构。引导现有养老机构与医疗机构合作共建，提升养老机构的医疗、康复、护理、保健等功能。结合老年人的身心特征，从建筑到服务，从整体到细节，打造标准医养社区，为居民提供各种专业护理生活服务，实现一站式退休生活解决方案，建设一批连锁化、品牌化的养老服务机构。

2. 打造健康医药产业新型业态

我国正在进入一个以社会健康价值最大化为目标的经济发展模式，大健康产业的发展需要引入更多社会力量。社会需要寻求一个以加快健康消费、促进健康投资、发展新型健康产业为重点的生产、消费、投资、发展新模式。医疗健康产业的快速发展，健全完善的产业生态环境保障，离不开两个关键部分：一是具备完善的财政、金融、医疗保险的健康产业和全链条的政策环境，从而形成良性的监管和治理体系；二是培育提升市场活力，激活优质市场主体，打造积极的创新氛围。

3. 健康食品

由于气候、土壤、日照等多方面的天然优势，东北地区的优质农牧产品深受海内外的欢迎。为此，东北三省应该联合起来，利用好优质的土地资源，打造一些知名的龙头企业，推出健康的优质农牧产品。要针对东北地区粮多、秸秆多、牧草资源丰富的优势，以生猪、奶牛、肉牛、蛋奶等区域性特色优势为重点，着力提高健康食品生产能力。

出台促进餐饮业健康发展的政策，对餐饮业进行统筹规划、品牌推进和绿色发展。引导餐饮企业发展绿色、营养、健康、生态、文明、经济的大众餐饮。加强食品安全管理，建立健全食材可追溯机制，实施农餐对接，鼓励餐饮企业在城郊建立蔬菜基地，设立农产品生产和采购中心，建立长期供货合作关系，形成"从田间到餐桌"的食物风险监测和材料配送体系。引导餐饮业通过营养食谱、点菜服务、营养咨询等特色经营模式为消费者提供服务，赢得市场。

第十章

东北振兴中的产业结构调整

东北地区产业结构调整的保障措施

本书分析了东北地区产业结构偏离现象和导致这种现象产生的原因，借鉴国外老工业基地转型经验，综合考虑东北地区经济转轨的特殊背景，结合对东北地区产业结构调整理论思考，形成了东北地区产业结构调整的总体思路，并分别针对传统产业、新兴产业和服务业提出了重点行业和重点领域调整的对策建议。这些对策建议结合了对东北产业结构现状的考察和对东北振兴症结的思考，考虑了产业结构调整与未来东北经济振兴之间的关联，本章从市场化改革、对外开放和营商环境等方面提出保障东北地区产业结构顺利进行的对策建议。

第一节　以改革作为东北产业结构调整内生动力

经过改革开放的洗礼，东北的市场经济体制基本确立，但市场化程度却落后于东部沿海地区，在很大程度上抑制了市场微观主体的活力。因此，东北地区应坚持市场化改革的方向、坚持全面深化改革，向改革要活力，向市场要动力。

一是加大优化国有资本布局，提升国有资本活力。首先，下大力气去除国资、国企行政化痼疾，加速实现从"管经营"向"管资本"转变，并以此调整支持国企发展的各项政策，摸清国企生存发展的基本规律。其次，国有资本从不具备竞争优势的一般竞争领域转向涉及国家安全和国民经济的关键领域。第三，以骨干国企的混改为突破口，支持鼓励国有企业及其他国有经济引进战略投资者，增强国有企业的内在活力。

二是高度关注解决民营经济市场准入面临的"玻璃门"、"弹簧门"甚至"找不到门"的问题，使支持民营经济发展的宏观政策落到实处。首先，要结合贯彻国家鼓励"双创"的相关政策，加快建立健全支持民营经济发展的法律法规,特别是配套实施细则,并加大监管监察力度,切实保障民营资本的合法权益;其次,鼓励民营资本参与城市公用事业改革和公共基础设施建设,促进公共基础设施和公用事业社会化、市场化运营。

三是设立"鲶鱼区块",激发东北市场化改革热情。在深化完善东北三省与东南三省对口合作的基础上,推进设立类似于"深—汕合作区"的对口合作区,探索在东北某县级市"尺度"设立由对口地区直管的"飞地区",使之发挥市场化机制的"鲶鱼效应"。

第二节 以扩大开放促进东北地区产业结构调整

由于工业结构偏重的产业结构、计划经济体制机制问题以及独特的地缘政治背景,东北地区对外开放程度低于全国平均水平,使得以开放倒逼改革的发育滞缓。当前,在东北亚及全球局势产生新变化和新冠疫情的双重影响下,应抢抓"一带一路"建设和我国"向北开放"的新机遇,以"新格局、新领域、新机制、新动力"破题对外开放新前沿,奋力推进东北对外开放跃上新台阶,使东北高标准开放成为经济高质量发展的新动能。

一是将对外开放与区域发展战略相结合,形成东北振兴的区域动力源。目前东北地区的区域发展战略多而分散,宜进一步整合,集中资源和精力,形成重点突破的态势。建议在现有区域发展战略的基础上,突出中心城市战略,进一步明确中心城市引领的发展思路,壮大哈、长、沈、大四个中心城市,这样东北地区就有了和全国其他区域竞争的能力,就具有了吸引人才、资本、产业的条件。在中心城市发展过程中,逐渐带动城市群、城市带的发展,东北问题的解决就有了前景。

二是要努力形成高技术产业和服务业新的开放领域，使其成为东北产业结构调整转型的新动力。要争取国家对东北深度开放、特别是对日韩深度开放的政策支持，尤其是服务业开放试点的支持，形成重点面向东北亚的高技术产业和服务业的开放新格局。要争取在教育、医疗、金融、技术服务等领域实现开放新突破。在生产性服务业和高端服务业方面，探索新的开放领域和开放政策。利用自由贸易港的投资与贸易便利化政策，探索包括医药、医疗、医养、教育、金融、文化、旅游等领域的开放，在服务业开放领域形成突破。

三是形成全面开放、"深耕东北亚"的国际开放格局。新冠疫情对全球经济和产业链调整带来深刻的影响，同时使得我国调整重大产业布局面临着难得的历史机遇。在我国形成以国内大循环为主体、国内国际双循环相互促进的新发展格局过程中，东北地区具有建设面向东北亚开放合作高地的天然责任，同时这也是东北亚区域经济合作的优先发展方向。东北地区要在"深耕"上下功夫，东北与东北亚尤其是日韩地理位置相邻，经济互补性强，具有较好的合作基础，应该成为与这些国家合作的代表性地区。可考虑利用地缘优势，加强东北三省与日韩装备制造业研究机构、企业合作，引进先进技术、装备和人才，提升东北地区在制造业和生产性服务业的竞争力，推进东北地区的产业结构转型升级。例如推动日韩知名汽车制造企业在投资建设新能源整车工厂，设立核心零部件设计、研发、制造等基地。

第三节　以优化营商环境助推东北地区产业结构调整

制度的缺陷和短板是一个国家和地区发展最大的风险和挑战。就东北而言，经济制度转型的成败是东北振兴的关键，也是产业结构调整取得成功的基本保障。近几年来，东北经济出现低速徘徊，甚至一度失速，使得营商环境欠佳，对当地经济发展支撑乏力的矛盾愈发凸显，并引起国家和地方政府的高度关注，业已采取的措施收到初步成效，但为实现东北的营商环境达到国内东部地区水平乃至支撑"全面振兴、全方位振兴"的宏伟目标，东北需要率先建成国内领先、国际一流的营商环境。

要将营商环境建设看成产业结构调整的突破口，通过优化政府商事环境建设、市场主体建设和要素市场化流动等方面来优化营商环境，争取建设一个与高效的产业结构相适应、与人们的期待相适应、与东北全面振兴相适应的制度环境，为东北地区长远发展打下制度基础。具体内容包括：一是编制实施《东北营商环境建设总体规划》，形成东北营商环境建设的时间表、路线图和任务表；二是参照"世行标准"，对标世界发达经济体营商环境建设专项指标水平，制定东北营商环境建设标准体系；三是在完善东北地方政府有关营商环境法规的基础上，大力推进其法治建设，使之主要由行政推动转向由法治推动；四是推进建立"立体化"、"全方位"的营商环境建设责任体系，解决好东北营商环境建设的"条"、"块"分割问题。

第四节 以科技创新作为东北地区产业结构调整的驱动力

创新驱动是产业转型升级的最大驱动力,科技创新是创新驱动背后的原始动力,国家实施东北振兴战略以来,支撑东北区域创新能力的多数要素的"量""质"呈现积极提升态势,但横向比较,东北区域的相对创新实力却呈现下滑态势,东北振兴创新支撑不足的风险在增大,亟待下大力气转变。

东北地区在产业结构调整过程中,一要在积极复制国家全面创新改革试验成功经验的基础上,争取在东北实施体制机制创新幅度更大、更高水平的全面创新改革试验,争取国家支持东北充分借鉴全球发达经济体支持企业、科研机构开展科技创新的成功经验,将东北建设成与国际规则接轨的国际化创新环境;二要创新财政金融支持政策、政府引导基金等多种方式,引导、鼓励增加社会资本对科技创新活动的投入;三要积极规划支持东北产学研用合作平台建设,促进国内外科技成果在东北转化;四要大力支持东北高校、科研机构科技创新及其科技成果转化的改组、转制;五要以量化科技创新项目的知识产权归属、增大个人权益比重为突破口,结合政府、企业、高校、科研机构创新资源配置特点,制定实施更富有吸引力的人才激励政策。

第五节　以教育作为东北地区产业结构调整的支撑

东北振兴，教育先行。教育事关科技这个"第一生产力"和人才这个"第一资源"，在东北振兴中发挥着独特作用，要深入学习贯彻习近平总书记在全国教育大会和深入推进东北振兴座谈会上的重要讲话精神，提升教育服务经济社会发展能力，以教育现代化夯实东北振兴发展的根基。

1. 布局一批大型科技基础设施，建设产学研用一体化创新平台

重大科技基础设施能够带动高新技术和相关产业发展，当前，随着科学研究的不断深化，重大科技基础设施在科技发展和国民经济中的作用越来越显著。东北地区是我国重要的重大装备制造业基地，拥有数控机床、重型工矿装备、核电化工装备、高铁客车、大型船舶、航空航天等一大批"国之重器"。提升东北地区重大装备制造业的核心竞争力，关键是打造一批服务产业发展的大型研究设施，为实现技术变革提供极限研究手段的大型复杂科学研究平台。建议依托东北地区高水平大学，布局建设一批大型研究设施和实验平台、国家实验室和国家重大科技基础设施。推动高校依托优势领域和领军人才，在部分"卡脖子"问题上集中攻关，突破一批关键技术，打造一批核心装备。按照"产业牵头、学科支撑、专项突破"的思路，面向东北振兴特别是产业转型升级的关键领域和重要环节，依托学校优势学科特别是"双一流"建设学科和学科评估 A 类学科，聚焦若干对相关产业带动支撑力强、解决共性关键技术和成果转化预期效应显著的主攻方向。抓住新一轮科技革命和产业变革机遇，围绕新能源、新材料、高端装备制造、数控机床和工业机器人等产业，在东北布局一批重大科技基础设施，培育一批科研创新示范项目，推动科技创新平台资源共享、数据融通、服务开放,夯实科技研发基础,发挥引领和带动作用。

2. 深化科研体制机制改革,加快推进科研成果转化

由于产业发展环境、科技成果转化平台发展培育不足等影响,东北地区优势科研资源未能有效转化为现实生产力,特别是"国家队"科研院所产生的科技创新成果就地转化更少,高校科技成果转化"墙内开花墙外香"的现象时有发生,科技研发投入不足与科技成果转化渠道不畅并存,政策环境亟待改善。特别是缺少全链条、贯通式的转化平台,高校和科研院所缺乏同企业的关联式合作,科技中介服务体系不完善,科研成果难以在本地实现产业化。建议全面落实职业院校和普通本科高校自主处置科技成果并自主确定收益分配比例的政策,促进科技成果产业化、资本化。全面推进科研评价机制改革,建立以能力和贡献为导向的评价和激励机制,推动评价从重研究成果数量向重研究质量、原创价值和实际贡献转变。推动东北地区高新区、经济开发区、产业新区与高校、职业院校建立合作机制,充分发挥学校重要作用,推进创新链整合,打通基础研究、应用开发、中试和产业化之间的有效通道。支持职业院校和普通本科高校组建专门科技成果转化队伍,建设知识产权中心和科研成果孵化中心等研发转化平台,建立有效的创新激励机制,畅通校企对接渠道,促进成果转化。探索职业院校开展社会培训、技术服务、自办企业所得收入按一定比例作为绩效工作分配的办法。

3. 加强国际科技合作,打造东北亚创新高地

东北亚地区汇集了中、日、韩、俄等世界前十位的经济体,东北地区具有向北开放的区位优势。一是推动东北地区高校向北开放,与周边国家尤其是对俄罗斯、乌克兰、白俄罗斯、日本、韩国等国家加强国际教育合作交流特别是科技国际合作,以教育开放助推东北的扩大开放。支持东北地区与东北亚地区国家建立更加广泛和深层次的教育合作关系,重点围绕东北地区急需紧缺学科专业,引进国外优质教育资源。二是支持东北地区高校、科研院所和企业共同参与"一带一路"建设,汇聚国内外创新要素,通过协同创新、共建国际合作联合实验室、建设国际合作和科技成果转化平台等方式，打造东北亚科技创新中心，作为东北地区科技创新、知识创新和企业孵化的重要载体。三是强化政策支持，在出国留学、来华留学、中外合作办学、境外办学等方面，在事项审批、平台建设、信息分享、境外优质科教资源推荐、对外交流团组机会等根据需要给予更有针对性的指导和服务。在加强双边互动的基础上，探索建立区域多边平台。支持东北地区高校走出去，在推动国际产能和装备制造领域合作提供人才支撑。

第六节　以人才结构优化支撑东北地区产业结构调整

东北地区的产业结构调整离不开高水平人才。要推动东北地区在"双一流"建设、应用型高校建设、职业教育实现新突破，加快人才培养结构调整，为东北产业结构调整提供各级各类人才支撑。一是完善一流学科建设战略布局，加快双一流建设。支持东北地区"双一流"建设高校瞄准国家重大战略和东北经济社会发展现实需求，把握新一轮革命和产业变革的方向，面向建设具有国际竞争力的先进装备制造业基地和重大技术装备战略基地、国家新型原材料基地、现代农业生产基地和重要技术创新与研发基地的战略定位，强化科教融合，对接产业布局构建学科集群，增强东北地区全面振兴的后劲。提升传统优势学科发展水平，加快石化电力、钢铁冶金等传统产业的提档升级进程。积极布局面向人工智能、新能源等战略新兴产业的相关学科。

二是推动应用型本科高校转型发展，大力培养适应东北产业需求的应用技术型人才。支持产教融合、协同育人的应用型人才培养模式创新，大批培养具有较高职业素养、能够解决实际问题、符合产业需求的应用型人才。支持东北地区应用型高校率先开展"学历证书+若干职业技能等级证书"制度试点。支持东北地区应用型高校深入实施"产学合作协同育人项目",形成深度融合的协同育人新机制。

三是加快发展现代职业教育,大力培养面向行业企业需求的技术技能人才。全面落实《国家职业教育改革实施方案》,优化东北地区职业院校布局,培育一批与东北地区产业发展密切相关的高水平职业院校和专业,建立学校和企业双元育人制度,开展"学历证书+若干职业技能等级证书"制度试点。加速推动专业设置与产业需求、课程内容与职业标准、教学过程与生产过程"三对接",推动职业教育人才高质量供给与产业转型升级高质量人才需求间的有机衔接新机制。鼓励各类企业举办高质量职业教育,扩大应用型、复合型、技能型人才培养规模,造就一支"大国工匠"队伍。对接现代服务业发展需求,加强订单式、有计划职业培训,培养更多的体育、旅游、医疗、养老等方面专业人才。

当前,东北地区全社会研发投入年均增长率低于全国平均增速,研发投入占地区生产总值的比重也低于全国平均水平,研发投入强度过低已成为制约东北地区技术进步和经济竞争力进一步增强的重要因素,企业的创新意识、研发投入、承接科技成果的能力亟须加强。一方面,要充分发挥市场机制作用,充分调动企业的积极性,采取校企合作方式共同推进产学研用项目;另一方面,由于技术创新需要大量投入,要充分考虑东北地区财政能力弱的实际,加大中央财政资金、科技资金、产业发展基金等多方面资金对产学研用项目的支持。同时,加大"千人计划"等国家重大人才工程、国家杰出青年基金对东北地区高校的支持力度,探索建立东北地区高层次人才流失补偿机制,规范人才流动管理。在"千人计划""长江学者奖励计划""万人计划"等国家级人才项目的评审过程中,进一步对东北地区倾斜,同时试行人才称号与岗位相结合,离岗则取消称号,"内培外引"相结合,培养、吸引和留住一批高端人才,扭转人才外流趋势。推动东部地区发达省市与东北地区教育相关省(区)市对口合作,鼓励国内高水平大学与东北地区高校、科研院所、企业等开展协同创新。

第七节　以创新政策体系为产业结构调整创造有利的宏观环境

实施支持东北老工业基地振兴战略以来，国家支持东北地方政府实施了项目投资、财税金融、国企改革和社会保障试点等一系列政策，促进东北地区经济社会发展跃上新台阶，但与此同时也暴露出个别政策的针对性不强、倾向国有企业及国有经济，衍生出对民营经济的挤出效应。新时代，东北进入高质量发展、全面振兴的新阶段，宏观政策也应与时俱进，打造支持东北振兴的升级版。

一是加强统筹规划，增强规划的科学性。近些年来，国家层面就东北老工业基地振兴编制了不少实施规划，但规划的整体系统性有待加强。当前，《东北振兴"十三五"规划》已近尾声，国内外形势，特别是东北自身也出现很多新矛盾、新问题，亟待启动新一轮东北振兴规划的编制工作。

二是加大宏观政策的力度。新时期支持东北振兴的政策应同四个短板挂钩，一些重大财税金融政策，除直接支持地方重大改革的举措之外，也应附加体制机制创新条件，防止新举措无法在旧体制中发挥作用。

三是实行区别对待、分类指导。为了增加宏观政策的针对性、精准性，注重划细东北空间区块政策区，划细产业门类、企业类别，扩大量身定做政策范围。

四是加快国企特别是重点国企的混改步伐。当前东北地方国企改制重组发展较快，但一些影响带动作用较大的中央企业反而改制重组缓慢，需要引起高度关注。

五是围绕鼓励双创、发展民营经济出台效果更为明显的激励政策。考虑到东北民营经济发育艰难,具有地方比较优势的重化工业,多为资金、技术密集型,进入门槛较高,民营经济进入较为困难,需要国家给予更为优惠的财税政策。

六是支持东北发展产业金融。考虑到现有的金融政策,很难有效支持资金需求量较大的东北重化工业转型升级,建议国家在东北布局产业金融试点,探索出一条重化工业发展产业金融的新路子。

七是支持东北围绕东北亚构建"陆海空网冰"互联互通枢纽。当前东北的重大基础设施,特别是公路、港口设施已明显落后于东部地区,难以适应融入共建"一带一路"建设和未来高质量发展的需要,应从陆地、海洋、空中、数字、冰上打通对外开放的大通道。

八是进一步加大国家财政的支持力度。针对东北老工业基地的经济转型,建议国家主要采取专项补助的方式,而不是依赖一般转移支付的扩大。首先,加大对农业、装备制造业、战略性新兴产业的扶持力度;其次,对衰退产业的退出实施援助政策;最后,探索设立东北地区等老工业基地调整改造基金。

参考文献

[1] Balassa B. Trade Liberation and Revealed Comparative Advantage [J]. The Manchester School of Economic and Societal Studies, 1965 (33): 99-123.

[2] Bernt M. Partnerships for Demolition: The Governance of Urban Renewal in East Germany's Shrinking Cities [J]. International Journal of Urban and Regional Research, 2009, 33 (3): 754-769.

[3] Breschi B, Malerba F. Technological Regimes and Schumpeterian Patterns of Innovation [J]. Economic Journal, 2000 (110): 388-410.

[4] Cooke P, Uranga M, Etexbarria G. Regional Innovation Systems: Institutional and Organizational Dimension [J]. Research Policy, 1997 (26): 475-491.

[5] Dawley S. Creating New Paths? Offshore Wind, Policy Activism, and Peripheral Region Development [J]. Economic Geography, 2014, 90(1): 91-112.

[6] Dong-Sung C.A Dynamic Approach to International Competitiveness: The Case of Korea [J]. Asia Pacific Business Review, 1994 (1): 17-36.

[7] Gertler M S. Rules of the Game: The Place of Institutions in Regional Economic Change [J]. Regional Studies, 2010, 44 (1): 1-15.

[8] Hassink R, Shin D H. The Restructuring of Old Industrial Areas

in Europe and Asia[J]. Environment and Planning A, 2005, 37（4）: 571-580.

[9] Hassink R. How to Unlock Regional Economies from Path Dependency? From Learning Region to Learning Cluster[J]. European Planning Studies, 2005, 13（4）: 521-535.

[10] Houston D, Findlay A, Harrison R, et al. Will Attracting the "Creative Class" Boost Economic Growth in Old Industrial Regions? A Case Study of Scotland[J]. Geografiska Annaler: Series B, Human Geography, 2008, 90（2）: 133-149.

[11] Hu X, Hassink R. New Perspectives on Restructuring of Old Industrial Areas in China: A Critical Review and Research Agenda[J]. Chinese Geographical Science, 2017, 27（1）: 110-122.

[12] Hudson R. Rethinking Change in Old Industrial Regions: Reflecting on the Experiences of North East England[J]. Environment and Planning A, 2005, 37（4）: 581-596.

[13] Martin R. Roepke Lecture in Economic Geography – Rethinking Regional Path Dependence: Beyond Lock-in to Evolution[J]. Economic Geography, 2010, 86（1）: 1-27.

[14] Morgan K. The Learning Region: Institutions, Innovation, and Regional Renewal[J]. Regional Studies, 2007, 41（1）: 147-159.

[15] Oliver C. Determinants of Interorganizational Relationships: Integration and Future Directions[J]. Academy of Management Review, 1990, 15（2）: 241-265.

[16] Schermerhorn J R. Determinants of Interorganizational Cooperation[J]. Academy of Management Journal, 1975, 18（4）: 846-856.

[17] Steiner M. Old Industrial Areas: A Theoretical Approach[J].

Urban Studies, 1985, 22(5): 387-398.

[18] Todtling F, Trippl M. Like Phoenix from the Ashes? The Renewal of Clusters in Old Industrial Areas [J]. Urban Studies, 2004, 41(5-6): 1175-1195.

[19] Valdaliso J M, Elola A, Franco S. Do Clusters Follow the Industry Life Cycle? Diversity of Cluster Evolution in Old Industrial Regions [J]. Competitiveness Review, 2016, 26(1): 66-86.

[20] Vries G, Erumban A, Timmer M. Deconstructing the BRICs: Structural Transformation and Aggregate Productivity Growth [J]. Journal of Comparative Economics, 2011, 40(2): 211-227.

[21] 安岗,李凯.经济治理理论研究进展:基本逻辑、三方分类体系及选择条件 [J].产业经济评论, 2016(3): 127-152.

[22] [美] 保罗·克鲁格曼.战略性贸易政策与新国际经济学 [M].海闻,译.北京: 中国人民大学出版社, 2000.

[23] 卜长莉.在国企改制中崛起的东北民营企业——对吉林省通化市48家民营企业的调查 [J].吉林大学社会科学学报, 2006(4): 118-125.

[24] 蔡昉.中国经济发展的刘易斯转折点 [M].北京: 社会科学文献出版社, 2007.

[25] 曹远征.基础设施商业化与政府监管 [J].经济世界, 2003(4): 6-10.

[26] 曾国平,彭艳,曹跃群.产业结构调整与全要素生产率增长实证分析 [J].重庆大学学报: 社会科学版, 2015(6): 77-86.

[27] 常修泽.改革大局与政府职能转变 [J].宏观经济管理, 2012(5): 20-21.

[28] 常修泽.论以人的发展为导向的经济发展方式转变 [J].上海大学学报: 社会科学版, 2010(3): 8-11.

[29] 常修泽."再振兴"东北战略思路探讨[J].人民论坛,2015(31):19-21.

[30] 陈德球,陈运森.政府治理、终极产权与公司投资同步性[J].管理评论,2013(1):139-148.

[31] 陈建辉.东北地区民营经济发展的困境与出路[J].中国发展观察,2017(6):47-49.

[32] 陈琳琳,金凤君,洪辉.东北地区工业基地演化路径研究[J].地理科学,2016(9):1378-1387.

[33] 陈卫平,朱述斌.国外竞争力理论的新发展——迈克尔·波特"钻石模型"的缺陷与改进[J].国际经贸探索,2002(3):4-6.

[34] 陈耀.我国东北工业发展60年:回顾与展望[J].学习与探索,2009(5):40-45.

[35] 陈耀.新一轮东北振兴战略要思考的几个关键问题[J].经济纵横,2017(1):8-12.

[36] 陈英姿.东北亚区域环境合作与东北振兴[J].东北亚论坛,2006(1):68-72.

[37] 陈永杰.东北老工业基地基本情况调查报告[J].经济研究参考,2003(77):2-13.

[38] 陈卓,金凤君,王姣娥.基于高速公路流的东北大都市区边界识别与结构特征研究[J].地理科学,2019(6):929-937.

[39] 迟福林,张飞.打通简政放权的最后"一公里"[J].国家行政学院学报,2015(4):6-8.

[40] 迟福林.政府转型与东北振兴[J].东北大学学报:社会科学版,2005(8):36-42.

[41] 褚高峰.财富的本质、源泉和致富途径——学习亚当·斯密著作《国民财富的性质和原因的研究》的一些体会[J].山西财经学院学报,

1989（3）：12-15.

［42］崔丹，杨晓猛.东北装备制造业产业集群升级的路径选择［J］.理论前沿，2009（16）：45-47.

［43］［英］大卫·李嘉图.政治经济学及赋税原理［M］.郭大力，王亚南，译.北京：北京联合出版社，2013.

［44］邓宏图.转轨期中国制度变迁的演进论解释——以民营经济的演化过程为例［J］.中国社会科学，2004（5）：130-140.

［45］邓健，王新宇.区域发展战略对我国地区能源效率的影响——以东北振兴和西部大开发战略为例［J］.中国软科学，2015（9）：31-41.

［46］刁莉.转轨经济学［M］.武汉：武汉大学出版社，2016.

［47］丁四保，孙淼.资源枯竭型城市发展困境与中央政府的作为［J］.地域研究与开发，2006（5）：1-5.

［48］董丽晶，张平宇.老工业城市产业转型及其就业变化研究——以沈阳市为例［J］.地理科学，2008（2）：162-168.

［49］杜威.政府干预、所有制结构与产业结构迟滞——来自2003—2013年东北三省地级市面板数据的证据［J］.财经问题研究，2016（8）：23-30.

［50］樊纲."发展悖论"与发展经济学的"特征性问题"［J］.管理世界，2020（4）：34-39.

［51］樊纲.论体制转轨的动态过程——非国有部门的成长与国有部门的改革［J］.经济研究，2000（1）：16-17.

［52］冯晓琦，万军.从产业政策到竞争政策：东亚地区政府干预方式的转型及对中国的启示［J］.南开经济研究，2005（5）：65-71.

［53］干春晖，郑若谷.改革开放以来产业结构演进与生产率增长研究——对中国1978—2007年"结构红利假说"的检验［J］.中国工业经济，2009（2）：55-65.

[54] 葛建新.市场机制与政府干预——对我国实行产业政策的几点思考[J].中央财经大学学报,2002(5):64-67.

[55] 葛建新.市场机制与政府干预——对我国实行产业政策的几点思考[J].中央财经大学学报,2002(5):64-67.

[56] 宫剑,李政.东北老工业基地民营企业发展现状与困境解析[J].工业技术经济,2007(10):19-22.

[57] 巩娜.地方国有企业混合所有制改革模式、路径及政策建议[J].经济体制改革,2018(5):101-105.

[58] 郭凤城.体制和制度创新是振兴东北老工业基地的关键[J].经济纵横,2003(11):57-59.

[59] 郭建宇,陈扬.向着电力绿色高质量发展砥砺奋进——改革开放40年东北区域可再生能源发展历程及展望[J].中国电业,2018(12):56-57.

[60] 郭振英,卢建,丁宝山.关于加快老工业基地改造与振兴的意见和建议——"中国老工业基地改造与振兴政策研讨会"纪要[J].管理世界,1992(4):74-77.

[61] 国家发展改革委员会.东北振兴"十三五"规划[M].北京:中国计划出版社,2017.

[62] 何平,陈丹丹,贾喜越.产业结构优化研究[J].统计研究,2014(7):31-37.

[63] 和军.东北经济的结构、体制关键障碍与突破路径[J].当代经济研究,2019(8):96-106.

[64] 贺安.国际贸易比较利益模型研究[J].经济理论与经济管理,1991(6):60-65.

[65] 洪源远,聂辰璨."雁行模式"——中国的产业转移与政策扩散滞后[J].国外社会科学,2018(6):153-155.

[66] 胡俊文."雁行模式"理论与日本产业结构优化升级——对"雁行模式"走向衰落的再思考[J].亚太经济,2005(4):23-26.

[67] 黄宏志.美国学者对苏东剧变的反思[J].国外理论动态,2000(9):28-30.

[68] 黄群慧,石颖.东北三省工业经济下行的原因分析及对策建议[J].学习与探索,2016(7):100-112.

[69] 黄群慧.东北三省经济分化态势明显,产业结构调整需精准施策[NB/OL].新华网,2016-10-9. http://www.xinhuanet.com/politics/2016-10/09/c_129314371.htm.

[70] 姜磊,郭玉清,刘梦琰.比较优势与企业杠杆率——基于新结构经济学的研究视角[J].经济社会体制比较,2020(6):146-156.

[71] 焦华富,韩世君,路建涛.德国鲁尔区工矿城市经济结构的转变[J].经济地理,1997(2):104-107.

[72] 解海,郭富,康宇虹.东北地区产业结构变迁及其经济效应分析[J].商业研究,2017(10):171-176.

[73] 金凤君,陈明星."东北振兴"以来东北地区区域政策评价研究[J].经济地理,2010(8):1259-1265.

[74] 金凤君,陈卓.1978年改革开放以来中国交通地理格局演变与规律[J].地理学报,2019(10):1941-1961.

[75] 金凤君,楚波.东北地区振兴的区域发展与空间组织战略[J].经济地理,2008(5):756-759.

[76] 金凤君,张平宇,樊杰,等.东北地区振兴与可持续发展战略研究[M].北京:商务印书馆,2006.

[77] 金泓汛."雁行形态"理论与亚太地区的崛起[J].世界经济研究,1989(4):69-74.

[78] 金培.产业国际竞争力研究[J].经济研究,1996(6):39-44.

[79][英]克里斯托夫·弗里曼.技术政策与经济绩效：日本国家创新系统的经验[M].张宇轩,译.南京：东南大学出版社,2008.

[80]李诚固,李培祥,谭雪兰,等.东北地区产业结构调整与升级的趋势及对策研究[J].地理科学,2003(1):7-12.

[81]李诚固.东北老工业基地衰退机制与结构转换研究[J].地理科学,1996(2):106-114.

[82]李晟晖.矿业城市产业转型研究——以德国鲁尔区为例[J].中国人口·资源与环境,2003(4):97-100.

[83]李凯,高宏伟,孙涛.新一轮东北振兴有基础、有信心[NB/OL].光明网-理论频道,2017-1-16.http://theory.gmw.cn/2017-01/16/content_23482244_2.htm.

[84]李凯,李世杰.装备制造业集群网络结构研究与实证[J].管理世界,2004(12):68-76.

[85]李凯,史金艳.略论东北老工业基地的振兴及其发展思路[J].管理世界,2003(9):16-22.

[86]李凯,易平涛,王世权,等.2016东北老工业基地全面振兴进程评价报告[M].北京：经济管理出版社,2017.

[87]李凯.东北振兴需要一场深刻变革[NB/OL].新华网,2016-12-15.http://news.xinhuanet.com/comments/2016-12/15/c_1120124864.htm.

[88]李凯.面向未来振兴东北[J].瞭望,2019(31):35-36.

[89]李绍荣,李雯轩.我国区域间产业集群的"雁阵模式"——基于各省优势产业的分析[J].经济学动态,2018(1):86-102.

[90]李晓西.东部产业转移趋势与承接机遇[J].中国国情国力,2009(2):4-8.

[91]李宇静,陈庆俊,赵云峰.我国石化工业优化发展趋势[J].石油科技论坛.2017(2):1-7.

[92] 李政, 于凡修. 东北地区实现创新驱动发展的动力机制与基本路径 [J]. 社会科学辑刊, 2017 (1): 33-43.

[93] 林木西, 和军. 东北振兴的新制度经济学分析 [J]. 求是学刊, 2006 (6): 50-55.

[94] 林木西. 探索东北特色的老工业基地全面振兴道路 [J]. 辽宁大学学报: 哲学社会科学版, 2012 (5): 1-9.

[95] 林木西. 新一轮东北老工业基地全面振兴的新支点 [J]. 辽宁大学学报: 哲学社会科学版, 2016 (6): 31-35.

[96] 林木西. 振兴东北老工业基地的理性思考与战略抉择 [J]. 经济学动态, 2003 (8): 16-22.

[97] 林卫斌, 陈彬, 蒋松荣. 论中国经济增长方式转变 [J]. 中国人口·资源与环境, 2012 (11): 130-136.

[98] 林毅夫, 蔡昉, 李周. 比较优势与发展战略——对"东亚奇迹"的再解释 [J]. 中国社会科学, 1999 (5): 4-20.

[99] 林毅夫, 付才辉, 安桂武. 吉林省经济结构转型升级研究报告 (征求意见稿) [NB/OL]. 北京大学新结构经济学研究中心, 2017. http://www.nse.pku.edu.cn/articles/content.aspx?nodeid=49&page=ContentPage&contentid=795.

[100] 林毅夫, 付才辉. 基于新结构经济学视角的吉林振兴发展研究——《吉林报告》分析思路、工具方法与政策方案 [J]. 社会科学辑刊, 2017 (6): 5-20.

[101] 林毅夫, 刘培林. 振兴东北, 不能采取发动新一轮赶超的办法 [J]. 国际融资, 2004 (4): 20-22.

[102] 林毅夫, 刘培林. 振兴东北要遵循比较优势战略 [J]. 辽宁科技参考, 2003 (11): 10-12.

[103] 林毅夫, 沈艳, 孙昂. 中国政府消费券政策的经济效应 [J]. 经

济研究，2020（7）：6-22.

［104］林毅夫.成功的产业政策必须是针对有潜在比较优势的产业［J］.中国中小企业，2016（11）：13.

［105］林毅夫.如何做新结构经济学的研究［J］.上海大学学报：社会科学版，2020（2）：1-18.

［106］林毅夫.新结构经济学、自生能力与新的理论见解［J］.武汉大学学报：哲学社会科学版，2017（6）：5-15.

［107］林毅夫.新结构经济学——重构发展经济学的框架［J］.经济学（季刊），2011（1）：1-32.

［108］刘大炜，朱亚鹏.转型管理与城市转型——基于日本北九州市的分析［J］.广东社会科学，2018（3）：199-208.

［109］刘德权，邢玉升."一带一路"战略下东北地区产业结构转型升级研究［J］.求是学刊，2016（3）：60-66.

［110］刘凤朝，孙玉涛，徐茜.老工业基地振兴绩效评价与战略升级：基于辽宁省专家问卷调查的分析［J］.科学学与科学技术管理，2010（6）：12-17.

［111］刘宏兵.对日本煤炭工业消亡的思考［J］.经济问题，2004（12）：65-67.

［112］刘静，孟韬.老工业基地振兴中的产业集群发展——英国的政策与经验［J］.经济与管理，2009（3）：58-62.

［113］刘世锦.产业集聚及其对经济发展的意义［J］.改革，2003（3）：64-68.

［114］刘世锦.关于我国增长模式转型的若干问题［J］.管理世界，2006（2）：1-9.

［115］刘世薇，张平宇.美国"锈带"地区城市化历程及其对东北老工业基地的启示［J］.国际城市规划，2015（5）：91-96.

[116] 刘伟,张辉.中国经济增长中的产业结构变迁和技术进步[J].经济研究,2008(11):4-15.

[117] 刘洋,金凤君.东北地区产业结构演变的历史路径与机理[J].经济地理,2009(3):431-436.

[118] 龙在天.西方学者对苏东剧变背景的新研究[J].国外理论动态,1999(11):19-24.

[119] 卢昌崇,李宏林,郑文全.装备制造业产业集群:解析与重构——以辽宁为例[J].经济管理,2005(23):63-66.

[120][英]罗纳德·科斯,王宁.变革中国:市场经济的中国之路[M].徐尧,李哲民,译.北京:中信出版社,2013.

[121] 吕红桥.东北民营经济亟待破解四大问题,事关新一轮东北振兴[NB/OL].凤凰网,2016-11-19. http://news.ifeng.com/a/20161119/50284540_0.shtml.

[122] 吕政.战略性新兴产业发展研究的新进展——《中国战略性新兴产业发展研究》评介[J].产业组织评论,2012(1):12-17.

[123] 马静.东北的机遇与前景,专家怎么看?——针对112位著名专家的问卷调查及意见综述[J].人民论坛,2015(31):5.

[124][美]迈克尔·波特.国家竞争优势[M].李明轩,邱如美,译.北京:中信出版社,2012.

[125] 满颖之.日本经济地理[M].北京:科学出版社,1984.

[126] 潘广辉.西方学术界对苏联解体原因的研究综述[J].俄罗斯研究,2003(2):54-62.

[127] 平新乔,黄昕.参加国际竞争给国有企业带来了什么[J].经济与管理研究,2018(3):121-132.

[128] 荣宏庆.构建辽宁装备制造业产业集群研究[J].沈阳干部学刊,2008(4):263-265.

[129] 芮明杰.产业竞争力的"新钻石模型"[J].社会科学,2006(4):68-73.

[130] 申广军.比较优势与僵尸企业:基于新结构经济学视角的研究[J].管理世界,2016(12):13-24.

[131] 沈坤荣,耿强.外国直接投资、技术外溢与内生经济增长——中国数据的计量检验与实证分析[J].中国社会科学,2001(5):82-93.

[132] 沈利生."三驾马车"的拉动作用评估[J].数量经济技术经济研究,2009(4):139-151.

[133] 盛世豪.经济全球化背景下传统产业集群核心竞争力分析——兼论温州区域产业结构的"代际锁定"[J].中国软科学,2004(9):114-120.

[134] 石敏俊,金凤君,李娜,等.中国地区间经济联系与区域发展驱动力分析[J].地理学报,2006(6):593-603.

[135] 宋笑敏."国有企业垄断论"的本质透析——基于新时代中国特色社会主义国有经济思想的审视[J].海南大学学报:人文社会科学版,2018(1):57-61.

[136] 苏东水.产业经济学(第四版)[M].北京:高等教育出版社.

[137] 孙久文,苏玺鉴,闫昊生.新时代东北振兴的产业政策研究[J].经济纵横,2019(9):19-28.

[138] 孙猛.东北地区工业增长的结构红利效应[J].东北亚论坛,2017,26(5):113-123.

[139] 唐晓华,张欣珏,李阳.中国制造业与生产性服务业动态协调发展实证研究[J].经济研究,2018(3):79-93.

[140] 田国强.对林毅夫教授用新结构经济学给吉林省开出产业政策药方的看法[NB/OL].观察者,2017-08-25.http://www.guancha.cn/Tian-guoqiang/2017_08_25_424358.shtml.

[141] 田硕, 李普伶, 邢永亮. 基于自主创新的东北老工业基地产业结构优化升级研究 [J]. 现代管理科学, 2012 (5): 74-76.

[142] 汪伟, 刘玉飞, 彭冬冬. 人口老龄化的产业结构升级效应研究 [J]. 中国工业经济, 2015 (11): 47-61.

[143] 王德鲁, 宋学锋. 装备制造业结构升级与产业集聚的互动机理和模式选择 [J]. 科学学与科学技术管理, 2009 (1): 102-107.

[144] 王洛林, 魏后凯. 振兴东北地区经济的未来政策选择 [J]. 财贸经济, 2006 (10): 46-51.

[145] 王楠. 东北经济区产业转移研究 [D]. 长春: 东北师范大学博士学位论文, 2009.

[146] 王维, 金娜, 钟川. 不同所有制下装备制造企业创新驱动要素差异化比较研究——以东北老工业区企业为例 [J]. 科技进步与对策, 2015 (21): 42-47.

[147] 王伟光, 高宏伟, 白雪飞. 中国大企业技术创新体系本地化实证研究——基于地区层面的分析 [J]. 中国工业经济, 2011 (12): 67-77.

[148] 王伟光, 马胜利, 姜博. 高技术产业创新驱动中低技术产业增长的影响因素研究 [J]. 中国工业经济, 2015 (3): 70-82.

[149] 王文举, 向其凤. 中国产业结构调整及其节能减排潜力评估 [J]. 中国工业经济, 2014 (1): 44-56.

[150] 吴金希. 战略性产业发展中政府和市场关系探讨 [J]. 产业经济评论, 2013 (3): 80-88.

[151] 肖丽娜, 莫笑萍, 许芳燕, 等. 国外生物质能源发展潜力研究进展 [J]. 中国人口·资源与环境, 2014 (S2): 61-64.

[152] 徐卓顺. 东北地区产业投资结构优化问题研究 [J]. 经济纵横, 2015 (4): 120-124.

[153] 薛白. 基于产业结构优化的经济增长方式转变——作用机理及其

测度［J］.管理科学，2009（5）：112-120.

［154］杨庆敏.关于资源枯竭型产业地区振兴的研究——日本煤炭产业枯竭地区的产业振兴政策的启示［J］.长春理工大学学报（社会科学版），2004（1）：25-27.

［155］杨振凯.老工业基地的衰退机制研究［D］.长春：吉林大学博士学位论文，2008.

［156］杨瑞龙.我国制度变迁方式转换的三阶段论［J］.经济研究，1998（1）：3-10.

［157］杨振凯.日本九州老工业基地改造政策分析［J］.现代日本经济，2006（6）：14-17.

［158］余明桂，潘红波.政治关系，制度环境与民营企业银行贷款［J］.管理世界，2008（8）：9-21.

［159］俞可平.治理与善治［M］.北京：社会科学文献出版社，2000.

［160］张公嵬，梁琦.产业转移与资源的空间配置效应研究［J］.产业经济评论，2010（3）：1-21.

［161］张军.双轨制经济学：中国的经济改革（1978—1992）［M］.上海：上海人民出版社，1997.

［162］张平宇.新型工业化与东北老工业基地改造对策［J］.经济地理，2004（6）：784-787.

［163］张占斌.经济新常态下的"新东北现象"辨析［J］.人民论坛，2015（24）：14-17.

［164］赵昌文.对"新东北现象"的认识与东北增长新动力培育研究［J］.经济纵横，2015（7）：7-10.

［165］赵放，曾国屏.全球价值链与国内价值链并行条件下产业升级的联动效应——以深圳产业升级为案例［J］.中国软科学，2014（11）：50-58.

［166］赵丽洲.辽宁装备制造业集群发展存在的问题和对策［J］.经济

管理者，2011（9）：17-18.

[167] 赵新宇，万宇佳.产业结构变迁与区域经济增长——基于东北地区1994—2015年城市数据的实证研究[J].求是学刊，2018，45（6）：61-69.

[168] 郑鑫，陈耀.运输费用、需求分布与产业转移——基于区位论的模型分析[J].中国工业经济，2012（2）：57-67.

[169] 周业安.中国渐进式改革路径与绩效研究的批判性回顾[J].中国人民大学学报，2000（4）：26-31.

[170] 周宜昕，郭振.产业结构升级在东北地区经济发展中的乘数效应[J].统计与决策，2019，35（23）：139-143.

[171] 朱显平，李天籽.俄罗斯东部开发及其与我国东北振兴互动发展的思路[J].东北亚论坛，2008，17（5）：3-7.

[172][日]佐贯利雄.日本经济的结构分析[M].周显云，杨太，译.沈阳：辽宁人民出版社，1988.

后 记

《东北振兴研究丛书》经过三年多的筹划、立项、研究、撰写、编辑，即将呈现于广大读者面前。《东北振兴研究丛书》项目于2017年启动，入选2018年"十三五"国家重点图书出版规划增补项目，入选2020年度国家出版基金资助项目，辽宁省委宣传部、辽宁出版集团高度重视，将其列为重点扶持项目，辽宁人民出版社组建专门出版团队具体负责，并从组织、配套、资金及队伍等多方面给予保障，确保本项目得以顺利完成。

值此丛书付梓之际，我们特别感谢国家发展和改革委员会杨荫凯同志，感谢他的悉心指导和大力支持，以及在编纂实施过程中给予的持续关注和具体指导。

我们也由衷感谢丛书编委会为项目实施注入的信心和力量，对丛书出版所贡献的智慧和经验。我们向丛书诸位著者致敬，他们的责任与担当，他们的心血与付出，将载入东北振兴的史册。我们衷心感谢在丛书组稿过程中统筹协调、倾心付出的许欣、杨睿、刘海军等同志，以及为各分册著述辛勤工作的写作团队各位成员，他们为丛书的顺利出版提供了基础保障。

深入推进东北振兴发展，是中共中央作出的重大战略部署，实现东北地区等老工业基地全面振兴、全方位振兴是一项长期艰巨的历史任务。70多年前,中共中央东北局领导下东北解放区内最大的宣传机构——东北书店是如今辽宁人民出版社的前身,印行了大批有影响力的图书,发行到各解放区,如《毛泽东选集》《论联合政府》《东北农村调查》等。继承优良传统,肩负时代使命,怀揣美好憧憬,如今的辽宁人民出版社为东北振兴出版服务,自然担当义不容辞的责任。丛书紧扣经济社会发展,是对统筹推进"五位一体"总体布局和协调推进"四个全面"战略布局具有重要意义的出版项目。相信会为改革决策提供参考,助力优化国家区域发展格局,为东北全面振兴、全方位振兴,实现东北振兴新突破提供借鉴。

丛书策划、编辑出版过程中的疏漏之处,敬请广大读者批评指正。

编 者

2020 年 12 月